本教材获得浙江省一流学科建设经费支持

法 学 创 新 课 程 教 材

刑法总论

沈 琪 汪红飞◎编著

知识产权出版社
全国百佳图书出版单位
—北京—

图书在版编目（CIP）数据

刑法总论／沈琪，汪红飞编著．—北京：知识产权出版社，2023．5

法学创新课程教材

ISBN 978－7－5130－8716－2

Ⅰ．①刑…　Ⅱ．①沈…②汪…　Ⅲ．①刑法—法学—中国—高等学校—教材

Ⅳ．①D924．01

中国国家版本馆 CIP 数据核字（2023）第 055666 号

责任编辑：刘　江　　　**责任校对**：潘凤越

封面设计：乾达文化　　　**责任印制**：刘译文

法学创新课程教材

刑法总论

沈　琪　汪红飞　编著

出版发行：知识产权出版社有限责任公司　　**网　　址**：http：//www. ipph. cn

社　　址：北京市海淀区气象路 50 号院　　**邮　　编**：100081

责编电话：010－82000860 转 8344　　**责编邮箱**：liujiang@ cnipr. com

发行电话：010－82000860 转 8101/8102　　**发行传真**：010－82000893/82005070/82000270

印　　刷：三河市国英印务有限公司　　**经　　销**：新华书店、各大网上书店及相关专业书店

开　　本：720mm×1000mm　1/16　　**印　　张**：17．5

版　　次：2023 年 5 月第 1 版　　**印　　次**：2023 年 5 月第 1 次印刷

字　　数：262 千字　　**定　　价**：88．00元

ISBN 978－7－5130－8716－2

总　序

党的二十大报告提出，要坚持全面依法治国，推进法治中国建设。建设法治中国离不开高素质法律人才，培养法律人才离不开法学院师生的薪火相传。韩愈曾言：师者，所以传道、授业、解惑也！三者之中，传道为先。周敦颐亦言：文以载道。作为法学院之教师，欲传法治之道，当著法治之书。故编撰法学教材，乃法学教师义不容辞之事。杭州师范大学法学院成立于2001年，设有法学与知识产权两个本科专业。2009年法学专业成为浙江省重点建设专业，2011年民商法学获批浙江省重点学科，2011年获批法学一级学科硕士点，2015年获批浙江省一流学科B类，2017年获批浙江省“十三五”特色专业建设，2016年和2018年分别获得法治教育硕士学位授予权和法律硕士学位授予权。

学院坚持以人才培养为中心，以科学研究为龙头，鼓励教师从事高水平学术研究。近年来，学院教师先后在《中国社会科学》《法学研究》《中国法学》《中外法学》《知识产权》等刊物发表学术论文400余篇，主持国家社科基金项目及其他科研项目60余项。学院倡导教师将研究成果融入教学活动，广大教师对此热切回应，积极将自己的学术研究成果吸纳到教学环节，认真撰写高水平的教学大纲及课程教案。学院组织院内外专家对学生评价较高的教师教案进行评估，从中挑选出一部分优秀教案。评估专家认为入选的优秀教案具有向法学教育界推广的价值，学院遂与知识产权出版社协商一致，决定将上述优秀教案整理出版为相应教材。学院与出版社本着鼓励学术传承，打造精品教材的追求，对入选教材由最初教案编写者与讲授同一门课的其他教师共同按照精品教材的标准进行打磨，不急功近利，唯竭诚作则，以期达到国内同类教材的最高水准。

孔子云：“人能弘道，非道弘人。”杭州师范大学沈钧儒法学院的教师秉承沈钧儒先生崇尚法治的理念，紧跟时代步伐，为弘扬法治之道，培养优秀法治人才而砥砺前行。相信杭州师范大学沈钧儒法学院法学创新课程教材的出版能够为高校法治人才的培养作出自己的贡献。

杭州师范大学沈钧儒法学院法学学科负责人　蒋铁初教授

目　录

第一编　刑法基础论

第二编　犯罪论

第一编

刑法基础论

第一章　刑法概说

学习重点：（1）刑法的概念与特征；（2）刑法的渊源与体系；（3）刑法的目的与机能。

第一节　刑法的概念与特征

一、刑法的概念

刑法规定的主要内容是犯罪和刑罚，故可以将刑法定义为“规定犯罪与刑罚的法律规范”。

现代刑法除了将刑罚规定为犯罪的主要法律后果之外，还往往规定了一些非刑罚的处罚方法。比如《中华人民共和国刑法》（以下简称《刑法》）第 37 条规定的训诫、责令具结悔过、赔礼道歉、赔偿损失等，均属于非刑罚处理方法。从犯罪的法律后果除了刑罚之外，还包括非刑罚处罚方法的角度来看，将刑法定义为“规定犯罪及其法律后果的法律规范”，更加确切。

此外，犯罪之后应承担刑事责任，承担刑事责任的方式是接受刑罚或非刑罚处罚方法的处罚，刑事责任是连接犯罪与刑罚等法律后果的桥梁。我国《刑法》总则第二章第一节的标题是“犯罪与刑事责任”，刑法条文中也多处使用了“刑事责任”的表述。基于此，也可以将刑法定义为“规定犯罪、刑事责任与法律后果的法律规范”。

二、刑法的特征

刑法的特征，是指刑法相对于其他法律所具有的特殊属性。主要表现在以下几个方面：

（1）规制内容的特定性。刑法是规定犯罪和刑罚的法律规范，且只有刑法可以规定犯罪和刑罚，其他法律只能规定一般的违法行为及其法律后果。

（2）制裁手段的严厉性。刑法以刑罚作为对犯罪的制裁手段，而刑罚是所有法律制裁措施中最为严厉的。

（3）保护范围的广泛性。其他部门法一般只调整和保护某一方面的社会关系，如民法只调整和保护平等主体之间的财产关系和人身关系；行政法只调整行政法律关系。刑法则要保护国家安全、公共安全、经济秩序、人身权、财产权、社会秩序等各个方面的利益。

（4）保护次序的最后性。虽然刑法保护的法益范围非常广泛，但它在保护次序上具有最后性。只有当其他部门法不能充分保护某种法益时，才应由刑法来保护。如果其他部门法能够充分保护某种法益，就不应由刑法来保护。刑法对法益的保护应当保持克制和谦抑，只有当违法行为对法益造成严重侵害时，才应由刑法进行处罚。因为刑法的制裁手段主要是刑罚，而“刑罚犹如双刃之剑，用之不得其当，则国家与个人两受其害”[1]，刑罚的适用意味着国家和个人均将付出巨大代价，刑法只能是保护法益的最后手段。

第二节　刑法的渊源与体系

一、刑法的渊源

所谓刑法的渊源，是指刑法的表现形式。总体而言，刑法的渊源主要包

[1] 林山田．刑罚学［M］．台北：台湾商务印书馆股份有限公司，1983：127.

括以下几种。

（一）刑法典

刑法典是国家以刑法名称颁布的、系统规定犯罪及其法律后果的法律规范。我国1979年颁布、1997年修订的《刑法》，可谓刑法典。

1997年《刑法》修订施行后，为了使刑法适应社会发展，全国人大常委会又陆续以刑法修正案的形式对刑法典进行修正。❶ 刑法修正案主要通过增加、修改或删除刑法典条文的方式对刑法典进行修正，它不是独立的刑法渊源，而是隶属于刑法典本身。

（二）单行刑法

单行刑法是指立法机关以决定、规定、补充规定、条例等名称颁布的，规定某一类犯罪及其法律后果的法律。

在我国《刑法》于1979年颁布之后到1997年修订之前，同样是为了使刑法适应社会发展，全国人大常委会曾经颁布过23个单行刑法。❷ 随着1997年《刑法》的修订，这些单行刑法因其内容基本上都已被纳入现行刑法典而被废止或失去效力。

在1997年《刑法》修订之后，全国人大常委会于1998年12月29日颁布了《关于惩治骗购外汇、逃汇和非法买卖外汇犯罪的决定》，该决定增设了逃汇罪、骗购外汇罪等新罪名及其法定刑，是我国现行有效的单行刑法。❸ 但是，全国人大常委会颁布的《关于取缔邪教组织、防范和惩治邪教活动的决定》《关于维护互联网安全的决定》《关于特赦部分服刑罪犯的决定》等，没有规定具体的犯罪及其法定刑，不属于真正意义上的单行刑法。

---

❶ 截至2020年12月26日，全国人大常委会共颁布了11个刑法修正案。

❷ 参见《刑法》附件一和附件二。

❸ 2020年6月30日全国人大常委会通过的《中华人民共和国香港特别行政区维护国家安全法》也规定了新的罪名及其法定刑，有学者认为它也属于单行刑法。参见：张明楷．刑法学（上）［M］．6版．北京：法律出版社，2021：19.

（三）附属刑法

附属刑法是指附带规定于民法、经济法、行政法等非刑事法律中的罪刑规范。

在1997年《刑法》修订之前，曾经出现过130余个附属刑法条文。随着1997年《刑法》的修订，这些附属刑法条文都失去了效力。1997年《刑法》修订后，尽管行政法、经济法等非刑事法律中的一些条文也会有类似“构成犯罪的，依照刑法追究刑事责任”的表述，但这些规定只是形式上概括性地重申了刑法的相关内容，没有对犯罪和刑罚作出实质性规定。所以，这些规定并非真正意义上的附属刑法。可以说，目前我国刑法中不存在附属刑法这种形式。

在理论上，一般将刑法典称为狭义刑法，将刑法典、单行刑法和附属刑法统称为广义刑法；将刑法典称为普通刑法，将单行刑法和附属刑法统称为特别刑法。

二、刑法的体系

在我国现行刑法中，除了单行刑法之外，主要的渊源是刑法典。刑法的体系主要是指刑法典的体系。

我国《刑法》包括总则、分则和附则三个部分。其中，总则和分则各为一编。总则是关于犯罪认定和刑罚适用的一般性原则的规范体系，这些规范是认定犯罪和适用刑罚所必须遵守的共同规则。分则是关于具体犯罪及其法定刑的规范体系，这些规范是解决具体定罪量刑问题的标准。附则仅一个条文，其内容一是规定《刑法》开始施行的日期，二是宣布《刑法》生效后某些单行刑法的废止和某些单行刑法中有关刑事责任内容的失效。

《刑法》总则分设五章，分别是：刑法的任务、基本原则和适用范围；犯罪；刑罚；刑罚的具体运用；其他规定。《刑法》分则分设十章，分别是：危害国家安全罪；危害公共安全罪；破坏社会主义市场经济秩序罪；侵犯公民人身权利、民主权利罪；侵犯财产罪；妨害社会管理秩序罪；危害国防利益罪；贪污贿赂罪；渎职罪；军人违反职责罪。总则除第一章和第五章外，其余章下均设若干节。分则大多数章下不设节，但第三章破坏社会主义市场经济秩序罪和第六章妨害社会管理秩序罪包括条文较多、内容庞杂，因而分别分设八节和九节。

在总则和分则的每章或每节之下，便是刑法条文，全部用统一的顺序号码进行编号。条文之下分款、项。有的条文只有一款，如《刑法》第1条、第2条、第3条等。如果条文包含数款，则第2款、第3款等均以另起一行来表示。如《刑法》第6条包含3款，第7条包含2款。在条或款之下，如果使用了（一）（二）（三）等基数号码的，则为项。如《刑法》第263条包含8项。

总体来看，我国刑法典的体系由编、章、节、条、款、项所组成。

第三节　刑法的目的与机能

一、刑法的目的

所谓刑法的目的，是指国家制定和适用刑法所要实现的目标。

《刑法》第1条规定："为了惩罚犯罪，保护人民，根据宪法，结合我国同犯罪作斗争的具体经验及实际情况，制定本法。"根据该条规定，我国刑法的目的包括"惩罚犯罪"和"保护人民"两个方面。当然，从逻辑上来看，"惩罚犯罪"和"保护人民"并不是并列关系，而是手段和目的的关系，"惩罚犯罪"的最终目的还是"保护人民"，对于"保护人民"而言，"惩罚犯罪"是手段。因此，可以说刑法的最终目的是"保护人民"。不过，"人民"一词并非严格意义上的法学术语，主要是一个政治学术语，说刑法的目的是保护人民仍然过于抽象。从更加具体的角度而言，刑法是通过保护人民的利益来达到保护人民的目的的。法律所保护的人民的利益，在理论上一般被称为"法益"。据此，可以将刑法的目的理解为保护法益。

刑法的目的是保护法益，从《刑法》第 2 条对刑法任务的规定也可以得到印证。《刑法》第 2 条规定：“中华人民共和国刑法的任务，是用刑罚同一切犯罪行为作斗争，以保卫国家安全，保卫人民民主专政的政权和社会主义制度，保护国有财产和劳动群众集体所有的财产，保护公民私人所有的财产，保护公民的人身权利、民主权利和其他权利，维护社会秩序、经济秩序，保障社会主义建设事业的顺利进行。”该条规定的国家安全、人民民主专政的政权和社会主义制度、国有财产和劳动群众集体所有的财产、公民私人所有的财产、公民的人身权利、民主权利和其他权利、社会秩序、经济秩序等，都属于法益的范畴。刑法以保护法益为任务，保护法益便是刑法的根本目的。

刑法的目的是保护法益，这是对刑法目的的总体表述。在更加具体的层面，不同犯罪保护的法益各不相同。如《刑法》分则第一章是“危害国家安全罪”，此章的目的是保护国家安全；第五章是“侵犯财产罪”，此章的目的是保护财产权。此外，每章中各个犯罪保护的法益也可能会有所不同。例如，故意杀人罪和故意伤害罪虽然都规定在分则第四章中，但前者保护的法益是生命权，后者保护的法益是健康权。

二、刑法的机能

所谓刑法的机能，是指刑法在社会生活中实际或者可能发挥的作用。一般认为，刑法具有以下三种机能：

（1）法益保护机能。所谓法益保护机能，是指刑法通过惩罚犯罪，保护法益不受侵害的机能。

（2）人权保障机能。所谓人权保障机能，是指刑法所具有的保障公民个人的人权不受国家刑罚权不当侵害的机能。刑法通过明确规定什么样的行为是犯罪，对该犯罪可以处以什么样的刑罚，就可以有效限制国家刑罚权的发动，保护普通公民不被随意定罪处罚，保护犯罪的人只受刑法所规定的刑罚处罚，从而起到保障人权的作用。

（3）行为规制机能。所谓行为规制机能，是指刑法所具有的规制人们行为的机能。刑法将一定的行为规定为犯罪并给予刑罚处罚，就是向人们表明该行为是被法律禁止的，要求人们不要实施该行为，从而起到规制人们行为的机能。不过，理论上有学者认为，行为规制机能并不是刑法独立的机能，它只是法益保护机能的实现手段。因为刑法保护法益的方式是将侵害法益的行为规定为犯罪，并规定相应的刑罚，这种方式自然就会产生行为规制效果。[1]

▶ 思考题

1. 刑法的基本特征是什么？
2. 如何理解刑法的目的是保护法益？
3. 如何理解刑法的法益保护机能和人权保障机能之间的关系？

[1] 张明楷．刑法学：上［M］．6版．北京：法律出版社，2021：25.

第二章　刑法的基本原则

学习重点：（1）罪刑法定原则的含义及其刑法解释的方法；（2）平等适用刑法原则的含义；（3）罪责刑相适应原则的含义。

第一节　刑法基本原则概述

一、刑法基本原则的含义

刑法的基本原则，是指刑法所特有的，贯穿全部刑法规范的，刑事立法和刑事司法都必须严格遵循的根本性准则。

首先，刑法基本原则是刑法所特有的原则。每个部门法的基本原则都是由其基本属性所决定的，刑法基本原则也不例外。刑法的两大基本范畴是犯罪与刑罚，所以刑法的基本原则就是围绕这两个范畴而产生的，从而有别于其他任何部门法的基本原则。

其次，刑法基本原则是贯穿全部刑法规范的根本性准则。刑法中有各种各样的规则，它们都是刑事立法和刑事司法必须严格遵守的。但是，只有其中贯穿全部刑法规范、体现刑法基本精神的根本性准则，才是刑法的基本原则。而那些只具有局部性、非根本性的规则，如刑法所规定的关于数罪并罚的规则、累犯从重处罚的原则等，不是刑法的基本原则。

最后，刑法基本原则是制定和适用刑法过程中都必须严格遵守的基本准则。既然是“基本原则”，那么无论是刑法的制定还是刑法的适用过程，都必须严格遵守这些基本准则。它们既制约立法者制定刑法的过程，也制约司法者适用和解释刑法的过程。

二、刑法基本原则的内容

我国《刑法》明文规定了三个基本原则，分别是第 3 条的罪刑法定原则、第 4 条的平等适用刑法原则和第 5 条的罪责刑相适应原则。

有不少学者认为，理论上除了刑法明文规定的之外，刑法的基本原则还应包括法益保护、责任主义、主客观相统一等原则。应当说，这些原则确实也是刑法制定和适用所应遵守的基本准则，故也是刑法的基本原则。但是，这些基本准则都和犯罪认定、刑罚适用直接相关，基于论述的便利性，本书不在本章展开专门性论述，留待在犯罪论和刑罚论部分再进行必要阐述。

第二节　罪刑法定原则

一、罪刑法定原则的基本含义

从罪刑法定原则的产生历史来看，它是在西方资本主义发展过程中资产阶级思想家为反对封建时期的罪刑擅断而提出来的。在刑法领域，最早明确提出罪刑法定原则的是德国刑法学家费尔巴哈，他在其刑法教科书中将该原则表述为：法无明文规定不为罪，法无明文规定不处罚。其包括两个方面的意思：（1）罪的法定，即什么行为构成犯罪，一个行为构成犯罪应符合什么条件都必须由刑法明文规定；（2）刑的法定，即对一个犯罪可以判处什么样的和多重的刑罚都必须由刑法明文规定，不得法外施刑。

我国《刑法》在 1979 年制定时没有规定罪刑法定原则，1997 年修订时明确规定了该原则。《刑法》第 3 条规定："法律明文规定为犯罪行为的，依照法律定罪处刑；法律没有明文规定为犯罪行为的，不得定罪处刑。"这包括两个方面的意思：（1）有罪必罚，即法律将某一行为规定为犯罪的，必须依照法律定罪处刑；（2）无罪不罚，即法律没有将某一行为规定为犯罪的，不得对其定罪处刑。

我国刑法和西方国家对罪刑法定原则的表述并不完全相同。我国刑法从两个方面对该原则进行了规定。从积极方面，要求对法律明文规定的犯罪行为，依照法律定罪处罚，体现了刑法的法益保护机能；从消极方面，强调法律没有明文规定为犯罪行为的，不得定罪处罚，体现了刑法的人权保障机能。西方国家对罪刑法定原则的表述则只体现了其中的消极方面，即只要求对法律没有明文规定为犯罪的行为不得定罪处罚，而没有规定对法律明文规定的犯罪行为必须定罪处罚。

二、罪刑法定原则的发展历程

一般认为，罪刑法定的思想最早发端于1215年英王约翰签署的《大宪章》。《大宪章》第39条规定："对于任何自由人，不依同一身份的适当的裁判或国家的法律，不得逮捕、监禁、剥夺领地、剥夺法的保护或放逐出境，不得采取任何方法使之破产，不得施加暴力。"这一规定奠定了"适当的法律程序"的思想基础，体现了罪刑法定的基本精神。

到了17—18世纪，罪刑法定思想得到了诸如贝卡利亚、费尔巴哈、边沁、康德、黑格尔等启蒙思想家的大力倡导，并得到如英国《权利请愿书》、法国《人权宣言》、美国《权利宣言》等宪法性文件的肯定和巩固。

1810年《法国刑法典》首次将罪刑法定原则明文规定为刑法的基本原则，其第4条规定："没有在犯罪行为时以明文规定刑罚的法律，对任何人不得处以违警罪、轻罪和重罪。"之后，1871年的《德国刑法典》、1882年的《日本刑法》、1889年的《意大利刑法典》也相继规定了罪刑法定原则。此后，罪刑法定原则成为世界上大多数民主国家刑法的共同原则。是否规定和遵守罪刑法定原则，成为衡量一个国家是否奉行法治的重要标志。

三、罪刑法定原则的思想基础

（一）沿革意义上的思想基础

罪刑法定原则的产生与发展有着深刻的社会与历史背景，当时社会条件下的哲学、政治学、伦理学等思想是其产生和发展的思想基础。一般认为，它的思想基础主要是三权分立理论与心理强制说。

三权分立理论是由法国思想家孟德斯鸠提出来的。该理论主张，国家的立法、司法和行政三种权力应分别由三家不同的机关来行使，以使三者相互制约并保持平衡，避免国家权力的专制，保障个人的权利和自由。作为司法机关，只能适用立法机关事先制定的法律，不得对未经法律规定的行为定罪处罚。这便是罪刑法定原则的基本要求。

心理强制说是由费尔巴哈提出来的。费尔巴哈认为，人类具有求乐避苦的本性，犯罪也是犯罪人在趋利避害的本能支配下实施的。因此，国家通过制定明确的法律告诉国民什么行为是犯罪，犯罪的后果是什么，能够使国民比较犯罪所得到的好处与犯罪所可能受到的惩罚之间的差额。当国民发现犯罪明显不合算时，就会自动放弃犯罪，从而遵守法律规范以趋利避害。可见，费尔巴哈主要是从预防犯罪的功利角度主张罪刑法定的。

三权分立思想和心理强制说作为罪刑法定原则的思想基础，均存在一定缺陷。三权分立理论虽然能够为罪刑法定原则所要求的司法机关严格按照立法机关制定的法律进行定罪处罚奠定思想基础，但现代罪刑法定原则在具体要求上已经不限于此，它不仅要求司法机关严格按照立法机关制定的法律进行定罪处罚，而且对立法机关提出了要求，要求立法机关制定刑法时必须明确，禁止立法机关处罚不当罚的行为，而三权分立理论并不能为后者提供思想基础。心理强制说已被犯罪学的研究结论证实并不完全符合事实，犯罪人基于快乐与痛苦的比较而实施犯罪的情形极为罕见，犯罪人之所以实施犯罪，通常是因为在实施犯罪行为之前存在一种侥幸心理，以为犯罪后不会被发现，可以逃避刑罚处罚。

（二）现代意义上的思想基础

由于三权分立理论和心理强制说作为罪刑法定原则的思想基础均存在一定缺陷，现在理论上主张以现代的哲学、政治学思想来作为现代罪刑法定原则的思想基础，并认为民主主义和尊重人权主义是现代罪刑法定原则的思想基础。

民主主义要求，国家的重大事务应由国民来决定，各种法律应由国民来制定，应当由国民决定什么行为是犯罪、对犯罪科处何种刑罚。由国民选举产生的立法机关制定的法律就是国民意志的体现，司法机关必须严格遵守，按照法律的规定来认定犯罪和判处刑罚。立法机关制定明确的法律，司法机关严格按照法律定罪处罚，这便是罪刑法定原则的基本要求。

尊重人权主义要求，为了保障人权，不致妨碍国民的自由行动，就必须使国民能够事先预测自己行为的性质。国民只有能够事先预测自己行为的性质，才不会因为不知道自己的行为是否会受到刑罚处罚而感到不安，也不会因为不知道自己的行为是否会受到刑罚制裁而不敢实施合法行为。只有如此，才是对国民人权的基本尊重。而欲使国民能够事先预测自己行为的性质，法律必须就什么行为是犯罪、对犯罪给予何种处罚作出明确规定，这便是罪刑法定原则的基本要求。

四、罪刑法定原则的基本内容

罪刑法定原则的基本要求是法律应明文规定犯罪与刑罚。从这一要求出发，可以引申出对立法和司法的更加具体的一系列要求，这些要求被称为罪刑法定原则的基本内容或派生原则。根据这些派生原则的基本功能，可以将它们分为形式侧面和实质侧面两个方面。形式侧面包括法律主义、禁止事后法、禁止类推解释，实质侧面包括刑法的明确性原则和处罚的适当性原则。

（一）形式侧面

1. 法律主义

所谓法律主义，是指司法机关只能根据法律的规定来认定犯罪和判处刑罚，习惯、法理或行政规章等均不能作为定罪处罚的依据。

需注意的是，两大法系对法律主义的要求有所不同。大陆法系国家奉行成文法主义，故一般要求由立法机关制定成文法来规定犯罪和刑罚，司法机关必须按照立法机关制定的成文法来认定犯罪和适用刑罚。英美法系国家奉行判例法主义，判例本身就是法律，大量的犯罪和刑罚在历史渊源上由判例所创设，所以判例本身就是法律，司法机关在对某一行为进行定罪处罚时既不得违背成文法，也不得违背判例。

2. 禁止事后法

所谓禁止事后法，又称禁止溯及既往，是指刑法只能适用于其施行之后的行为，而不追溯适用于其施行之前的行为。也就是说，在行为人实施行为之时已经有相应的刑法规定，才能对行为人定罪处罚。如果在实施行为之时没有相应刑法规定，即使在实施行为之后刑法将这种行为规定为犯罪，也不得对行为人定罪处罚。这是因为，国民总是根据现行的法律来实施自己的行为和预测自己的行为后果，如果原本合法的行为被行为后的法律规定为犯罪并进而被制裁，那么国民就没有自由、人权可言了。

不过，禁止事后法只禁止不利于被告人的溯及既往，如果新法有利于被告人，则可以溯及既往地适用新法。

3. 禁止类推解释

所谓禁止类推解释，是指禁止对刑法没有明文规定的行为因其具有严重社会危害性而比照刑法最相类似的条文进行定罪处罚。例如，我国刑法明确规定强奸罪的对象是妇女，故禁止将强奸男人的行为认定为强奸罪。类推解释实质上是突破刑法条文的含义范围，对原本没有被刑法所规定的行为定罪处罚，所以违背罪刑法定原则。

不过，禁止类推解释原则只禁止不利于被告人的类推解释，但不禁止有利于被告人的类推解释。之所以允许有利于被告人的类推解释，是因为刑法中可能存在一些有利于被告人的规定，而这些规定因为文字表述以及立法疏漏，按照其文字含义适用时会造成不公平现象。所以，允许有利于被告人的类推解释，正是为了保障被告人的权利，实现刑法的正义。例如，《刑法》第389条第3款规定："因被勒索给予国家工作人员以财物，没有获得不正当利益的，不是行贿。"就是说，只有当因被勒索给予国家工作人员以财物，且获得了不正当利益时，才构成行贿罪。但是，《刑法》第164条在规定对非国家工作人员行贿罪时，没有作出类似规定。而事实上，对非国家工作人员行贿罪的违法程度要轻于行贿罪。所以，就没有理由认为，因被勒索给予非国家工作人员以财物，即使没有获得不正当利益也成立对非国家工作人员行贿罪。要为这种解释寻找法律根据，就必须类推适用《刑法》第389条第3款。

（二）实质侧面

1. 明确性原则

所谓明确性原则，是指立法机关制定规定犯罪与刑罚的刑法条文必须明确清楚，使国民能够确切知道什么行为构成犯罪和应当受到何种刑罚处罚。如果刑法条文不明确，就不具有预测功能，国民在行为前仍然不清楚其行为是否构成犯罪，于是造成国民行动萎缩的效果，因而限制了国民的自由。

明确性原则的具体要求包括两个方面：（1）罪的明确，即刑法所规定的犯罪的成立条件必须明确。如果刑法虽然规定了犯罪，但对其成立条件的规定不明确，国民在行动前就仍然不清楚其行为是否构成犯罪，仍然不能预测自己的行为后果。（2）刑的明确，即刑法对刑罚的规定必须明确。当然，刑法对刑罚的规定必须明确，并不意味着刑法对每一个犯罪所规定的刑罚必须是绝对确定的。现代刑法对犯罪所规定的刑罚主要是相对确定的法定刑，即对每一种犯罪都规定了应当适用的刑罚种类，同时又有一定的幅度，如我国《刑法》第263条对抢劫罪所规定的基本法定刑是"三年以上十年以下有期徒刑"。这一方面可以限制司法者的权力；另一方面也可以在赋予司法者一定自由裁量权的基础上使其根据犯罪的具体情况判处相应的刑罚，以有利于实现罪刑均衡。刑的明确，所禁止的是绝对不定期刑。所谓绝对不定期刑，是指刑法只是规定某行为应当受刑罚处罚，但没有规定应受何种和何限度的处罚。绝对不定期刑，会使国民无法预测自己行为的具体后果，也必将造成司法的恣意，从而侵犯人权。

2. 处罚的适当性原则

处罚的适当性原则具体要求也包括两方面：（1）禁止处罚不当罚的行为，即立法者只能将值得用刑罚处罚的行为规定为犯罪。这也是刑法的谦抑性的体现。（2）禁止不均衡的、残虐的刑罚，即禁止立法者规定与犯罪严重程度明显不均衡的、违背公正的刑罚，禁止立法者对犯罪规定以不必要的痛苦为内容的、在人道上被认为是残酷的刑罚。

罪刑法定原则的形式侧面强调立法至上，要求司法机关严格执行立法机关制定的法律，旨在限制司法权，这是形式法治的基本要求。实质侧面强调立法的明确和适当，反对恶法亦法，旨在限制立法权，是实质法治的基本表现。

五、罪刑法定与刑法解释

（一）刑法解释的必要性

尽管罪刑法定原则要求立法者制定的刑法条文必须明确，但刑法条文是以人类自然语言为载体的，而人类自然语言往往具有不可避免的抽象性和模糊性。例如，刑法中存在大量如淫秽、暴力、猥亵等抽象性用语。司法者在判断实际案件中的行为是否符合这些用语时，不得不进行必要的解释。

此外，为了使刑法能够适应社会发展和包容复杂多样的案件事实，立法者也往往会有意使用一些抽象性表述。刑法中存在大量情节恶劣、情节严重、数额较大、数额巨大等表述，司法者在处理实际案件时必须对案件是否属于情节恶劣、情节严重、数额较大、数额巨大进行必要的解释。

（二）刑法解释的效力

一般认为，根据解释的效力，刑法解释可以区分为以下三种：

（1）立法解释，是指全国人大常委会对刑法条文所作的解释，如全国人大常委会关于信用卡、渎职罪主体等的解释。立法解释在效力上等同于立法。

对于刑法典中的解释性规定，如《刑法》第 93 条第 1 款对国家工作人员的解释，有观点认为属于立法解释，有观点认为不属于立法解释。我们认为，立法解释是立法机关在刑法制定颁布之后对刑法相关条文所作的解释，而刑法典中的解释性规定是立法时就被制定的刑法条文，应属于立法本身，不属于立法解释。

（2）司法解释，是特指由最高人民法院、最高人民检察院就如何具体适用刑法的问题所作的解释。司法解释也具有法律效力，但其效力等级低于立法解释。当司法解释与立法解释发生冲突时，立法解释的效力高于司法解释。

（3）学理解释，是指未经国家授权的机构或个人对刑法所作的解释。学理解释没有法律效力，但对刑事司法和立法活动具有重要参考价值，对提高公民法律意识具有重要作用。

（三）刑法解释的方法

对于刑法解释的方法，理论上有很多说法，主要包括以下几种：

（1）文义解释，是指按照刑法用语通常可能具有的意思来阐明刑法条文含义的解释方法。文义解释又被称为文理解释，与之相对，其他解释方法被统称为论理解释。文义解释是刑法解释的边界，任何解释结论都不得超出刑法用语可能具有的含义范围。这是因为，国民是通过对刑法用语的理解来知晓刑法的处罚范围的，如果解释结论超出刑法用语可能具有的含义范围，那么就违背了国民的预期，从而也违背了罪刑法定原则。

（2）体系解释，是指根据刑法条文在整个刑法中的体系地位来阐明其含义的解释方法。例如，对于诬告陷害罪的保护法益是什么，就需要根据体系解释来确定。该罪规定在《刑法》分则第四章中，据此可以确定该罪的保护法益主要是被害人的人身权利和民主权利。当被害人同意行为人捏造事实诬告陷害自己时，行为人的行为虽然侵犯了司法机关的正常司法活动，但因被害人承诺放弃了自己的人身权利、民主权利而没有侵害本罪的保护法益，不构成诬告陷害罪。

（3）历史解释，是指根据制定《刑法》时的历史背景、刑法的发展历程等来阐明刑法条文含义的解释方法。例如，在1979年《刑法》中，遗弃罪被规定在“妨害婚姻、家庭罪”一章中，行为人和被害人之间应该具有婚姻、家庭成员关系。1997年《刑法》修订时废除了1979年《刑法》的“妨害婚姻、家庭罪”这一章，把该章中的犯罪都纳入了第四章“侵犯公民人身权利、民主权利罪”中。这种体系上的变化意味着遗弃罪的行为人和被害人之间不再限于婚姻、家庭成员关系，任何侵害被害人人身权利的遗弃行为均可构成本罪。孤儿院遗弃孤儿、养老院遗弃老人、医院遗弃危重病人，相关人员均可能构成本罪。

（4）比较解释，是指参考国外的相关立法、理论、判例等阐明我国刑法含义的解释方法。在进行比较解释时，应当注重中外刑法的差异，不应一味盲从。

（5）目的解释，是指根据刑法规范的目的来阐明刑法条文含义的解释方法。刑法的目的是保护法益，所以在解释刑法条文时，确定其所要保护的法益就至关重要。例如，对于组织男性向男性出卖肉体的行为是否构成组织卖淫罪，如果认为组织卖淫罪的保护法益是社会善良风俗，刑法规定本罪的目的是打击通过组织出卖肉体破坏社会善良风俗的行为，那么，由于一切组织出卖肉体的行为都会破坏社会善良风俗，所以组织男性向男性出卖肉体的行为也应成为本罪的打击对象，从而将其解释为“组织卖淫”。

（6）扩大解释，是指对刑法用语解释的含义大于其通常的字面含义。如将抢劫金融机构中的“金融机构”解释为包含自动取款机、运钞车；将信用卡诈骗罪中“信用卡”解释为包含借记卡。

罪刑法定原则允许扩大解释，但禁止不利于被告人的类推解释。之所以如此，是因为扩大解释的结论仍然在刑法用语可能具有的含义范围之内，类推解释的结论超出了刑法用语可能具有的含义范围。扩大解释和类推解释的区别在于解释结论是否超出了刑法用语可能具有的含义范围。但是，“刑法用语可能具有的含义范围”这一标准本身是比较抽象的，对于某一个解释结论是否在刑法用语可能具有的含义范围之内，不同的人可能会有不同的看法。

比如，对于盗窃电力行为能否被解释为构成盗窃罪，德国法院早期曾认为将电力解释为财物超出财物的文义范围，所以将盗窃电力行为解释为构成盗窃罪属于不被允许的类推解释；而日本法院则认为将电力解释为财物没有超出财物的文义范围，所以将盗窃电力行为解释为构成盗窃罪属于被允许的扩大解释。可见，虽然说文义范围是刑法解释的边界，但对同一个用语的文义范围不同的人会有不同的理解。扩大解释和类推解释之间的界限并非泾渭分明，在进行扩大解释时需特别谨慎。

（7）缩小解释，是指对刑法用语解释后的含义小于其通常的字面含义。如将杀人罪中的“人”解释为行为人之外的人。

（8）当然解释，是指刑法条文虽然未明确规定某一事项，但根据形式逻辑、规范目的等将该事项解释进刑法条文中。例如，司法解释规定 2 年内盗窃 3 次的，属于多次盗窃，构成盗窃罪。那么，2 年内盗窃 4 次的，当然构成盗窃罪。

（9）反对解释，是指根据刑法用语的正面表述，推导出其反面含义。例如，《刑法》第 257 条第 1 款规定了暴力干涉婚姻自由罪的构成条件和法定刑，第 3 款规定“第一款罪，告诉的才处理”。据此，可以得出如下反对解释的结论：对于第 1 款的暴力干涉婚姻自由罪，没有告诉的，就不得处理。

对于以上解释方法的理解，需注意以下几点：

（1）任何法律解释，都不是脱离案件事实的纯粹对法律文本的解释。法律解释的过程不是单纯对法律用语含义的阐释过程，而主要是为了判断实际案件是否在法律用语的范围之内。所以，法律解释是连接法律规范和案件事实的桥梁，法律解释的过程就是法律适用的过程，解释者始终是“目光往返于规范与事实之间”[1]。

（2）以上解释方法中，文义解释、体系解释、历史解释、目的解释、当然解释和反对解释，与其说是解释的具体方法，毋宁说是解释者在解释过程

[1] 张明楷．刑法分则的解释原理：上［M］．2 版．北京：中国人民大学出版社，2011：1.

中所应当考虑的因素，即需要考虑解释结论是否在文义范围之内、是否具有体系的合理性、是否符合刑法的发展历史、是否符合刑法规范目的、是否符合形式逻辑等。扩大解释和缩小解释与其说是解释方法，毋宁说是解释的结果，即解释的结论是大于还是小于刑法用语的通常含义，但它们本身并没有告诉解释者通过考虑什么因素、运用什么方法来进行扩大或缩小解释。

（3）刑法条文的文义和目的是解释过程中最重要的考虑因素。文义是刑法解释的边界，任何解释结论都不得超出刑法用语可能具有的含义范围。刑法规范目的是刑法解释的导向，任何解释结论都必须符合刑法规范目的。如果解释结论不符合刑法规范目的，就违背了刑法的保护法益目的。在采用其他解释方法不能得出唯一解释结论时，必须由目的解释来最终决定；在采用其他解释方法得出了唯一解释结论时，也必须由目的解释来检验其解释结论是否符合刑法规范目的。所以，刑法条文的文义和目的在刑法解释中具有决定性意义，解释结论既不能超出刑法条文可能的文义范围，又要符合刑法规范目的。

第三节　平等适用刑法原则

《刑法》第4条规定："对任何人犯罪，在适用法律上一律平等。不允许任何人有超越法律的特权。"这便是平等适用刑法原则，它是宪法所确立的法律面前人人平等原则在刑法领域的具体化。

根据该原则，对任何人的定罪、量刑和行刑都必须依照法律规定的标准平等对待，不得因犯罪人的出身、地位、财产状况等非法定因素而区分对待。当然，平等适用刑法原则并不意味着犯相同的罪，就应当判处和执行相同的刑罚。犯罪相同，情节不同的，在处罚上应有所不同。例如，同样是抢劫，在其他情节相同的情况下，为了劫富济贫而抢劫和为了个人挥霍而抢劫，在处罚时应有所不同。

第四节 罪责刑相适应原则

《刑法》第5条规定:“刑罚的轻重,应当与犯罪分子所犯罪行和承担的刑事责任相适应。”这便是罪责刑相适应原则,又称为罪刑相当或罪刑均衡原则。

(1)刑罚的轻重应当与犯罪分子所犯罪行相适应。决定罪行轻重的因素包括两个方面:一是行为的客观危害,即行为对法益的侵害程度。行为对法益的侵害程度越严重,罪行就越重。例如,同样是盗窃,盗窃10万元和盗窃1万元,前者的罪行更重;故意杀人和故意伤害,前者的罪行更重。二是行为人的主观恶性,即行为人对法益侵害的主观心态。在行为的客观危害相同的情况下,行为人的主观恶性越重,罪行越重。例如,同样是致人死亡,故意致人死亡比过失致人死亡的罪行更重。

(2)刑罚的轻重应当与犯罪分子所承担的刑事责任相适应。刑事责任,一般是指犯罪之后所应承担的法律后果。但是,对于《刑法》第5条中的“刑事责任”的含义,不应作这样的理解。因为,如果这里的“刑事责任”是指犯罪后的法律后果,那么该条就只要表述为“刑罚的轻重,应当与犯罪分子所承担的刑事责任相适应”就可以了,没有必要再加上“与罪行相适应”的这一要求。既然法条将“刑事责任”与“罪行”规定为影响刑罚轻重的两个并列的因素,这里的“刑事责任”只能是指罪行之外的影响刑罚轻重的因素。例如,我国刑法规定对累犯从重处罚,对自首、坦白、立功等犯罪分子可以从宽处罚。累犯、自首、坦白、立功等,就属于罪行之外的影响刑罚轻重的因素。刑法之所以规定对累犯从重处罚,对自首、坦白、立功等犯罪分子从宽处罚,是因为这些因素可以体现犯罪人的人身危险性的大小,即犯罪人再犯罪的可能性大小。所以,所谓“刑罚的轻重应当与犯罪分子所承担的刑事责任相适应”,实际上是指刑罚的轻重应当与犯罪分子的人身危险性大小相适应,以实现刑罚的个别化。

要求刑罚的轻重与罪行相适应，体现的是刑罚对犯罪的报应，是实现刑罚公正的基本要求；要求刑罚的轻重与犯罪人的人身危险性相适应，是为了通过适用刑罚来预防犯罪，是实现刑罚功利目的的要求。在决定刑罚轻重时，首先应当考虑罪行的轻重，主要由罪行的轻重来决定刑罚的轻重，从而保证刑罚处罚的公正；其次，在根据罪行的轻重决定刑罚的轻重后，再考虑行为人的人身危险性大小，对刑罚轻重进行适当调整，以保障预防犯罪功利目的的实现。

▶ 思考题

1. 如何理解刑法基本原则的意义？
2. 罪刑法定原则的具体内容是什么？
3. 罪刑法定原则下刑法解释的基本方法是什么？
4. 如何理解适用平等适用刑法原则的基本含义？
5. 如何理解罪责刑相适应原则的基本含义？

第三章 刑法的适用范围

学习重点：（1）我国刑法关于空间效力的规定；（2）我国刑法关于溯及力的规定。

刑法的适用范围，或称刑法的效力范围，指刑法在什么空间内、在什么时间内、对什么人有效或适用。其中，刑法在什么空间、对什么人适用，是刑法的空间效力；刑法在什么时间内有效，是刑法的时间效力。

第一节 刑法的空间效力

刑法的空间效力，解决的是一国刑法在什么空间、对什么人适用的问题，也就是一国的刑事管辖权问题。对此，我国刑法规定了属地管辖、属人管辖、保护管辖和普遍管辖四项原则。

一、属地管辖原则

《刑法》第6条第1款规定："凡在中华人民共和国领域内犯罪的，除法律有特别规定的以外，都适用本法。"对于该条的理解，注意以下三点。

（一）中华人民共和国领域

中华人民共和国领域包括领陆、领水和领空。领陆，即国境线以内的陆地，包括地下的地层；领水，即内水和领海；领空，即领陆、领水之上的空间，它只及至空气空间，不包括外层空间。

此外，《刑法》第6条第2款规定：“凡在中华人民共和国船舶或者航空器内犯罪的，也适用本法。”这里的船舶或者航空器，既可以是军用的，也可以是民用的；既可以是处于航行途中的，也可以是处于停泊状态的；既可以是处于公海或公海上空的，也可以是处于别国领域内的。总之，凡是在我国船舶或者航空器内犯罪的，不论该船舶或者航空器是什么性质、处于什么状态和空间，一律视为在我国领域内犯罪，我国均有刑事管辖权。

（二）在中华人民共和国领域内犯罪

《刑法》第6条第3款规定：“犯罪的行为或者结果有一项发生在中华人民共和国领域内的，就认为是在中华人民共和国领域内犯罪。”此处的“犯罪的行为”不仅指犯罪的实行行为，如从境内寄送有毒物品毒杀在我国境外的人，还包括共同犯罪中的教唆或帮助行为和犯罪的预备行为，如在我国领域内教唆或者帮助他人在我国领域外犯罪，在我国领域内购买犯罪工具后到我国领域外实施犯罪。“犯罪的结果”不仅是指犯罪的实害结果，还包括未遂犯中的危险结果，如从境外寄送有毒物品毒杀我国境内的人，被害人食用后身亡或在食用之前感觉味道不对而未食用，均属于犯罪结果发生在我国领域内。

（三）法律的特别规定

一般认为，法律的特别规定包括以下四种情形：（1）享有外交特权和豁免权的外国人的犯罪。《刑法》第11条规定：“享有外交特权和豁免权的外国人的刑事责任，通过外交途径解决。”上述人员在我国领域内犯罪，不适用我国刑法。（2）港、澳、台地区的犯罪。对于港、澳、台地区的犯罪，适用各地区的刑事规范，不适用中国内地（大陆）刑法。港、澳、台地区是中国的一部分，港、澳、台地区的刑事规范也是中国的广义刑法的一部分，所以，对港、澳、台地区的犯罪适用的仍然是中国的刑法，只是没有适用中国内地（大陆）的刑法。（3）特别刑法有特别规定。特别刑法对刑法典中的部分犯罪有特别规定时，根据特别法优于普通法原则，不适用刑法典，而是适用特别刑法。（4）民族自治地方有变通或补充规定。《刑法》第90条规定：

“民族自治地方不能全部适用本法规定的，可以由自治区或者省的人民代表大会根据当地民族的政治、经济、文化的特点和本法规定的基本原则，制定变通或者补充的规定，报请全国人民代表大会常务委员会批准施行。”据此，当民族自治地方对部分犯罪有变通或补充规定时，不适用刑法典，而是适用变通或补充规定。以上四种情形中，真正属于属地管辖原则例外的，只有第一种情形；后三种情形仍然属于适用中国刑法，只是没有适用中国内地（大陆）刑法或没有适用中国刑法典。

二、属人管辖原则

《刑法》第 7 条第 1 款规定：“中华人民共和国公民在中华人民共和国领域外犯本法规定之罪的，适用本法，但是按本法规定的最高刑为三年以下有期徒刑的，可以不予追究。”第 2 款规定：“中华人民共和国国家工作人员和军人在中华人民共和国领域外犯本法规定之罪的，适用本法。”

根据该条规定，中国公民在领域外犯罪的，原则上也要适用我国刑法追究刑事责任，但刑法规定其所实施的犯罪的最高刑是 3 年以下有期徒刑的，可以不予追究。“可以不予追究”，意味着不是绝对不追究，仍然有追究的可能性，是否追究由司法机关根据犯罪情节决定。国家工作人员和军人在领域外犯罪的，一律适用我国刑法追究刑事责任。如此规定，是因为上述人员的身份及其职权决定了其在领域外犯罪很可能会危害我国的国家安全和利益。

三、保护管辖原则

《刑法》第 8 条规定：“外国人在中华人民共和国领域外对中华人民共和国国家或者公民犯罪，而按本法规定的最低刑为三年以上有期徒刑的，可以适用本法，但是按照犯罪地的法律不受处罚的除外。”

根据该条规定，外国人在我国领域外针对我国国家或公民犯罪的，我国刑法有权管辖。管辖的条件是：（1）该犯罪侵犯了中国国家或公民的利益；（2）该犯罪按照中国刑法规定的最低刑为 3 年以上有期徒刑；（3）该犯罪按照犯罪地的法律也应受处罚。

四、普遍管辖原则

《刑法》第9条规定："对于中华人民共和国缔结或者参加的国际条约所规定的罪行，中华人民共和国在所承担条约义务的范围内行使刑事管辖权的，适用本法。"

根据该条规定，凡是我国缔结或者参加的国际条约规定的罪行，即使犯罪分子是外国人，即使其罪行没有侵害我国国家或公民的利益，即使其罪行发生在我国领域外，只要犯罪分子在我国境内被发现，我国就应当在所承担条约义务的范围内，行使刑事管辖权。这也就是对这类罪行确立了普遍管辖原则。

该原则的适用条件是：(1) 犯罪分子所犯罪行应是国际条约所规定的犯罪；(2) 中国是相关条约的缔约国或参加国；(3) 中国刑法也将该行为规定为犯罪；(4) 依照中国刑法定罪量刑。

五、外国刑事判决的效力

我国刑法在刑事管辖权上采取了以上四项原则，其他国家也可能会规定相似的原则，那么，就有可能产生管辖权的冲突问题。例如，一个中国公民在中国领域外犯罪，或者一个外国公民在中国领域外实施了侵害中国国家或公民利益的犯罪，我国可以根据属人管辖和保护管辖原则主张刑事管辖权，但犯罪地的国家同样可以基于属地管辖原则行使刑事管辖权。那么问题是，犯罪地国家基于属地管辖权追究了犯罪人的刑事责任，等他进入中国境内后，中国是否还应追究其刑事责任？也就是说，我国是否承当外国刑事判决的效力？

《刑法》第10条规定："凡在中华人民共和国领域外犯罪，依照本法应当负刑事责任的，虽然经过外国审判，仍然可以依照本法追究，但是在外国已经受过刑罚处罚的，可以免除或者减轻处罚。"据此，外国的刑事判决对中国的审判权不具有制约效力，经过外国审判的，我国仍然可以追究刑事责任。但我国在追究被告人刑事责任时，对已经在外国受过刑罚处罚的事实予以适当考虑，可以免除或者减轻处罚，避免对被告人的不公平。

第二节　刑法的时间效力

一、刑法的生效时间

刑法的生效时间，通常有两种方式：一是从刑法公布之日起生效。这通常是单行刑法的做法。二是公布一段时间后再施行。如我国现行《刑法》于1997年3月14日通过并公布，从当年10月1日起施行。

二、刑法的失效时间

刑法的失效时间，通常也有两种方式：一是由立法机关明确宣布废止。如《刑法》附则明确宣布废止15部单行刑法。二是自然失效。这是指新法施行后代替旧法，旧法自行废止。

三、刑法的溯及力

（一）刑法溯及力的概念与处理原则

所谓刑法的溯及力，是指刑法生效后，对于刑法生效以前未经审判或者判决尚未确定的行为是否适用的问题。如果适用，具有溯及力；如果不适用，不具有溯及力。对此，各国刑法有不同的规定，主要包括以下四种处理原则：

（1）从旧原则，即按照行为时的旧法处理，新法不具有溯及力。

（2）从新原则，即按照新法处理，新法具有溯及力。

（3）从旧兼从轻原则，即新法原则上不具有溯及力，但新法处罚较轻的，则按照新法处理。

（4）从新兼从轻原则，即新法原则上具有溯及力，但旧法处罚较轻的，则按照旧法处理。

（二）我国刑法的溯及力

《刑法》第12条第1款规定：“中华人民共和国成立以后本法施行以前的行为，如果当时的法律不认为是犯罪的，适用当时的法律；如果当时的法律认为是犯罪的，依照本法总则第四章第八节的规定应当追诉的，按照当时的法律追究刑事责任，但是如果本法不认为是犯罪或者处刑较轻的，适用本法。”第2款规定：“本法施行以前，依照当时的法律已经作出的生效判决，继续有效。”根据这一规定，对于1949年10月1日中华人民共和国成立至1997年10月1日以后发生的行为，[1] 应按以下情况分别处理：

（1）行为时的法律不认为是犯罪，而现行刑法认为是犯罪的，适用行为时的法律，即不以犯罪论处，现行刑法没有溯及力。

（2）行为时的法律认为是犯罪，而现行刑法不认为是犯罪的，适用现行刑法，即不以犯罪论处，刑法具有溯及力。

（3）行为时的法律与现行刑法都认为是犯罪，且根据现行《刑法》总则第四章第八节的规定应当追诉的，按照行为时法律处理，即刑法没有溯及力；但是，如果现行刑法处刑较轻的，则适用现行刑法，即现行刑法具有溯及力。

对于其中的“处刑较轻”，1997年12月23日最高人民法院《关于适用刑法第十二条几个问题的解释》规定：“刑法第十二条规定的‘处刑较轻’，是指刑法对某种犯罪规定的刑罚即法定刑比修订前的刑法轻。法定刑较轻是指法定最高刑较轻；如果法定最高刑相同，则指法定最低刑较轻。”“如果刑法规定的某一犯罪只有一个法定刑幅度，法定最高刑或者最低刑是指该法定刑幅度的最高刑或者最低刑；如果刑法规定的某一犯罪有两个以上的法定刑幅度，法定最高刑或者最低刑是指具体犯罪行为应当适用的法定刑幅度的最高刑或者最低刑。”

（4）现行刑法施行以前，依照当时的法律已经作出的生效判决，继续有

---

[1] 对于1997年10月1日以后，相关修正案施行之前所实施的行为，遵循同样的原则处理。

效。即使现行刑法不再规定为犯罪或者处刑较轻，也不得改判。这主要是为了维护人民法院生效判决的严肃性和稳定性。

综上可见，我国刑法关于溯及力的规定，采取的是从旧兼从轻原则。

四、司法解释的时间效力

对于司法解释的时间效力，根据 2001 年 12 月 7 日“两高”《关于适用刑事司法解释时间效力问题的规定》，按以下情况分别处理：

（1）对于司法解释实施前发生的行为，行为时没有相关司法解释，司法解释施行后尚未处理或者正在处理的案件，依照司法解释的规定办理。例如，2016 年司法解释规定了受贿罪的数额标准，行为人于 2015—2018 年连续受贿多次，所有受贿行为均可以适用该司法解释。

此外，如果行为时没有相关司法解释，行为后到案件处理时发布了两个不同的司法解释，应适用后发布的司法解释。例如，行为人在 2010 年受贿 500 万元，2016 年司法解释规定受贿罪数额特别巨大的标准为 300 万元，2017 年司法解释规定受贿罪数额特别巨大的标准为 600 万元，行为人在 2018 年被抓获，应适用新的司法解释，不能认定为受贿数额特别巨大。

（2）对于新的司法解释实施前发生的行为，行为时已有相关司法解释，依照行为时的司法解释办理，但适用新的司法解释对犯罪嫌疑人、被告人有利的，适用新的司法解释。

（3）对于在司法解释施行前已办结的案件，按照当时的法律和司法解释，认定事实和适用法律没有错误的，不再变动。

▶ 思考题

1. 我国刑法对空间效力是如何规定的？
2. 我国刑法为什么对溯及力问题采取从旧兼从轻原则？

第二编

犯罪论

第四章　犯罪概说

学习重点：（1）我国刑法中犯罪的基本特征；（2）犯罪构成的含义和意义；（3）犯罪构成的类型；（4）犯罪构成的体系。

第一节　犯罪概念

一、犯罪的立法定义

虽然各国都通过制定刑法来惩罚犯罪，但大多数国家的刑法并没有对犯罪下一般的定义，只有少数国家的刑法在总则中对什么是犯罪作了规定，我国刑法就是其中之一。

我国《刑法》第13条规定："一切危害国家主权、领土完整和安全，分裂国家、颠覆人民民主专政的政权和推翻社会主义制度，破坏社会秩序和经济秩序，侵犯国有财产或者劳动群众集体所有的财产，侵犯公民私人所有的财产，侵犯公民的人身权利、民主权利和其他权利，以及其他危害社会的行为，依照法律应当受刑罚处罚的，都是犯罪，但是情节显著轻微危害不大的，不认为是犯罪。"在这个犯罪定义中，"一切危害国家主权、领土完整和安全……以及其他危害社会的行为"揭示的是犯罪的本质特征，说明刑法为什么要将其规定为犯罪，即因为行为危害了社会。同时，该条还规定"情节显著轻微危害不大的，不认为是犯罪"。就是说，行为虽然危害了社会，但如果情节显著轻微危害不大，不是犯罪。即只有当行为严重危害社会时，才是犯罪。“依照法律应当受刑罚处罚”揭示的是犯罪的法律特征或形式特征，说明犯罪是被法律规定应当受到刑罚处罚的行为。

除我国刑法这种对犯罪的定义方式之外，还有另外两种方式：（1）1985年《新加坡刑法典》第40条规定：“犯罪是指应受到本法典所规定的刑罚处罚的行为。”德国、法国、印度等国的刑法也采取了相似的定义方式。这种定义方式只从犯罪的法律特征，即违反刑法规定、应受刑罚处罚方面来界定犯罪，而不从实质角度说明为什么行为会被刑法规定为犯罪。理论上称为犯罪的形式定义。（2）1922年《苏俄刑法典》第6条规定：“威胁苏维埃制度基础及工农政权在向共产主义制度过渡时期所建立的法律秩序的一切危害社会的作为或不作为，都被认为是犯罪。”这种定义方式只从本质特征上说明什么是犯罪，即行为为什么会被刑法规定为犯罪，但没有说明犯罪是被刑法规定的应受刑罚处罚的行为。理论上称为犯罪的实质定义。

在以上定义方式中，实质定义强调通过判断行为对社会的危害性来认定犯罪，由于行为的社会危害性是个非常抽象模糊的概念，判断会因人而异，所以容易造成司法恣意，不利于保障人权。正因为此，基本没有国家采用这种对犯罪的定义方式，在历史上也只有苏联刑法采取这种定义方式。形式定义强调对犯罪的认定以法律是否对行为规定了应受刑罚惩罚为标准，有利于限制司法权力，从而保障罪刑法定。我国刑法对犯罪的定义既强调犯罪认定的法律标准，又揭示了犯罪的本质特征，采取的是一种混合定义的方式。

二、犯罪的基本特征

（一）文理解释

根据我国《刑法》第13条规定，犯罪是危害社会的依法应当受到刑罚处罚的行为。据此，犯罪的两个基本特征是社会危害性和依法应受刑罚处罚性。

1. 社会危害性

社会危害性是一个行为之所以被刑法规定为犯罪的根本原因，揭示了犯罪的本质特征。行为危害社会，是指行为侵害了刑法所要保护的法益，所以理论上一般将社会危害性称为法益侵害性。

《刑法》第 13 条在规定犯罪是危害社会的行为的同时，还规定“情节显著轻微危害不大的，不认为是犯罪”。这个规定表明并非任何侵害法益的行为都是犯罪，只有严重侵害法益的行为才是犯罪。

2. 依法应受刑罚处罚性

依法应受刑罚处罚性说明犯罪是被法律规定应受刑罚处罚的行为，揭示了犯罪的法律特征。

“依法”意味着行为只有违反刑法才可能是犯罪，才应当受到刑罚处罚，这是罪刑法定原则的基本要求。“应受刑罚处罚”，一方面是因为行为侵害了法益；另一方面，根据责任主义原则，行为人还应就其所实施的侵害法益的行为受到刑法责难，即行为人应是有责的。如果行为人的行为虽然侵害了法益，但并没有主观过错或没有责任能力而不应受到刑法责难，仍然不构成犯罪。

（二）论理解释

根据以上分析，一个行为要构成犯罪，不但必须是违反刑法和侵害法益的，而且行为人还应当是有责的。据此，犯罪的两大实体就是违法和有责。

1. 违法

犯罪是违反刑法的行为，这一特征在理论上被称为犯罪的形式违法性。与此同时，犯罪是侵害法益的行为，这一特征被称为犯罪的实质违法性。一个行为只有同时具有实质违法性和形式违法性，才是真正意义上的违法，从而才可能构成犯罪。实质违法性是形式违法性的基础，形式违法性是实质违法性在法律上的体现。一个行为只有具有实质违法性时，才会被立法者规定为犯罪，从而具有形式违法性；同时，一个行为违反了刑法，即具有形式违法性，原则上就可以认定其具有实质违法性。

但是，两者并非总是统一关系，可能会出现相互矛盾的情形：（1）行为虽然严重侵害了法益，即具有实质违法性，但可能没有被刑法规定为犯罪，从而不具有形式违法性。对于这种情形，根据罪刑法定原则，当一个行为没有形式违法性时，即没有违反刑法时，无论其有多么严重的法益侵害性，都不构成犯罪。（2）行为虽然具有形式违法性，但可能因为各种原因而没有实质违法性。如正当防卫过程中故意造成不法侵害人的伤害，防卫人故意伤害不法侵害人的行为符合刑法所规定的故意伤害罪的成立条件，具备了形式违法性，但他是为了正当防卫而故意伤害不法侵害人，不具备实质违法性。对于这种情形，应当坚持的处理原则是：一个行为只有同时具有形式违法性和实质违法性才是犯罪，行为虽然具有形式违法性但不具有实质违法性的，不构成犯罪。

2. 有责

所谓有责，是指行为人应当就自己所实施的违法行为受到刑法责难。影响行为人是否有责的因素包括以下两个方面：（1）主观过错。只有当行为人故意或过失地实施违法行为时，才应受到责难。（2）责任能力。行为人虽然是故意或过失地实施了违法行为，但如果不具有刑事责任能力，依然不应对其进行责难，其实施的侵害法益的行为仍然不构成犯罪。

三、犯罪的分类

对于犯罪，根据不同的标准可以进行不同的分类，理论上也存在很多不同的分类方法，这里只介绍几种常见分类方法。

（一）国事犯罪与普通犯罪

所谓国事犯罪，是指危害国家安全的犯罪，如我国《刑法》分则第一章“危害国家安全罪”。国事犯罪之外的都是普通犯罪。

（二）自然犯与法定犯

所谓自然犯，是指违反伦理道德，根据自然法应受到处罚的行为，如故意杀人罪、盗窃罪等；所谓法定犯，一般是指没有违反伦理道德，只是由于法律规定才成为犯罪的行为，如逃税罪、走私罪等。

这种分类方法主要来自犯罪学。在刑法领域，这种分类的意义是有限的。一方面，无论自然犯还是法定犯，均以违反刑法且侵害法益为成立条件，两者在认定过程中并无显著区别；另一方面，随着社会的发展，很多法定犯也逐渐具有了违反伦理道德的色彩，两者的区分日益模糊。如污染环境的犯罪，原本是法定犯，但在环境日益恶化的今天，污染环境的行为也逐渐具有了伦理违反色彩。

（三）亲告罪与非亲告罪

所谓亲告罪，又被称为告诉才处理的犯罪，指只有被害人向司法机关提起告诉，司法机关才能追究被告人刑事责任的犯罪。我国刑法规定的亲告罪包括五个：侮辱罪、诽谤罪、暴力干涉婚姻自由罪、虐待罪和侵占罪。刑法之所以将这些犯罪规定为亲告罪，是因为这些犯罪往往发生在熟人之间，而且犯罪性质一般并不严重，所以将是否追究被告人刑事责任的决定权留给被害人。所谓非亲告罪，是指犯罪发生后，无论被害人是否提起公诉，司法机关均应主动追究被告人刑事责任的犯罪。除了上述五个犯罪之外，我国刑法中的其他犯罪都属于非亲告罪。

（四）隔离犯与非隔离犯

所谓隔离犯，是指犯罪行为与犯罪结果之间存在时间、空间间隔的犯罪。其中，犯罪行为与犯罪之间存在时间间隔的犯罪是隔时犯，如实施杀害行为后被害人过了两天死亡；犯罪行为与犯罪之间存在空间间隔的犯罪是隔地犯，如在国外寄有毒食品给国内被害人，被害人食用后死亡。隔时犯存在犯罪时间的确定问题，隔地犯存在犯罪地点的确定问题。就隔时犯而言，原则上应以实施行为时为犯罪的时间；就隔地犯而言，行为实施地和结果发生地均为犯罪地。犯罪行为与犯罪结果之间没有时间、空间间隔的犯罪，是非隔离犯。

（五）状态犯与继续犯

所谓状态犯，是指犯罪行为终了之后，法益侵害状态仍然持续的犯罪。如盗窃罪，在行为人控制财物时，盗窃行为既遂，被害人财产权被侵害的结果发生，但由于行为人一直控制着财物，所以被害人财产权被侵害的不法状态一直处于持续状态。所谓继续犯，也称持续犯，是指犯罪行为与不法状态在一定时间内一直处于持续状态的犯罪，如非法拘禁罪。继续犯的犯罪行为在一定时间内持续，瞬间性的行为不可能成立继续犯；继续犯的犯罪行为与不法状态同时持续，行为人着手实施犯罪行为就会造成不法状态，行为人停止犯罪行为就会同时解除不法状态，犯罪行为与不法状态同时开始、同时结束，没有先后关系。

对于继续犯，存在追诉期限的起算问题。《刑法》第 89 条规定："追诉期限从犯罪之日起计算；犯罪行为有连续或者继续状态的，从犯罪行为终了之日起计算。"就是说，对于一般的犯罪，追诉期限从犯罪之日起计算；对于继续犯，追诉期限从犯罪行为终了之日而非犯罪开始实施之日起计算。

第二节　犯罪构成

一、犯罪构成的概念

所谓犯罪构成，就是犯罪的成立条件，是刑法所规定的行为构成犯罪所必须具备的一切要件的统一体。以故意杀人罪为例，一个完整的故意杀人罪包括以下要素：杀人的人、被杀的人、杀的行为、杀的故意、杀的结果。这些要素组合在一起就是故意杀人罪的犯罪构成。

首先，犯罪构成是行为成立犯罪的所必需的一切客观要件和主观要件的统一体。其中，客观要件主要说明行为的违法性，主观要件主要说明行为人的有责性。犯罪的两大实体是违法和有责，而犯罪构成正是说明行为符合哪些条件时才具备这两个基本特征。犯罪概念说明"什么是犯罪"，犯罪具有哪些基本特征；犯罪构成说明"如何认定犯罪"，行为符合哪些条件才具备犯罪的基本特征。

其次，犯罪构成是由刑法明文规定的。其中，总则规定了一切犯罪成立所必须具备的要件，分则规定了各个具体犯罪成立所特别需要具备的要件。例如，《刑法》总则第 17 条规定了什么样的人可以成为故意杀人罪的主体，分则第 232 条规定了“故意”“杀”“人”等要件。

最后，犯罪构成是认定犯罪的标准。犯罪构成是行为成立犯罪所必需的各种客观要件和主观要件的统一体，认定行为是否成立犯罪，就是判断其是否符合某一犯罪的犯罪构成。所以，犯罪构成是认定犯罪的标准，是区分罪与非罪、此罪与彼罪、一罪与数罪的标准。犯罪构成的各个要件是由刑法所规定的，以犯罪构成为标准认定犯罪，就是根据刑法的规定认定犯罪。所以，坚持以犯罪构成作为认定犯罪的标准，是在司法领域贯彻罪刑法定原则的具体表现。

二、犯罪构成的分类

（一）基本的犯罪构成和修正的犯罪构成

基本的犯罪构成是指分则条文就单独的既遂犯所规定的犯罪构成，如故意杀人罪既遂的犯罪构成就是故意杀人罪的基本犯罪构成。

修正的犯罪构成是指刑法总则以基本的犯罪构成为基础对之加以修正而就共同犯罪、未遂犯等犯罪形态所形成的犯罪构成。例如，根据刑法总则的规定，故意杀人未遂的，也构成故意杀人罪。在故意杀人未遂这个犯罪构成中，没有被害人死亡这个结果要件，该犯罪构成就是刑法总则对故意杀人既遂的犯罪构成进行修正所形成的。

（二）封闭（完结）的犯罪构成和开放（待补充）的犯罪构成

封闭的犯罪构成是指刑法对犯罪的成立条件作出了完整表述的犯罪构成。

开放的犯罪构成是指刑法只规定了犯罪成立的部分要件，其他要件需要司法者在适用时进行补充的犯罪构成，典型的如过失犯和不真正不作为犯。过失犯的成立以行为人违反注意义务为前提，不真正不作为犯的成立以行为人违反作为义务为前提，但刑法没有对注意义务和作为义务作出明文规定，需要司法者在具体案件中进行具体判断。

（三）简单的犯罪构成和复杂的犯罪构成

简单的犯罪构成，是指刑法规定的各个要件均属单一的犯罪构成，该犯罪构成中只包含单一行为、单一主体或单一罪过形式。如故意杀人罪的犯罪构成，犯罪的主体、行为、罪过形式、结果等都是单一的，属于简单的犯罪构成。

复杂的犯罪构成是指刑法规定的某一或某些要件是复数的犯罪构成。主要包括两种情形：（1）刑法规定了两种以上的行为、对象、主体等，只要案件事实符合其中之一，便成立犯罪。如拐卖妇女、儿童罪的行为对象包括妇女和儿童，但实际案件只要符合其中之一，就可以成立该罪。（2）刑法规定了两种以上的行为等要件，案件事实同时符合这两个以上要件时，才成立犯罪。如入户抢劫，行为人必须实施了“入户”和“抢劫”这两个行为，才属于入户抢劫。

（四）普通的犯罪构成和加重或减轻的犯罪构成

普通的犯罪构成，是指刑法分则条文对某一犯罪根据其通常危害程度而规定基本法定刑所形成的犯罪构成。加重或减轻的犯罪构成，是指刑法分则条文因某一犯罪的危害重于或轻于通常程度而对其规定更重或更轻的法定刑所形成的犯罪构成。例如，根据《刑法》第263条的规定，犯抢劫罪的，处三年以上十年以下有期徒刑，但如果存在入户抢劫、抢劫致人重伤或死亡、持枪抢劫等情形，则要处十年以上有期徒刑、无期徒刑或者死刑，前者是抢劫罪的普通犯罪构成，后者是加重犯罪构成。再如，根据《刑法》第232条的规定，犯故意杀人罪的，处死刑、无期徒刑或者十年以上有期徒刑，但如果情节较轻的，处三年以上十年以下有期徒刑，前者是故意杀人罪的普通犯罪构成，后者是故意杀人罪的减轻犯罪构成。可见，一个罪名并不只有一个犯罪构成，一个抢劫罪罪名，既有普通犯罪构成又有加重犯罪构成，还有抢劫未遂的犯罪构成、共同抢劫的犯罪构成等。

三、犯罪构成的要件

犯罪构成是犯罪成立的一切要件的统一体。根据不同的标准，可以将这些要件进行不同的分类。

（一）客观要件和主观要件

所谓客观要件，是指表现犯罪的客观外在特征的要件，如犯罪的主体、行为、行为对象、结果等。所谓主观要件，是指表现犯罪人主观过错的要件，如故意、过失、目的和动机。

（二）记述性要件和规范性要件

所谓记述性要件，是指根据一般的事实认识就能确定的要件，如故意杀人罪中的人、盗窃罪中的财物等。所谓规范性要件，是指需要根据法律法规、经验法则或价值观念进行判断才能确定的要件。如“公共财产”“依法”等的含义需要根据法律法规确定，“危害公共安全”“住宅”等的含义需要根据经验法则确定，“淫秽”“猥亵”等的含义需要根据价值观念确定。

（三）共同要件和非共同要件

所谓共同要件，是一切犯罪成立都必须具备的要件，如行为、行为主体等。所谓非共同要件，是指只有个别犯罪的成立才必须具备的、绝大部分犯罪的成立都不是必备的要件。如《刑法》第 340 条规定的非法捕捞水产品罪，行为人只有在禁渔区、禁渔期或者使用禁用的工具、方法捕捞水产品的，才可能构成该罪。就是说，犯罪的时间、地点或方法对该犯罪的成立而言是必备要件。但是，犯罪的时间、地点或方法对绝大部分犯罪而言，都不是成立的必备要件，因此，它们是非共同要件。

（四）成文要件和非成文要件

所谓成文要件，是指刑法明文规定的要件，如故意杀人罪中的故意、杀和人。所谓非成文要件，是指刑法没有明文规定的要件，如过失犯中的注意义务、不作为犯中的作为义务。

四、犯罪构成的体系

所谓犯罪构成的体系，是指犯罪构成的各个要件按照一定顺序和层次组成的有机整体。犯罪构成包含各种要件，按照不同的顺序和层次进行排列组合，就会形成不同的犯罪构成体系。

（一）我国传统的犯罪构成体系*

我国传统刑法理论一般将犯罪构成分为以下四个方面，每个方面又包含不同的要件。

（1）犯罪客体，是指刑法所保护的、为犯罪行为所侵害的社会关系或社会利益。

（2）犯罪客观方面，是指刑法所规定的、说明行为对刑法所保护的社会关系造成损害的客观外在事实特征。犯罪客观方面包括行为、行为对象、危害结果、因果关系等要素。

（3）犯罪主体，是指实施危害行为并依法应负刑事责任的自然人和单位。犯罪主体包括自然人和单位两类。在犯罪主体是自然人时，构成要件包括自然人的责任能力、特殊身份等要素。

（4）犯罪主观方面，是指犯罪主体对自己的行为及其危害社会的结果所持的心理态度。犯罪主观方面包括犯罪故意、过失、目的和动机等要素。

（二）德、日的犯罪构成体系

在德、日刑法理论中，有多种不同的犯罪构成体系。最为经典的是被称为“三要件递进式”的体系，即将所有犯罪成立条件分为三个要件，判断行为是否构成犯罪时，依次判断行为是否符合这三个要件。

1. 构成要件符合性

所谓构成要件，是指刑法所规定的成立犯罪所必须具备的基本条件；判断行为是否符合构成要件，就是判断行为是否具备成立犯罪所必须的基本条件。构成要件中包括客观要件和主观要件。前者包括行为主体、行为、行为对象、危害结果及因果关系等要素；后者包括犯罪故意、过失、目的、动机等要素。

---

* 高铭暄，马克昌．刑法学［M］．9 版．北京：北京大学出版社，高等教育出版社，2019：45－122.

如果行为不符合构成要件，就可以直接得出无罪的结论；如果行为符合构成要件，就要进入违法性判断阶段。

2. 违法性

行为符合构成要件，就具备了形式违法性，一般情况下就是违法的。但在有些情况下，行为虽然符合构成要件，但并不一定对社会有害，如面对持刀杀人的歹徒时进行反击，将歹徒砍成重伤，行为虽然符合故意伤害罪的构成要件，但本质上对社会无害，不具有实质违法性。行为虽然具有形式违法性但不具有实质违法性，就仍然不是违法，不构成犯罪。所以，在违法性阶段，主要是判断案件中是否存在某种特殊情形，使得行为虽然符合构成要件但在本质上又不具有违法性。这些能够排除符合构成要件的行为的违法性的特殊情形，称为违法阻却事由。违法性判断，主要就是判断案件中是否存在违法阻却事由。如果存在违法阻却事由，行为不违法，行为人无罪；如果不存在违法阻却事由，行为违法，行为人是否有罪，取决于下一阶段的有责性判断。

违法阻却事由包括法定的和超法规的，前者是刑法明文规定的，如各国刑法普遍把正当防卫、紧急避险规定为违法阻却事由；后者是刑法没有明文规定，但被普遍认可的可以阻却违法的事由，如被害人承诺、职务行为等。

构成要件符合性和违法性都是判断行为是否违法的阶段，前者判断行为是否具有形式违法性，后者判断行为是否具有实质违法性。构成要件符合性是判断行为是否具备构成犯罪的积极要件，违法性是判断行为是否具备不构成犯罪的消极要件。

3. 有责性

构成要件中包括犯罪成立的主观要件，所以行为符合构成要件，一般情况下就是有责的。但在有些情况下，虽然行为符合构成要件，但行为人并不应当受到刑法的责难，如一个11周岁的小孩故意杀死另一个小孩，行为符合故意杀人罪的构成要件，但行为人因年龄太小而不应当被刑法所责难。所以，在有责性阶段，主要是判断案件中是否存在某种特殊情形，使得行为人虽然实施了符合构成要件且违法的行为，但不应受到刑法的责难。这些能够使虽然实施了符合构成要件且违法的行为人不受刑法责难的情形，称为责任阻却事由。有责性判断，主要就是判断案件中的行为人是否存在责任阻却事由。责任阻却事由包括无责任能力、无违法性认识可能性、无期待可能性等。

与构成要件符合性和违法性是对行为是否具有违法性的判断不同，有责性是对行为人是否因其实施的违法行为而应受到刑法责难的判断。

（三）犯罪构成体系的比较

通过对比我国传统犯罪构成体系和德、日犯罪构成体系，可以发现以下四个方面的明显区别。

1. 是否具有层次性

我国传统犯罪构成体系虽然将所有的犯罪成立要件分为四个方面，但并没有说明判断犯罪时对四个要件的考虑顺序，四个要件不分先后，处于同一层次。德、日的犯罪构成体系具有明显的层次性，不仅分为三个步骤，而且这三个步骤中体现了先积极判断后消极判断、先客观判断后主观判断的思维顺序。

犯罪构成体系的意义不仅在于说明犯罪成立必须具备哪些条件，还在于说明在认定犯罪时应该按照怎样的思维顺序来考虑这些要件，从而为司法者判断行为是否构成犯罪提供理论指导。所以，我国大部分学者主张对我国传统犯罪构成体系进行改造，使其具有一定的层次性，从而能够揭示出定罪的逻辑思维过程。

2. 是否包含犯罪阻却事由

与德、日的犯罪构成相比，我国的犯罪构成中缺少了犯罪阻却事由（违法阻却事由和责任阻却事由）。在我国的犯罪构成体系中，行为虽然符合犯罪构成，但还并不一定构成犯罪。如行为人在正当防卫中故意杀人，根据我国的犯罪构成体系，故意杀人的行为符合了故意杀人罪的犯罪构成，行为人应构成故意杀人罪，但刑法又规定，由于行为人是正当防卫而故意杀人，不构成犯罪。这就意味着，符合犯罪构成的行为还不一定构成犯罪，这使犯罪构成丧失了作为认定犯罪的标准的地位。因此，我国犯罪构成体系改造中应当纳入犯罪阻却事由。

3. 是否包含犯罪客体要件

与德、日的犯罪构成相比，我国的犯罪构成中多了犯罪客体要件。犯罪客体是刑法所保护的被犯罪所侵害的法益。犯罪的本质特征是法益侵害性，若行为构成犯罪，必然侵害法益。而行为是否构成犯罪，取决于行为是否符合犯罪构成。因此，犯罪构成和法益之间，是反映与被反映、说明与被说明的关系，行为符合犯罪构成，就反映和说明其侵害了法益，两者并不处于同一层次。因此，犯罪客体不应成为犯罪构成的要件，其所内含的法益侵害性是犯罪概念的内容。

4. 犯罪主体要件的地位

在德、日的犯罪构成体系中，并没有独立的犯罪主体要件。在我国传统犯罪构成体系中，犯罪主体是和其他三个要件相并列的一个要件，其具体内容除了包括单位和自然人构成犯罪的基本条件，还包括自然人的身份和责任能力。但是，自然人的身份主要影响的是行为的违法性（如行为人是否具有国家工作人员身份会影响是否会侵害作为贪污罪保护法益的公务行为的廉洁性），而责任能力则主要说明行为人是否有责，两者属于不同范畴。因此，应考虑将主体要件进行分解，将单位和自然人构成犯罪的基本条件、自然人的身份等影响行为违法性的要素和自然人的责任能力等影响责任的要素相分离，分别置于不同的判断阶段。

（四）本书采取的犯罪构成体系

基于以上分析，本书采取如下犯罪构成体系：

（1）将所有犯罪构成要件分为犯罪一般要件和犯罪阻却事由两个部分。犯罪一般要件说明犯罪成立的积极要件，犯罪阻却事由说明犯罪成立的消极要件。

（2）犯罪一般要件分为客观要件和主观要件。客观要件包括行为主体、行为、行为对象、结果和因果关系等要素，主要说明行为的违法性；主观要件包括故意、过失、目的和动机等要素，主要说明行为人的有责性。

（3）犯罪阻却事由分为违法阻却事由和责任阻却事由。前者包括正当防卫、紧急避险、被害人承诺等，说明行为不构成违法的特殊情形；后者包括责任能力、违法性认识可能性、期待可能性等，说明行为人不具有有责性的特殊情形。

以上犯罪构成体系遵循的是先积极判断再消极判断的思维顺序，又在每一个层次的判断中均遵循了先判断客观再判断主观的思维顺序。本书之所以采取先积极判断后消极判断的犯罪构成体系，是因为：第一，我国刑法总则总体上是先规定犯罪成立的客观要件和主观要件，再规定正当防卫、紧急避险等犯罪阻却事由，先积极判断后消极判断的犯罪构成体系符合刑法总则的规定。第二，犯罪的客观要件和主观要件规定了犯罪成立的基本条件，提供了犯罪的基本类型，符合客观要件和主观要件的行为原则上就成立犯罪，而犯罪阻却事由是作为例外存在的消极要件。先积极判断后消极判断的犯罪构成体系符合判断犯罪的基本思维顺序。

▶ 思考题

1. 如何理解违法和有责是犯罪的两大实体？
2. 如何理解犯罪构成在刑法适用中的意义？
3. 如何理解我国传统犯罪构成体系和德、日犯罪构成体系之间的区别？

第五章　犯罪客观要件

学习重点：(1) 单位犯罪的成立条件；(2) 不作为犯罪的成立条件和作为义务的来源；(3) 结果加重犯的成立条件；(4) 刑法因果关系的判断方法。

第一节　犯罪客观要件概述

一、犯罪客观要件的概念

所谓犯罪客观要件，是指刑法所规定的行为构成犯罪在客观上所必须具备的事实特征，包括行为主体、行为、行为对象、危害结果、因果关系和行为的时间、地点、方法等。其中，行为的时间、地点、方法只是个别犯罪的客观要素，本章不展开具体分析。

二、犯罪客观要件的意义

犯罪客观要件是认定行为违法性的主要根据。犯罪客观要件和违法阻却事由是判断行为是否违法的两个方面，犯罪客观要件是积极要件，违法阻却事由是消极要件，行为符合犯罪客观要件，原则上就是违法的，只有在存在违法阻却事由的情况下才不违法。

犯罪客观要件是认定行为人有责性的重要依据。根据责任主义原则，行为人对实施的违法行为有责，行为才构成犯罪。认定行为人是否有责，最重要的是判断行为人是否出于故意或过失实施了违法行为。但是，故意或过失都是发生在案发当时的行为人内在的心理态度，司法者不可能通过直接观测得知，而是只能从案件的客观事实情况去推知行为人在案发当时的内在心态。例如，如果案件的客观事实是，行为人用一把尖刀猛捅被害人心脏5刀，被害人死亡。从这些客观事实，才能推知行为人具有杀人的故意。因此，犯罪客观要件是认定行为人有责性的重要事实依据。

第二节　行为主体

行为主体是刑法规定的实施犯罪行为的主体。我国刑法规定的行为主体包括自然人和单位。

一、自然人

在行为主体是自然人时，根据刑法的规定，能够影响其是否构成犯罪、构成何种犯罪的因素主要包括年龄、精神状况和身份。其中，年龄和精神状态影响的是自然人的责任能力，不影响行为的违法性，属于责任阻却事由的范畴；身份则会影响行为的违法性，如行为人是否具有国家工作人员身份会影响其行为是否会侵犯公务行为的廉洁行为，进而是否构成贪污罪，属于犯罪客观要素。本章将对自然人身份进行分析，年龄和精神状况将在责任阻却事由中分析。

（一）身份的概念

所谓身份，是指行为人所具有的某种资格、地位或者状态。如国家工作人员、证人等，均属于自然人身份。

（二）身份的分类

1. 自然身份和法律身份

所谓自然身份，是指基于出生等自然事实而形成的身份，如男女性别、亲属关系等。

所谓法律身份，是指基于法律规定而形成的身份，如证人、司法工作人员等。

2. 定罪身份和量刑身份

所谓定罪身份，是指会决定行为人是否构成某种犯罪的身份。比如，刑法规定刑讯逼供罪的主体是司法工作人员，行为人具有这种身份才能构成刑讯逼供罪，不具有这种身份就不能构成刑讯逼供罪。对于刑讯逼供罪而言，司法工作人员这种身份就是定罪身份。

所谓量刑身份，是指不会决定行为人是否构成某种犯罪，但当行为人构成该犯罪时，会影响对其量刑的身份。比如诬告陷害罪，刑法并未要求它的行为主体具有特殊身份，但规定国家工作人员犯诬告陷害罪的从重处罚。对于诬告陷害罪而言，国家工作人员这种身份就是量刑身份。

理论上将具有定罪身份的犯罪称为真正身份犯，将具有量刑身份的犯罪称为不真正身份犯。

二、单　　位

在行为主体是单位时，涉及的问题是：哪些单位可以成为犯罪的主体？符合什么条件的犯罪行为属于单位的犯罪行为？对单位犯罪如何处罚？

（一）单位犯罪的主体

《刑法》第30条规定："公司、企业、事业单位、机关、团体实施的危害社会的行为，法律规定为单位犯罪的，应当负刑事责任。"据此，单位犯罪的主体包括公司、企业、事业单位、机关、团体。理解单位犯罪的主体时，需注意以下三点：

（1）公司、企业包括具有法人资格的独资、私营公司、企业。1999年6月25日最高人民法院《关于审理单位犯罪案件具体应用法律有关问题的解释》（以下简称《单位犯罪解释》）第1条规定："刑法第三十条规定的公司、企业、事业单位，既包括国有、集体所有的公司、企业、事业单位，也包括依法设立的合资经营、合作经营企业和具有法人资格的独资、私营等公司、企业、事业单位。”

（2）单位的分支机构或者内设机构、部门可以成为单位犯罪的主体。2001 年 1 月 21 日最高人民法院《全国法院审理金融犯罪案件工作座谈会纪要》（以下简称《金融犯罪座谈会纪要》）规定：“以单位的分支机构或者内设机构、部门的名义实施犯罪，违法所得亦归分支机构或者内设机构、部门所有的，应认定为单位犯罪。不能因为单位的分支机构或者内设机构、部门没有可供执行罚金的财产，就不将其认定为单位犯罪，而按照个人犯罪处理。”

（3）上述单位应当依法设立并以实施合法业务行为为主要活动。《单位犯罪解释》第 2 条规定：“个人为进行违法犯罪活动而设立的公司、企业、事业单位实施犯罪的，或者公司、企业、事业单位设立后，以实施犯罪为主要活动的，不以单位犯罪论处。”据此，为了进行违法犯罪活动而设立单位并从事违法犯罪的，或者虽然合法设立单位，但设立后以实施犯罪为主要活动的，不以单位论处，而是以自然人犯罪论处。

（二）单位犯罪的行为

虽然单位可以成为犯罪的主体，但单位毕竟是一种虚拟性存在，其行为要由其内部成员来实施。那么，当单位内部成员实施一定犯罪行为时，在什么情况下是单位的犯罪行为，在什么情况下只是其成员个人的犯罪行为？总体来说，单位内部成员实施的犯罪行为，符合以下三个条件时，才能算是单位的犯罪行为：

（1）该犯罪行为的实施由单位的决策机构按照单位的决策程序决定。单位犯罪是单位意志的体现，必须由单位的决策机构按照单位的决策程序决定。在“一长制”单位中，有关负责人员的个人决定，如私营企业的企业主、某个团体的领导的个人决定，就可以被认为是单位的决定。在有决策机构的单位中，由单位决策机构的组成人员按照决策程序作出的决定，才是单位的决定。

如果单位内部成员所实施的犯罪行为并非由单位的决策机构按照单位的

决策程序所决定的，那么只能算作其个人的犯罪行为。《单位犯罪解释》第3条规定："盗用单位名义实施犯罪，违法所得由实施犯罪的个人私分的，依照刑法有关自然人犯罪的规定定罪处罚。"根据该解释，单位成员未经单位决策机构批准和决定，擅自以单位名义实施犯罪，且违法所得由自己私分的，不以单位犯罪论处，而是以自然人犯罪论处。

（2）实施犯罪行为是为了给单位谋取非法利益。为单位全体成员或多数成员谋取非法利益，均是为单位谋取非法利益。例如，公司董事会决议，向某个公务人员行贿，以便为公司谋取非法利益，这就是单位犯罪。为单位少数人谋取非法利益的，不属于为单位谋取非法利益。

（3）《刑法》分则明文规定单位可以成为该犯罪的主体。单位犯罪以刑法有明文规定为前提，只有当刑法分则规定单位可以成为某种犯罪的主体时，才可以将其认定为单位犯罪。当刑法分则没有明文规定单位是某种犯罪的主体时，即使单位实施了该犯罪，也不能认定为单位犯罪。例如，贷款诈骗罪，刑法分则没有明文规定单位可以成为该罪的主体，当单位实施贷款诈骗行为时，就不构成单位犯罪，不能追究单位的刑事责任，只能追究单位内部组织、策划、实施贷款诈骗行为的自然人的刑事责任。对此，全国人民代表大会常务委员会《关于〈中华人民共和国刑法〉第三十条的解释》规定："公司、企业、事业单位、机关、团体等单位实施刑法规定的危害社会的行为，刑法分则和其他法律未规定追究单位的刑事责任的，对组织、策划、实施该危害社会行为的人依法追究刑事责任。"

（三）单位犯罪的处罚

《刑法》第31条规定："单位犯罪的，对单位判处罚金，并对其直接负责的主管人员和其他直接责任人员判处刑罚。本法分则和其他法律另有规定的，依照规定。"据此，对于单位犯罪，原则上既要处罚犯罪的单位，又要处罚单位犯罪中直接负责的主管人员和其他直接责任人员；仅当刑法分则或其他法律有特别规定时，才可以有所不同。这里所谓的有所不同，是指刑法分则对部分单位犯罪规定只处罚直接负责的主管人员和其他直接责任人员，而不处罚单位。

对于直接负责的主管人员和其他直接责任人员的认定，《金融犯罪座谈会纪要》作了如下规定：“直接负责的主管人员，是在单位实施的犯罪中起决定、批准、授意、纵容、指挥等作用的人员，一般是单位的主管负责人，包括法定代表人。其他直接责任人员，是在单位犯罪中具体实施犯罪并起较大作用的人员，既可以是单位的经营管理人员，也可以是单位的职工，包括聘任、雇佣的人员。”

对于单位被合并或者撤销后的处罚问题，1998 年 11 月 18 日最高人民法院研究室《关于企业犯罪后被合并应当如何追究刑事责任问题的答复》规定：“人民检察院起诉时该犯罪企业已被合并到一个新企业的，仍应依法追究原犯罪企业及其直接负责的主管人员和其他直接人员的刑事责任。”2002 年 7 月 9 日最高人民检察院《关于涉嫌犯罪单位被撤销、注销、吊销营业执照或者宣告破产的应如何进行追诉问题的批复》规定：“涉嫌犯罪的单位被撤销、注销、吊销营业执照或者宣告破产的，应当根据刑法关于单位犯罪的相关规定，对实施犯罪行为的该单位直接负责的主管人员和其他直接责任人员追究刑事责任，对该单位不再追诉。”

第三节　行　　为

一、行为的概念

犯罪是危害社会的依法应受刑罚处罚的行为，或者说是违法且有责的行为。任何犯罪的载体都是行为，无行为即无犯罪，故行为是犯罪构成中最为核心的要素。行为是犯罪的载体，是刑法评价的对象，合理确定行为的概念和内涵，才能合理划定刑法评价的对象范围。

一般认为，行为是行为人基于自由意志实施的危害社会的身体活动。具体来说，行为包括以下三个特征：

(1) 有体性特征，即行为是人的身体活动，包括积极活动和消极活动。行为的有体性特征可以将思想排除在行为之外，从而也将其排除在犯罪之外。

(2) 有意性特征，即行为是基于自由意志实施的。行为的有意性特征将诸如身体的反射动作、睡梦中的举动等排除在行为之外，从而也将其排除在犯罪之外。

(3) 有害性特征，即行为是危害社会的。行为的有害性特征将没有任何法益侵害危险的行为排除在行为之外，从而也将其排除在犯罪之外。例如，行为人基于迷信，按照仇人的模样捏个泥人，每天在泥人上扎针，以为七七四十九天后就可以将仇人扎死。这种所谓的迷信犯无论在何种意义上都不具有法益侵害危险，不属于刑法中的行为。

二、行为的类型

(一) 实行行为和非实行行为

所谓实行行为，是指刑法分则所规定的具体犯罪的构成要件行为。如故意杀人罪中的杀人行为。

所谓非实行行为，是指刑法总则所规定的应当处罚的预备、教唆、帮助行为。如教唆他人故意杀人的，他人实施的是故意杀人罪的实行行为，而教唆者实施的是非实行行为。

(二) 作为和不作为

所谓作为，是指以积极的身体活动实施违反刑法禁止性规范的行为。如行为人持刀杀人，从外在表现形式来看，行为人实施了积极的身体活动；从违反的法律规范的性质来看，行为人违反了刑法的“禁止杀人”规范。

所谓不作为，是指通过违反非刑事法律中的义务性规范进而违反刑法禁止性规范的行为。如逃税罪，行为人首先违反了税法规定的纳税义务，进而违反了刑法的“禁止逃税”规范。

除了作为和不作为之外，我国刑法还规定了不少持有型犯罪，如非法持有毒品罪、非法持有枪支罪等。对于持有的行为性质，理论上有不同观点：

作为说认为，持有是对特定物品的实力支配和控制，法律规定持有型犯罪旨在禁止行为人取得特定物品，其违反的是禁止性规范，故属于作为。不作为说认为，持有是对特定物品的支配状态，法律规定持有型犯罪旨在命令持有人将特定物品上缴国家以消灭这种支配状态，其违反的是命令性规范，故属于不作为。独立行为类型说认为，持有兼具动和静两种特征，既不同于作为，也不同于不作为，是一种独立的行为类型。

三、不作为犯罪

作为是最常见的犯罪形式，认定起来相对容易，而不作为犯罪则要复杂得多。下文将对不作为犯罪展开详细分析。

（一）不作为犯罪的成立条件

不作为不等于不作为犯罪，不作为构成犯罪，必须同时符合以下三个条件：

（1）行为人负有某种作为义务。只有负有作为义务的人不作为，才可能成立不作为犯罪。

（2）行为人能够履行作为义务。法律不强人所难，行为人虽然负有某种作为的义务，但在案发当时没有能力履行该作为义务，即使产生了相应的危害后果，也不构成不作为犯罪。如儿子掉入河中，父亲因不会游泳而没有跳入河中施救，儿子溺水而亡，父亲不应构成不作为犯罪。

（3）行为人不履行作为义务而导致了法益侵害结果。行为人在有能力履行作为义务的情况下没有履行作为义务，并因没有履行作为义务导致了法益侵害结果的发生，没有履行作为义务与法益侵害结果之间具有因果关系。

（二）不作为犯罪的类型

一般认为，不作为犯罪可以分为以下两种基本类型：

（1）真正不作为犯，或称纯正不作为犯，是指刑法分则明确规定以不作为为行为方式的犯罪，如逃税罪、遗弃罪、拒绝提供间谍犯罪活动证据罪等。

（2）不真正不作为犯，或称不纯正不作为犯，是指刑法分则没有明文规定具体行为方式，而且通常情况下都是以作为方式实施，而行为人却以不作为方式实施的犯罪，如母亲故意不哺乳婴儿致其饿死所构成的故意杀人罪。

（三）作为义务的来源

不作为构成不作为犯罪，以行为人负有作为义务为前提。在真正不作为犯中，刑法明文将不作为规定为犯罪的实行行为，哪些人负有作为义务、负有怎样的作为义务，相对明确，认定起来也相对容易。但在不真正不作为犯中，分则没有将不作为明文规定为犯罪的实行行为，哪些人负有作为义务、负有怎样的作为义务，认定起来往往没有那么简单清楚。虽然刑法基于法益保护的思想要处罚不真正不作为犯，但必须对其成立条件尤其是对哪些人负有怎样的作为义务进行严格限制，否则，就可能在保护法益的同时过度限制国民的自由。如在儿童落水的场合，如果赋予在场的所有人以救助义务，虽然可以起到保护法益的作用，但会逼迫所有人都去救助法益，过度限制国民的自由。所以，对不真正不作为犯而言，合理确定作为义务的范围，就尤其重要。

1. 形式的作为义务论*

为了确定作为义务的来源，理论上一般在形式上将其划分为不同的类型。较为常见的是将作为义务划分为以下四种类型：（1）法律法规规定的义务。如民法规定的夫妻之间的互相扶养义务、父母对子女的抚养教育义务、子女对父母的赡养扶助义务等。（2）职务或者业务要求的义务。如警察的阻止犯罪义务、医生的救死扶伤义务、消防员的救灾义务等。（3）先行行为引起的义务。如开车撞伤他人后产生的救助义务。（4）法律行为引起的义务。如保姆依雇佣合同所负有的照看好雇主家孩子、老人的义务。

将作为义务在形式上划分为不同类型从而确定作为义务来源的做法，称为“形式的作为义务论”。形式的作为义务论存在的主要问题是：（1）违反

---

* 高铭暄，马克昌．刑法学［M］．9 版．北京：北京大学出版社，高等教育出版社，2019：63－65.

刑法之外的法律、职务、业务或者合同约定的义务，一般只应产生民事或者行政法上的法律后果，为什么违反这些作为义务，就可以直接构成刑法上的不作为犯罪？对此，形式的作为义务论没有说明。(2) 对作为义务来源的界定不完整，不能为所有不作为犯罪提供理论基础。例如，当数人共同从事某种危险行为从而形成危险共同体时，在部分成员处于危险境地的情况下，共同体的其他成员负有保护和救助义务，这种保护和救助义务难以被归类于上述四类作为义务之一。(3) 在父母不尽抚养义务，将婴儿遗弃造成其死亡的场合，既可能构成不真正不作为犯的故意杀人罪，也可能成立真正不作为犯的遗弃罪，但在何种情况下成立何种罪名，形式的作为义务论不能说明。

2. 实质的作为义务论

因为形式的作为义务论存在上述缺陷，理论上又致力于从本质上探讨作为义务的来源，即探讨刑法究竟为什么要赋予特定的人在特定情况下以一定的作为义务。这种关于作为义务来源的理论称为“实质的作为义务论”。刑法的目的是保护法益，刑法赋予行为人以作为义务同样是要求行为人保护法益。但刑法不可能为了保护法益而无限制地赋予公民以作为义务，只能选择当公民与被保护的法益之间具有某种特定的关联性时，才赋予其作为义务。首先，当存在某个对法益具有侵害危险的危险源，而行为人又与该危险源存在某种特定的关联性时，行为人有义务监管好该危险源，避免其侵害法益。如动物的饲养者对动物的监管义务。其次，当某个法益处于需要保护的脆弱状态，而行为人又与法益主体具有某种特定的关联性时，行为人有义务保护该法益主体，避免其法益状态进一步恶化。如父亲对落水子女的救助义务。据此，可以将作为义务分为对危险源的监督义务和对脆弱法益的保护义务两大类。

(1) 对危险源的监督义务。

危险源本身就具有法益侵害危险，当行为人与其存在某种特定的关联性时，负有监督该危险源、防止其导致法益侵害结果发生的义务。具体包括以下三类。

①对危险物的监管义务。这里的危险物包括危险动物、危险物品和危险

设施等。如动物的饲养者对动物负有监管义务，当动物伤人时，负有阻止义务；机动车所有人对机动车的使用负有管理义务，当无驾照者、醉酒者、未成年人等欲驾驶时，负有阻止义务；道路设施、电力设施、矿井、广告牌等负责人对这些设施、设备负有管理义务。动物的饲养者因没有履行监管义务从而导致他人受到侵害的，对该侵害结果一般成立过失犯罪。但在动物侵害他人之后，其饲养者又产生了一个新的救助义务，如果饲养者故意不履行该救助义务导致他人更为严重的伤亡的，对该伤亡结果可能成立故意犯罪，此时的救助义务来源于先前的不作为。

②对他人危险行为的阻止义务。这种义务的典型情形是父母对未成年子女、监护人对被监护人实施的危险行为的阻止义务。例如，甲看见儿子乙（8周岁）正掐住丙（3周岁）的脖子，因忙于炒菜，便未理会。等炒完菜，甲发现丙已窒息死亡。甲对乙的危险行为负有阻止义务，其不阻止的行为成立不作为犯罪。夫妻之间原则上没有阻止一方犯罪的义务。例如，甲为县公安局长，妻子乙为县税务局副局长。乙在家收受贿赂时，甲知情却不予制止。甲的行为不属于不作为的帮助，不成立受贿罪共犯。但当其中一方为无责任能力人时，另一方就是监护人，对其实施的危险行为负有阻止义务。例如，甲是精神病患者，甲之妻乙是甲的监护人。一日，二人到甲父母家吃饭时，甲和其父母争吵，拿起菜刀砍父母，乙未制止、未呼救，也未报警，而是关门走了，甲父母被甲砍伤后流血过多而死。乙对甲的危险行为负有阻止义务，其不阻止的行为成立不作为犯罪。

③因先行行为而产生的法益侵害防止义务。当行为人的先行行为对法益造成现实紧迫危险时，负有防止该危险现实化为实害结果的义务。对现行行为的判断须注意以下几点：

第一，能够产生作为义务的先行行为，必须是对法益造成现实紧迫危险的行为。如因闯红灯将他人撞成重伤、带儿童下水游泳、饭店提供的食物导致客人中毒等。如果行为没有制造或增加对法益的危险的，不产生作为义务。例如，在谈恋爱过程中一方提出分手，另一方自杀，由于恋爱过程中提出分手的行为不是对法益造成危险的行为，不属于先行行为，故对自杀一方不负有救助义务。再如，将路边的弃婴抱到民政局门口的行为，降低了对弃婴生命法益的危险，不属于先行行为，行为人不负有进一步救助的义务，即使弃婴后来因没有得到救助而死亡，行为人也不应对该死亡结果承担不作为犯罪的责任。如果行为虽然制造、增加了危险，但是该危险并不紧迫的，也不产生作为义务。例如，甲将自己的一把利刃递给精神正常的乙观看时，乙突然持刀伤害丙。即使甲在现场，也不产生作为义务。

第二，先行行为是对法益造成现实紧迫危险的行为，故其一般是违法行为。但是，不排除合法行为在一定情况下也可以成为先行行为。例如，甲开长途大巴，刹车失灵，为了避免车辆掉下悬崖，不得已撞伤路边的老人。甲撞伤老人的行为属于紧急避险，但甲对老人负有救助义务。再如，失主甲空手追赶小偷乙，乙逃至河边，为摆脱甲的追赶而跳河，欲游到对岸。乙游至河心时因体力不支，向甲呼救。甲的行为属于自救行为，但多数观点认为甲对乙负有救助义务。正当防卫一般不会产生作为义务，但当防卫行为具有过当危险时，防卫人对不法侵害者负有救助义务。例如，乙赤手空拳殴打甲，甲反击致乙重伤，流血不止，甲不救助，乙死亡。甲负有救助义务，其行为应被认定为防卫过当。

第三，先行行为既可以是故意或过失的违法行为，也可以是意外事件。故意犯罪产生作为义务的例子如：甲向乙的咖啡投毒，看到乙喝了几口后将咖啡递给丙，因担心罪行败露，甲未阻止丙喝咖啡，导致乙、丙均死亡。甲对丙构成不作为的故意杀人罪。过失行为产生作为义务的例子如：甲在林中砍伐树木，因操作不当导致同行的乙被倒下的树木砸成重伤，甲故意不救助因而导致乙死亡，成立不作为的故意杀人罪。意外事件产生作为义务的例子如：甲深夜开车回家倒车入库，结果将一名在车库内过夜的流浪汉乙轧成重伤，甲对乙负有救助义务；意外提供有毒食物导致他人中毒的，负有救助义务。

在故意或过失犯罪成为先行行为的情况下，存在罪数的认定问题。例如，甲出于伤害故意将乙砍成重伤，明知不抢救乙就会死亡，但仍然不抢救，导致乙死亡。甲的第一个行为构成作为的故意伤害罪，第二个行为构成不作为的故意杀人罪，是否应当数罪并罚？再如，甲非法采伐珍贵树木，树木倒下时砸中乙的头部导致其重伤，甲明知不立即救助乙就会导致其死亡，但未予救助，最终乙死亡。对甲是否应当以非法采伐国家重点保护植物罪和故意杀人罪数罪并罚？对此，一般的处理原则是，如果前行为与后行为侵害的法益相同，或者两个行为所侵害的法益具有包容关系时，认定为重罪一罪；如果两个行为侵害了两个不同法益，则应当数罪并罚。据此，在第一个例子中，对甲只应以故意杀人罪一罪论处；在第二个例子中，对甲应以非法采伐国家重点保护植物罪和故意杀人罪数罪并罚。

（2）对脆弱法益的保护义务。

法益处于脆弱状态时，依赖于他人的保护。当行为人与法益主体具有特定的关联性时，负有保护法益的义务。行为人与法益主体的特定关联性，可以基于法规范的规定而产生，也可以基于职务或职业上的要求而产生，还可以基于自愿承担行为而产生。

①基于法规范产生的保护义务。当法规范规定行为人对法益主体负有保护义务时，行为人就负有在法益处于脆弱状态时防止法益状态进一步恶化的义务。如父亲对落水未成年子女的救助义务，母亲哺乳婴儿的义务等。

需要探讨的是：夫妻之间的互相扶养义务，是否包括在一方陷入险境时另一方的救助义务？首先，如果一方是非自愿地陷入险境，如妻子身患重病、不慎落水、遭遇歹徒等，另一方有救助义务。例如，甲看到歹徒用刀砍杀自己的妻子，想到妻子已经发现自己“包二奶”，如果救助妻子可能会身败名裂后，悄悄离开，故意不解救妻子，最终导致妻子被杀，甲构成不作为故意杀人罪。其次，如果一方自行陷入险境（如自杀），另一方是否负有救助义务，理论上则存在不同观点：一种观点认为，既然一方是自主决定结束自己的生命，就应当自我答责，另一方不负有救助义务；另一种观点则认为，刑法对生命实行绝对保护，所以即便一方是自主决定结束自己的生命，也不能免除另一方的救助义务。我国司法实务倾向于肯定观点。

②基于职务或职业产生的保护义务。当职务或职业要求行为人保护法益主体时，行为人就负有在法益处于脆弱状态时防止法益状态进一步恶化的义务。如当他人正在被歹徒侵害时，警察负有阻止义务；当病人疾病发作时，医生负有救治义务；等等。

③基于自愿承担而产生的保护义务。当法益处于脆弱状态，行为人自愿承担保护义务，使法益的保护依赖于行为人时，行为人必须继续承担保护义务。具体包括以下三类：

第一，因法律行为而产生的保护义务。如保姆依雇佣合同所负有的照看好雇主家小孩、老人的义务。

第二，因中途介入行为而产生的保护义务。这是指法益已经因其他原因而面临一定危险，行为人主动介入予以保护并排除了他人救助的可能性，行为人就负有继续予以保护的义务。如将被他人撞成重伤的被害人抱入自己的车后所产生的救助义务，将被他人遗弃的婴儿抱回家后所产生的抚养义务。

第三，因其他自愿承担行为而产生的保护义务。如将邻居幼儿带出游玩时对幼儿的保护义务；共同从事某种危险行为从而形成危险共同体，在部分成员处于危险境地时，其他成员的救助义务；等等。

在行为人因不履行作为义务而造成法益侵害结果时，要合理区分是构成真正不作为犯还是不真正不作为犯。例如，遗弃没有独立生活能力的人导致其死亡，是构成真正不作为犯的遗弃罪，还是构成不真正不作为犯的故意杀人罪？警察不阻止罪犯持刀杀人从而导致被害人被杀死的，是构成真正不作为犯的玩忽职守罪还是不真正不作为犯的故意杀人罪？区分的标准是行为人是否支配导致法益侵害结果发生的因果流程。如果行为人支配了导致法益侵害结果发生的因果流程，一般构成不真正不作为犯；如果行为人没有支配导致法益侵害结果发生的因果流程，一般构成真正不作为犯。例如，在遗弃导致被害人死亡的场合，如果行为人是将被害人遗弃在商场或国家机关门口，被害人有得到他人救助的可能性，或者说遗弃行为不具有导致被害人死亡的高度、紧迫危险性，行为人没有支配导致死亡结果发生的因果流程，即使被害人最终因没有得到他人救助而死亡，行为人也仅构成遗弃罪；如果行为人是将被害人遗弃在深山老林中，导致被害人饿死或者被老虎吃掉，由于遗弃行为具有导致被害人死亡的高度、紧迫危险性，行为人支配着导致死亡结果发生的因果流程，行为人构成故意杀人罪。再如，在警察不阻止罪犯持刀杀人从而导致被害人被杀死的场合，导致法益侵害结果发生的因果流程是由罪犯所支配的，警察并无支配地位，所以警察一般只构成玩忽职守罪。同样，在医生拒绝接诊危重病人从而导致病人死亡的场合，病人有得到他人救助的可能性，故不能认为医生支配了死亡结果发生的因果流程，医生不构成不作为的故意杀人罪。但是，如果医生接诊之后又拒绝治疗从而导致病人死亡，由于接诊行为排除了病人得到他人救助的可能性，可以认为医生支配了导致死亡结果发生的因果流程，成立不作为的故意杀人罪。

行为人支配导致法益侵害结果发生的因果流程时，才能成立不真正不作为犯；行为人没有支配导致法益侵害结果发生的因果流程时，只可能成立真正不作为犯。但是，可能会出现行为人没有支配导致法益侵害结果发生的因果流程，而刑法上不存在和行为人的不作为相对应的真正不作为犯的情形。例如，在父亲看见他人正在杀害自己的儿子而不阻止、丈夫看见别人正在强奸自己的妻子而不阻止的场合，父亲和丈夫没有支配导致法益侵害结果发生的因果流程，但刑法上也不存在和他们的不作为对应的真正不作为犯。就是说，对行为人可能既不能以不真正不作为犯追究刑事责任也不能以真正不作为犯追究刑事责任，从而形成处罚漏洞。对此，我国实务上一般倾向于认定行为人构成不真正不作为犯。

第四节 行为对象

一、行为对象的概念

所谓行为对象，是指《刑法》分则条文规定的犯罪行为所侵害的或直接指向的人或物。如故意杀人罪中的人，就是犯罪行为所侵害的对象；盗窃罪中的财物，就是犯罪行为所直接指向的对象。

并不是所有犯罪都有犯罪对象，比如脱逃罪、偷越国（边）境罪等，就属于没有犯罪对象的犯罪。

二、行为对象在刑法中的意义

行为对象在刑法中的意义，主要体现在以下几个方面：

（1）影响罪与非罪。如强奸罪的对象必须是妇女，强奸男子的行为不可能构成强奸罪。

（2）影响此罪与彼罪。如盗窃罪与盗窃枪支罪，同样是盗窃行为，因行为对象不同构成不同的犯罪。

（3）影响罪重与罪轻。如抢劫普通物品和抢劫银行，后者的危害性高于前者，所以刑法对抢劫普通物品规定的法定刑是三年以上十年以下有期徒刑，对抢劫银行规定的法定刑是十年以上有期徒刑、无期徒刑或者死刑。

三、行为对象与法益的区别

法益对应的是我国传统犯罪构成理论中的犯罪客体，其与行为对象的区别在于：

（1）行为对象是犯罪所侵犯的或者指向的表现为客观的、具体的事物；对法益的侵害则是犯罪的内在本质，法益作为利益，具有抽象性。

（2）行为对象虽然不是全部犯罪但是很多犯罪的构成要素，而法益不是犯罪构成的要素，行为符合犯罪构成才侵害法益从而构成犯罪，犯罪构成与法益之间是反映和被反映的关系。

（3）行为对象并非在任何犯罪中都受到侵害，如盗窃罪中的财物，犯罪人一般不会损害它；法益在一切犯罪中都会受到侵害，如果一个行为没有侵害法益，就不会构成犯罪。

第五节 危害结果

一、危害结果的概念

对于何谓危害结果，刑法理论存在不同看法。从结果的对象来看，分歧在于结果是对行为对象还是对法益造成的损害；从结果的范围来看，分歧在于结果是仅指行为造成的实际损害还是包括行为造成的现实危险。本书主张，危害结果是行为对法益所造成的实际损害。

危害结果包括物质性结果和非物质性结果，前者如被害人死亡的结果、财物被非法占有的结果等，后者如名誉被损害、人身自由被剥夺等。

并非任何犯罪都会对法益造成实际损害，所以并非任何犯罪都会产生结果。如故意杀人未遂，并没有造成被害人死亡结果，只具有造成被害人死亡的危险。

二、危害结果与犯罪分类

根据是否要求结果发生为标准，可以将所有犯罪分为以下两类。

（一）结果犯

结果犯，又称实害犯或侵害犯，是指刑法要求行为导致一定结果发生的犯罪。如过失致人死亡罪要求行为导致被害人死亡结果的发生。结果犯又包括两种不同类型：

（1）结果是否发生会影响犯罪是否成立。如过失致人死亡罪，只有发生死亡结果，犯罪才成立，如果死亡结果没有发生，则犯罪不成立。

（2）结果是否发生不影响犯罪是否成立，但影响犯罪是否既遂。如故意杀人罪，即使没有发生死亡结果，犯罪也成立，只是成立犯罪未遂（或中止），如果发生了死亡结果，则成立犯罪既遂。

（二）危险犯

危险犯，是指刑法不要求行为导致一定结果发生，但要求行为具有导致一定结果发生危险的犯罪，如放火罪要求行为具有危害公共安全的危险。危险犯又包括两种不同类型：

（1）具体危险犯，是指需要司法者以行为当时的具体情况为根据，判断行为是否具有导致结果发生危险的犯罪，如放火罪、破坏交通工具罪等，司法者在个案中需要具体判断放火行为或破坏交通工具行为是否产生了危害公共安全的危险。

（2）抽象危险犯，是指行为所具有的发生侵害结果的危险已被立法者根据一般社会经验予以认定，司法者不需要进行具体判断的犯罪，如危险驾驶罪、盗窃枪支罪等。司法者在个案中不需要具体判断危险驾驶行为或盗窃枪支行为是否产生了危害公共安全的危险，只要确定行为人实施了这些行为，就可以认定其产生了这种危险。

三、结果加重犯

刑法中和结果紧密相关的一个概念是结果加重犯。所谓结果加重犯，是指实施基本构成要件行为，发生了基本构成要件以外的更为严重的结果，刑法因而加重其法定刑的犯罪。如故意伤害致人死亡，抢劫致人重伤或者死亡等。结果加重犯的成立应同时符合以下三个条件。

（一）实施基本构成要件行为却导致更为严重的结果

所谓导致更为严重的结果，是指导致基本犯罪构成之外的结果的发生，如故意伤害他人却导致他人的死亡。

基本行为与加重结果之间应具有直接因果性。基本行为与加重结果之间不仅应当具有因果性，而且应当具有直接因果性。例如，强奸罪中的暴力或奸淫行为本身导致被害妇女重伤、死亡的，属于强奸致人重伤、死亡。但如果是妇女因被强奸而自伤、自杀从而导致重伤、死亡的，不属于强奸致人重伤、死亡，不是强奸罪的结果加重犯。

基本行为本身具有造成加重结果的高度危险性。举例来说，根据《刑法》第117条和第119条的规定，破坏交通设施造成严重后果的，属于破坏交通设施罪的结果加重犯。只有当破坏交通设施的行为产生了使交通工具发生倾覆、毁坏的危险，该危险现实化为他人的重伤、死亡等严重后果时，才属于破坏交通设施罪的结果加重犯。如果现实发生的实害不是因交通工具发生倾覆、毁坏危险所致，则不属于破坏交通设施罪的结果加重犯。例如，甲在使用铁锤毁坏铁轨时，铁轨上的螺丝钉砸中行人乙的头部并致乙死亡。甲破坏交通设施的行为虽然造成乙死亡的加重结果，但该结果不是由于交通工具倾覆、毁坏所致，因此，甲的行为不属于破坏交通设施罪的结果加重犯，只能被认定为破坏交通设施罪的基本犯和过失致人死亡罪的想象竞合。

（二）对基本行为和加重结果均有犯意

所谓对基本行为和加重结果均有犯意，是指对基本犯罪行为和加重结果均有故意或过失。根据刑法分则的规定，可以包括以下三种情形：(1) 基本犯为故意，对加重结果是过失，如故意伤害致人死亡，伤害行为是故意，对死亡结果是过失。(2) 基本犯为故意，对加重结果是故意或过失，如抢劫致人死亡，抢劫行为是故意，对死亡结果既可以是过失也可以是故意。(3) 基本犯是过失，对加重结果也是过失，如根据《刑法》第136条的规定，违反爆炸性、易燃性、放射性、毒害性、腐蚀性物品的管理规定，在生产、储存、运输、使用中发生重大事故，造成严重后果的，处三年以下有期徒刑或者拘役；后果特别严重的，处三年以上七年以下有期徒刑。“造成严重后果”属于本罪的基本结果，“特别严重后果”属于本罪的加重结果，无论是对基本结果还是对加重结果，行为人都是持过失心态。

（三）刑法就加重结果加重了法定刑

结果加重犯的成立以刑法就加重结果规定了更重的法定刑为前提。行为虽然导致了严重结果，但刑法并没有就该严重结果规定更重的法定刑的，不是结果加重犯。例如，遗弃罪的成立不要求导致被害人死亡，但在导致被害人死亡时，不是结果加重犯，因为刑法并没有规定遗弃导致被害人死亡时要加重处罚。根据刑法的规定，遗弃行为只有情节恶劣才构成遗弃罪，遗弃导致被害人死亡可以被评价为“情节恶劣”，行为人构成遗弃罪的基本犯。

结果加重犯的罪名和基本犯相同。不同罪名之间，即使一个罪名的结果中包含另一个罪名的结果，也不可能是基本犯和结果加重犯的关系。例如，杀人结果包含伤害结果，但不能认为故意杀人罪是故意伤害罪的结果加重犯。

第六节　因果关系

一、因果关系的概念

在自然科学中，所谓因果关系是指一个事物和另一个事物之间的引起与被引起关系。而在法学中，所谓因果关系不仅是指行为与结果之间符合自然规律的引起与被引起关系，更包含有关将某种危害结果归属于行为人的行为是否公平、正义的价值判断。所以，刑法因果关系所要解决的核心问题是：是否应当将危害结果归属于行为人的行为，或者说将结果看作行为人的“作品”，从而让行为人对该危害结果承担刑事责任。

行为与结果之间具有因果关系，行为人才可能对结果承担既遂责任。如果行为与结果之间不具有因果关系，行为人就不应对结果承担既遂责任。因此，行为与结果之间具有因果关系，是行为人对结果承担既遂责任的必要条件。但行为与结果之间具有因果关系，并不意味着行为人必然对结果承担既遂责任。除了因果关系之外，行为人还必须对行为及其结果是有责的。只有当行为与结果之间具有因果关系，且行为人对行为及其结果有责时，才最终应对结果承担既遂责任。因果关系是承担既遂责任的客观基础，有责是承担既遂责任的主观基础。就是说，行为与结果之间具有因果关系，是行为人对结果承担既遂责任的必要条件而非充分条件。

二、因果关系判断的理论学说

关于如何判断行为与结果是否具有因果关系，理论上存在很多学说，不同学说代表了不同的判断方法。下面介绍三种在刑法发展史中占据重要地位的学说。

（一）条件说

条件说认为，行为与结果之间存在“没有前者就没有后者”的关系时，前者就是后者的原因。

该说实际上就是将自然科学判断因果关系的基本方法直接套用到刑法因果关系的判断中，所存在的主要问题是：认定的因果关系范围过于宽泛，不当扩大处罚范围。例如，在甲打伤乙后，乙在去医院的途中被他人汽车轧死的场合，如果没有甲打伤乙的行为，乙就不会去医院，乙不去医院，就不会被他人汽车轧死。根据条件说，甲的行为与乙的死亡之间就具有因果关系，即甲应当对乙的死亡负责。这显然不当地扩大了处罚范围。

（二）相当因果关系说

相当因果关系说认为，根据一般社会生活经验，在通常情况下，某种行为产生某种结果被认为是相当的场合，行为与结果之间就具有因果关系。

根据该说，行为与结果之间仅仅具有“没有前者就没有后者”的关系还不足以认定具有刑法上的因果关系，只有当某种行为产生某种结果具有相当性时，或者说具有通常性，才能认定行为与结果之间具有因果关系。显然，该说是为了克服条件说过于扩大因果关系范围的缺陷而提出来的，是在根据条件说认定的因果关系范围内，再根据社会生活经验法则进行相当性判断来进一步筛选最终应当为结果负责的原因。它是日本刑法理论和实务中的通说。

相当因果关系说中所谓的“相当”，是指某种行为产生某种结果在日常生活中是一般的、正常的，而不是特殊的、异常的。例如，甲造成乙伤害后，乙在住院期间死于医院的火灾。根据相当因果关系说，虽然甲的行为和乙的死亡结果之间具有条件关系，但医院发生火灾属于异常的介入因素，所以甲的伤害行为与乙的死亡结果之间缺乏相当性，没有因果关系。再如，甲放火烧乙，乙满身是火，到处乱跑，看到前面有一个水塘，就跳进去，结果被淹死了。根据相当因果关系说，虽然在甲的放火行为和乙的死亡结果之间存在乙自己跳入水塘中的行为，但在乙满身着火的情况下，乙的这一行为属于正常的介入因素，所以甲的放火行为与乙的死亡结果之间具有相当性，具有因果关系。

（三）客观归责理论

客观归责理论是德国刑法理论中的主流学说。它同样是为了克服条件说的缺陷而提出来的。该说主张，在行为与结果具有条件关系的前提下，同时符合以下三个条件的，才能将该结果归责于行为人的行为：

（1）行为制造了不被法所允许的危险，即当行为制造了法律所不容许的对法益的侵害危险时，才能将法益侵害结果归责于行为。例如，遵守交通规则的驾驶行为致人死亡，遵守交通规则的驾驶行为制造的是被法所允许的危险，不能将死亡结果归责于驾驶者。

（2）行为实现了不被法所允许的危险，即当结果是行为所制造的不被允许的危险的现实化时，才能将法益侵害结果归责于行为。例如，甲造成乙伤害后，乙在住院期间死于医院的火灾，乙的死亡不是甲的伤害行为所制造的危险的现实化，不能将乙的死亡结果归责于甲的伤害行为。

（3）结果没有超出构成要件的保护范围，即法益侵害结果必须在犯罪的构成要件的保护范围内时，才能将法益侵害结果归责于行为。例如，乙是吸毒者，甲将毒品交给乙，乙注射毒品后死亡。乙知道注射毒品可能致死的危险，故其死亡结果不是故意杀人罪的构成要件所要禁止的结果，不能将死亡结果归责于甲的提供毒品行为。

客观归责理论在提出上述三个归责条件的前提下，还通过对现实生活中发生的特殊案件的归纳，在每个条件之下分别总结出三种不能归责的情形。其所提出的条件和归纳的情形大部分已经超出了结果可否归属于行为的问题范畴。比如，第一个条件讨论的其实是行为的危害性问题，应属于行为论的范畴；第三个条件主要讨论的是被害人危险接受能否阻却违法的问题，应属于违法阻却事由的范畴。只有第二个条件，才真正涉及客观上的结果归责问题，值得借鉴。

三、因果关系判断的步骤与规则

通过以上的梳理和分析可以看出，刑法因果关系判断，所要解决的不仅是行为与结果之间是否具有条件关系，更是要在此基础上确定是否应当再将该结果归责于该行为，也就是要在规范层面确定将结果归责于行为是否公正，让行为人对结果承担刑事责任是否符合正义。前者是一种事实判断，后者是一种价值判断。

（一）条件关系判断

这一步骤的判断就是要确定行为与结果之间是否具有条件关系，适用的是“没有前者就没有后者”规则。对此，应注意以下几点：

（1）判断的对象必须是对法益制造了不被容许的侵害危险的行为。刑法因果关系所要判断的是能否将危害结果归责于危害行为。如果行为没有对法益制造不被容许的侵害危险，就因缺乏危害性而不属于刑法上的危害行为，不应成为刑法评价的对象。即使该行为与结果之间具有条件关系，也不具有刑法上的因果关系。例如，甲意欲使乙在跑步时被车撞死，便劝乙清晨在马路上跑步，乙果真在马路上跑步时被车撞死。甲的行为没有对法益制造不被容许的侵害危险，不属于刑法上的危害行为，虽然和被害人的死亡结果之间存在条件关系，但也不能认为具有刑法上的因果关系。

（2）条件关系判断中的结果必须是具体的、特定的法益侵害结果。刑法因果关系中的“结果”不是“被害人迟早会死亡”之类的抽象结果，而是指被害人“在什么时间、什么地点、以什么方式死亡”的具体结果。因为如果抽象地理解死亡结果，那么人一出生迟早都会死亡，即便没有危害行为也迟早会发生死亡结果，这样，任何行为与死亡结果之间的条件关系都会被否定。

因此，必须个别地、具体地把握危害结果。例如，死刑犯乙正要被执行死刑，被害人的父亲甲在执行人正要扣动扳机的瞬间推开执行人，自己扣动扳机击毙了乙。本案中，虽然即使没有甲的行为，乙也很快就会死亡，但因为甲的行为改变了乙的死亡时间，制造了一个发生在特定时间的死亡结果，因而甲的行为与乙的死亡结果之间具有条件关系。

（3）条件关系的判断应以案发当时的所有客观情况为基础。条件关系的判断应以案发当时的所有客观情况为基础，尤其是在被害人存在特殊体质的场合，不能以行为在通常情形下不会导致实际发生的结果而否认两者之间的条件关系。例如，甲刺伤乙，伤势并不严重，但乙因为患血友病而不治身亡。乙患有血友病是行为时已经存在的客观情况，不能以甲的刺伤行为在通常情形下不会致人死亡而否定甲的行为与乙的死亡之间的条件关系。

（4）累积（重叠）的条件关系。累积的条件关系，是指两个以上相互独立的行为，单独不能导致结果的发生，但在没有意思联络的情况下，合并在一起导致了结果发生。例如，甲、乙没有意思联络而分别向丙的杯子各投放达到致死量 50% 的毒药，致丙死亡。本例中，没有甲的行为，丙就不会死亡，没有乙的行为，丙也就不会死亡，所以可以肯定甲、乙的行为同丙的死亡结果之间都存在条件关系。

（5）择一（竞合）的条件关系。择一的因果关系，是指两个以上的行为分别都能导致结果的发生，但在没有意思联络的情况下，竞合在一起导致了结果发生。例如，甲、乙在没有意思联络的情况下，分别在丙的杯子里投入致死量的毒药，并在同一时间产生作用致丙死亡。本例中，如果没有甲的行为，丙仍然会死亡，反之亦然。在此意义上，可以认为甲、乙的行为与丙的死亡结果之间没有条件关系。但是，如果否认甲、乙的行为同丙的死亡之间的因果关系，甲、乙便只需要承担故意杀人未遂的刑事责任。这不符合一般人的法感情。因此，多数观点认为，在此种情形中，仍应肯定因果关系的存在，从而使行为人对结果承担既遂责任。这可以被视为条件关系适用的一个例外。

（二）结果归责判断

在确定行为与结果之间具有条件关系后，还需要进行结果归责判断，即判断在规范上是否应当将结果归责于行为，如果答案是肯定的，才能最终肯定行为与结果之间具有刑法上的因果关系。在大部分案件中，确定行为与结果之间具有条件关系后，就可以肯定结果应当归责于行为，从而肯定两者之间的因果关系。但在有些案件中，虽然行为与结果之间具有条件关系，但将结果归责于行为有违公平正义，故仍应排除结果归责，否定两者之间的因果关系。大致包括以下三种特殊情形。

1. 因果历程异常，排除结果归责

这种情形主要是指，在行为人实施行为之后，介入其他因素，由该因素直接导致结果的发生，从而导致结果并非行为所制造的危险的现实化。

在行为人实施行为之后、结果发生之前，可能会介入不同种类的因素。大致可以分为以下几种：（1）第三人的行为。例如，甲以杀人故意向乙的食物中投放了足以致死的毒药，但在该毒药还没有起作用时，丙开枪杀死了乙。（2）被害人的行为。例如，甲放火烧乙，乙满身是火，到处乱跑，看到前面有一个水塘，就跳进去，结果被淹死。（3）行为人的行为。例如，甲在山崖边对着乙打了一枪，乙倒地，甲误以为乙已经死亡，就将其扔下山崖毁尸灭迹。后经法医鉴定，乙不是被枪打死的，而是摔死的。（4）自然或社会事件。例如，甲将乙重伤在地，突然电闪雷鸣，乙被雷电劈死。

当有介入因素介入时，需要判断其对结果归责的影响。大致需要考虑以下两个因素：（1）介入因素是否异常。所谓介入因素是否异常，是指其发生或介入是否具有预见可能性。如果不具有预见可能性，其介入就是异常的；反之就是正常的。当介入因素异常时，原则上应将结果归责于该介入因素，而不归责于行为人的行为；反之，则应归责于行为人的行为。介入因素异常的情形如：甲以杀人故意向乙的食物中投放了足以致死的毒药，但在该毒药还没有起作用时，丙开枪杀死了乙；甲出于杀人故意砍伤乙，乙在医院治疗期间，医院起火，乙被烧死。介入因素正常的情形如：甲持枪抢劫银行，与赶到现场的警察发生火拼，火拼中警察击中了一名银行工作人员导致其死亡；甲将一枚爆炸物品扔到乙的身边，乙立即踢开，正好踢到了丙身边，丙被炸死；甲欲杀乙，在山崖边导致乙重伤昏迷后离去，乙苏醒过来后，刚迈两步即跌下山崖摔死。（2）行为人的行为和介入因素导致结果发生的影响力大小。介入因素的出现不具有预见可能性即属于异常时，原则上不应将结果归责于行为人的行为。但这并不是绝对的，还需要比较行为人的行为和介入因素对结果发生的影响力大小。如果虽然介入因素是异常的，但它对结果发生的影响力较小，导致结果发生的主要原因还是行为人的行为，则仍然应将结果归责于行为人的行为。例如，甲出于杀人故意对丙实施暴力，导致丙重伤而濒临死亡，甲离开现场后，第三人乙又对丙实施殴打，丙死亡。事后证明，乙的殴打行为只是加重了丙的伤情，导致丙的死亡时间提前，不具有单独导致丙死亡的危险性。本案中，乙的行为是基于故意实施的，事先和甲没有意思联络，对甲而言属于不可预见的介入因素，但对丙的死亡结果而言，甲的行为的因果力明显要大于乙，所以仍应肯定甲的行为与丙的死亡之间的因果关系。

2. 结果缺乏回避可能性，排除结果归责

这种情形是指，行为虽然导致了结果的发生，但即使行为人实施的是合义务行为，结果仍然会发生的，不能将结果归属于行为。例如，护士在注射抗生素时没有为患者做皮试，患者因注射抗生素而死亡。但如果事后证明，即使护士做了皮试，也不能查出患者的特殊反应，排除结果归责。

3. 结果在规范保护目的之外，排除结果归责

这种情形是指，行为虽然导致了结果，但如果结果在行为所违反的注意规范的保护目的之外，不能将结果归属于行为。例如，甲在农场养牛，按照规定，甲应当设立 1.2 米高的栅栏，但甲只设立了 0.8 米高的栅栏。某天，邻居小孩翻过栅栏玩耍，被牛撞成重伤。本案中，甲违反的应当设立 1.2 米高栅栏的规则的目的是防止因栅栏过低而使牛逃跑出去伤人，并非为了防止他人翻入牛群被牛群撞伤，故小孩的重伤结果不在甲所违反的注意规范保护

范围之内，排除结果归责。

▶ 思考题

1. 如何理解犯罪客观要件在犯罪构成中的地位？
2. 不作为犯罪的成立条件是什么？
3. 如何理解实质作为义务论？
4. 如何理解危害结果对犯罪分类的意义？
5. 如何理解刑法因果关系和自然因果关系的区别？

第六章　犯罪主观要件

学习重点：（1）犯罪故意的概念及其构成要素；（2）事实认识错误的种类及其处理原则；（3）犯罪过失的概念及其构成要素。

第一节　犯罪主观要件概述

一、犯罪主观要件的概念

犯罪主观要件，是指行为人对自己所实施的犯罪行为及其结果的心理态度。

犯罪主观要件包括犯罪故意、犯罪过失、犯罪目的、犯罪动机等要素。其中，犯罪故意或过失是犯罪的必备要素，任何犯罪要么是故意犯罪要么是过失犯罪。如果虽然行为在客观上造成了危害结果，但行为人对该结果既没有故意也没有过失，该行为不构成犯罪。《刑法》第16条规定："行为在客观上虽然造成了损害结果，但是不是出于故意或者过失，而是由于不能抗拒或者不能预见的原因所引起的，不是犯罪。"行为在客观上造成了损害结果，意味着行为侵害了法益，具有违法性，但行为人没有故意或过失，就仍然不构成犯罪。犯罪目的和动机并不是所有犯罪成立所必须具备的要素，只有少数犯罪的成立对目的或动机有特别要求。

二、犯罪主观要件的意义

犯罪的实体是违法和有责，只有在行为违法且行为人对该违法行为有责时，行为才构成犯罪。行为符合犯罪客观要件，原则上就是违法的，除非存在违法阻却事由，所以犯罪客观要件是违法的积极要件；行为符合犯罪主观要件，行为人原则上就是有责的，除非存在责任阻却事由，所以犯罪主观要件是有责的积极要件。

三、犯罪主观要件与犯罪客观要件的关系

犯罪主观要件和犯罪客观要件都是犯罪成立的积极要件，两者之间存在紧密关系。

（1）从行为的客观性质推知行为人的心理态度。犯罪主观要件是行为人对自己所实施的犯罪行为及其结果的心理态度，这种心理态度发生在案发当时行为人的内心，司法者不可能通过直接观察获知，需要从行为的客观性质进行推知。例如，甲持枪近距离射击乙的心脏，乙死亡。甲构成故意杀人罪。在这里，之所以认定甲具有杀人故意，就是从其行为性质推知的。

（2）行为与结果之间具有因果关系，并不意味着行为人具有犯罪故意或过失。尽管可以从行为的客观性质推知行为人的主观心态，但不能从行为与结果之间具有因果关系就推定行为人具有故意或过失。行为与结果之间具有因果关系，并不意味着行为人对该行为及其结果一定具有故意或过失。如在《刑法》第16条规定的不可抗力或意外事件中，行为与结果之间具有因果关系，但行为人对该结果既没有故意也没有过失，从而不构成犯罪。

（3）行为人具有犯罪故意或过失，也不意味着行为与结果之间具有因果关系。例如，甲出于杀害故意对乙实施暴力，导致乙重伤并休克倒地，甲以为乙死亡，便离去，突然电闪雷鸣，乙遭雷击而死亡。本例中，甲具有杀人故意，但乙的死亡结果与甲的行为之间没有因果关系，甲只应承担故意杀人未遂的刑事责任。

（4）在判断行为是否成立犯罪时，应先进行客观判断，再进行主观判断。如在上例中，在客观上确定甲的行为和乙的死亡之间没有因果关系后，就无须再进行主观判断，直接认定其无罪即可。先判断行为客观上是否违法，

再判断行为人主观上是否有责，是刑法目的为保护法益这一思想的基本要求。刑法的目的是保护法益，如果行为客观上没有侵害法益，即没有违法，就不能成为刑法处罚的对象，直接得出无罪的结论即可，无须再判断行为人主观上是否有责。

第二节　犯罪故意

一、犯罪故意的概念与构成要素

《刑法》第 14 条第 1 款规定："明知自己的行为会发生危害社会的结果，并且希望或者放任这种结果发生，因而构成犯罪的，是故意犯罪。"该款是对故意犯罪的定义，而不是对犯罪故意的定义。根据该款，可以将犯罪故意定义为：明知自己的行为会发生危害社会的结果，并且希望或者放任这种结果发生的心理态度。

犯罪故意的构成因素包括两个方面：一是认识因素，即认识到自己的行为会发生危害社会的结果；二是意志因素，即希望或者放任已经认识到的危害结果的发生。

（一）认识要素

犯罪故意的成立要求行为人"明知自己的行为会发生危害社会的结果"，即要求认识到行为的社会危害性。行为的社会危害性就是行为的法益侵害性。所以犯罪故意的成立要求行为人认识到行为的法益侵害性。

行为的法益侵害性就是行为的实质违法性。要求行为人认识到行为的法益侵害性，也就是要求其认识行为的实质违法性。但是，故意的成立不要求行为人认识到行为的形式违法性，即不要求其认识到行为违反刑法。例如，甲为严重性病患者而从事卖淫行为，虽然认识到自己的行为有传播性病的危险，但没有认识到自己的行为违反刑法，不影响认定甲具有传播性病罪的犯罪故意，甲构成传播性病罪。

行为的法益侵害性主要由行为符合犯罪客观要件来体现，要求行为人认识到行为的法益侵害性，就是要求其认识到犯罪客观要件中的各个事实要素，包括对行为主体、行为对象、危害结果等的认识。如果行为人对相关事实存在认识错误，就可能影响犯罪故意的成立。例如，传播性病罪的主体是患有严重性病的人，此罪的成立要求行为人对自己患有严重性病具有认识，如果行为人误以为自己没有严重性病而卖淫嫖娼的，就不具有传播性病罪的故意。再如，故意杀人罪的对象是人，此罪的成立要求行为人对自己的行为对象是人具有认识，如果行为人误以为自己杀的是一头猪而不是一个人，就不具有杀人故意。

行为人通过对犯罪客观要件事实的认识来认识到行为的法益侵害性，意味着一个犯罪的客观要件中包括哪些要素，行为人就应该认识到哪些事实，一个犯罪的客观要件要素决定了这个犯罪的故意的认识内容。犯罪客观要件对犯罪故意的这种制约作用在理论上被称为客观要件的故意规制机能。

对犯罪客观要件事实的认识，需注意以下三个问题：

（1）关于对因果关系的认识。只要行为人在实施行为时认识到自己的行为在通常情况下会导致结果发生，就可以成立故意，至于结果最终如何发生，不影响故意的成立，即不要求认识到因果关系的具体进程。例如，甲欲淹死乙，将乙推入深井中，但井中无水，乙摔死。在甲将乙推入深井中时，已经认识到自己的行为会导致乙的死亡，虽然乙最终是摔死的而并非淹死的，但这种对因果进程的认识错误不影响杀人故意的成立。

（2）关于对结果的认识。对结果发生的认识，既包括认识到结果必然发生，也包括认识到结果可能发生。前者如近距离指着他人的头部连开数枪，后者如在光线昏暗的环境中远距离朝他人开枪。无论是认识到结果必然发生，还是认识到结果可能发生，只要行为人在实施行为时希望或放任该结果发生，均可成立故意。

对结果的认识不要求认识到结果的具体样态，即不要求认识到结果会具体发生在哪个法益主体身上，也不要求认识到结果发生的具体时间、地点。

例如，故意从高楼扔下一块石块，不能确定会砸中谁，最终无论砸死了谁，都对该死亡结果成立故意。

不要求认识到作为客观超过要素的结果。行为人通过对犯罪客观要件事实的认识而认识到行为的社会危害性，如果某一事实属于犯罪客观要件的要素，那么故意犯罪的行为人对此就应当具有认识。但也存在例外情形，在某些犯罪中，某一要素虽然属于犯罪客观要件，但不要求行为人认识，这些客观要素就是所谓的客观超过要素。例如，《刑法》第129条规定："依法配备公务用枪的人员，丢失枪支不及时报告，造成严重后果的，处三年以下有期徒刑或者拘役。"这个犯罪的行为是不及时报告，结果是造成严重后果。一般认为，对于这里的严重后果，不要求行为人认识。因为这个犯罪的法定刑是3年以下有期徒刑或者拘役，如果要求行为人对造成的严重后果具有故意，那么这样的法定刑就过轻了。也就是说，3年以下有期徒刑或者拘役这个法定刑的设置，是以行为人仅对丢失枪支后不及时报告这个行为具有故意，而对造成严重后果不具有故意为前提的。既然行为人对造成的严重后果不具有故意，自然就不要求对其具有认识。"造成严重后果"虽是该罪的客观要素，但又不要求行为人认识，就属于客观超过要素。刑法规定"造成严重后果"这个要素，主要是为了使丢失枪支后不及时报告行为达到值得刑罚处罚的程度，将对丢失枪支不及时报告行为的处罚控制在"造成严重后果"的范围之内。

（3）关于对规范性要素事实的认识。就符合记述性要素的事实而言，行为人在认识到单纯事实的同时，一般就能认识到行为的社会危害性。例如，行为人只要认识到自己是在向他人头部开枪，就会认识到这是侵害他人生命的行为。但就符合规范性要素的事实而言，行为人在认识到单纯事实的同时，不一定就认识到行为的社会危害性。例如，行为人认识到自己在贩卖某种书画，却不一定认识到自己贩卖的是淫秽物品，因而不一定认识到行为的社会危害性。这是因为，规范性要素是需要根据法律法规、经验法则或价值观念进行判断的要素，对法律法规的理解不同，或者生活经验、价值观念不同，就可能得出不同的结论。例如，某种书画，一般人可能会认为是淫秽物品，而行为人却可能不认为是淫秽物品。一般来说，对于需要根据法律法规、经验法则进行判断的要素，只要行为人认识到作为判断基础的事实，就可以认定行为人认识到了该要素。例如，只要行为人认识到财产处于国家机关的管理或使用中，就可以认定其认识到该财产属于“公共财产”；只要行为人认识到自己的放火行为会引起大量对象物燃烧，就可以认定其认识到自己的行为“危害公共安全”。对于需要根据价值观念进行判断的要素，可以适用“外行人领域的平行评价”标准进行确定。如在认定行为人是否具有贩卖淫秽物品的故意时，不要求行为人明确知道“淫秽”这一法律概念，也不要求其确定贩卖的是淫秽物品，但要求其认识到自己贩卖的是黄色物品等。

（二）意志要素

根据《刑法》第14条第1款的规定，犯罪故意的意志要素包括两种类型：

（1）希望，是指行为人通过实施危害行为积极追求危害结果的发生，危害结果的发生是行为人实施危害行为所追求的目标。

（2）放任，是指行为人在认识到自己的行为可能造成危害结果的情况下，虽然不是积极地追求该结果的发生，但为了实现其他目的或出于其他原因而仍然实施该行为。行为人对危害结果的发生抱着听之任之的态度，无论最终结果发生与否，均不违背行为人的意志，都在其意料之中。一般认为，放任心态可以包括以下三种情形：①为了实现某一犯罪意图而放任另一个危害结果的发生。例如，丈夫因为有了婚外情而决定杀死妻子，在妻子的零食中投放毒药，明知自己的孩子可能也会吃该零食，但由于杀妻心切仍在妻子的零食中投放了毒药，妻子和孩子均被毒死。丈夫对妻子的死亡结果是希望，对孩子的死亡结果则是放任。②为了实现一个非犯罪意图而放任危害结果的发生。例如，甲在林中打猎，发现猎物旁边有人，根据自己的枪法和离猎物的距离，认识到不一定能打中猎物但有可能打中人，但因打猎心切而仍向猎物开枪，结果打中了人并致其死亡。甲对被害人的死亡结果是放任。③在突发性的瞬间情绪激动下，不计后果地实施危害行为，放任危害结果的发生。例如，两人激烈争吵，其中一人在情绪激动之下拿出刀猛捅对方腹部，导致对方死亡。在这类行为人处于情绪极度激动，事先又没有明显杀人动机的案件中，一般认为对结果是放任。

二、犯罪故意的分类

对于犯罪故意，理论上有很多分类方法，以下介绍三种常见的分类方法。

（一）直接故意与间接故意

根据故意的认识因素与意志因素的内容，可以将故意分为直接故意和间接故意。

直接故意，是指明知自己的行为会发生危害社会的结果，并且希望这种结果发生的心理态度。在认识因素上，行为人认识到自己的行为可能或必然会导致危害结果的发生，在意志因素上是希望。

间接故意，是指明知自己的行为会发生危害社会的结果，并且放任这种结果发生的心理态度。在认识因素上，行为人认识到自己的行为可能会导致危害结果的发生，在意志因素上是放任，也就是结果发生与否，均不违背其意志。

问题是，行为人认识到行为必然会导致危害结果发生，但在意志上并不追求该结果发生时，是构成直接故意还是间接故意？例如，甲为了杀死乙，在乙乘坐的飞机上安装了定时炸弹，待飞机起飞后引爆炸弹，导致全机人员死亡。本例中，甲对乙的死亡是直接故意，但其他人的死亡，虽然并不是甲所追求的结果，但他在引爆炸弹时已经认识到他们的死亡结果必然会发生，是直接故意还是间接故意？一般认为，在这种情形中，应认定甲对其他人的死亡结果也是直接故意。

区分直接故意与间接故意的主要意义在于：（1）两种故意的意志因素不同决定了行为人的主观恶性不同，根据罪责刑相适应原则，在其他情节相同的情况下，对直接故意犯罪的量刑一般应重于间接故意犯罪。（2）在直接故意犯罪中，无论最终结果是否发生，行为人均成立犯罪，结果发生的成立犯罪既遂，结果未发生的成立犯罪预备、未遂或中止。而在间接故意的情形中，如果最终结果没有发生，是否成立犯罪，理论上存在不同看法。通说认为，只有发生了危害结果，间接故意犯罪才成立，如果没有发生危害结果，犯罪不成立。另有观点则认为，和直接故意犯罪一样，间接故意犯罪的成立也不以发生侵害结果为前提，结果没发生，也可以成立间接故意犯罪。

（二）确定故意与不确定故意

根据故意的认识内容的确定程度，可以将故意分为确定故意与不确定故意。

在确定故意中，行为人明确地认识到自己的行为会导致特定结果的发生，包括认识到结果会发生和会发生在哪个行为对象之上。如甲对着乙的头部开数枪，甲对自己的行为会导致乙的死亡是有明确认识的，属于确定故意。

在不确定故意中，行为人对自己的行为是否会导致结果的发生不确定，或者虽然确定自己的行为会导致一定结果的发生，但对结果会发生在哪个或哪些对象身上不确定。具体包括以下三种类型：(1) 未必故意，即行为人对结果是否会发生并没有确定的认识，即认为结果有可能会发生，也可能不会发生。(2) 概括故意，即行为人虽然认识到自己的行为会导致一定结果的发生，但对结果究竟会发生在哪些对象上的认识并不确定。如向一群人中投掷炸弹，行为人虽然认识到会炸死人，但对究竟会炸死哪些人的认识不确定。(3) 择一故意，即行为人虽然认识到自己的行为会导致一定结果的发生，但对结果最终到底会发生在数个对象中的哪一个上的认识不确定。如行为人向并排的甲、乙开枪，枪中只有一颗子弹，他能确定子弹会击中其中一人，但对会击中哪个人不确定。

（三）无条件故意与附条件故意

根据故意是否依附于一定条件，可以将故意分为无条件故意与附条件故意。

无条件故意是指行为人决意无条件地实施犯罪。

附条件故意是指行为人决意在具备一定条件时实施犯罪。例如，甲意欲强奸妇女乙，但内心打算是，如果乙长相难看就不奸淫，甲的犯罪故意属于附条件故意。

三、犯罪故意的认定

（一）区分犯罪故意与一般生活中的故意

犯罪故意的成立要求行为人认识到行为的法益侵害性，不仅要求行为人有意识地实施行为，而且要求其认识到行为可能造成的法益侵害结果。如在故意杀人罪中，行为人不仅有意识地实施杀人行为，而且认识到其行为会导致被害人死亡。而在一般生活中，故意往往仅指行为人有意识地实施某个行为，仅针对行为本身而言的。如甲不小心撞了一下乙，向乙道歉，而乙怒斥道："你是故意的!"就是说，犯罪故意主要是针对危害结果的故意，一般生活中的故意则主要是针对行为本身的故意。

在行为人有意识地实施行为的情况下，如果没有认识到其行为会导致法益侵害结果，即使最终导致了结果发生，对该结果也不成立故意。如在交通肇事罪中，行为人一般是有意识地实施诸如闯红灯、超速等违反交通运输管理法规的行为，但对其行为会导致重大交通事故没有认识，所以即使导致了重大交通事故，行为人对该事故也不成立故意，只成立过失。如果行为人认识到其行为会导致法益侵害结果，最终也导致了法益侵害结果，行为人对该结果成立故意。例如，甲犯罪后驾车逃跑，警察驾车追赶，快到斑马线时，甲看到行人乙正在过马路，但甲为了不被警察追上，不减速、不躲避，直接撞向乙导致其死亡。本例中，甲不但有意识地实施违反交通运输法规的行为，而且认识到其行为很可能会撞死乙，对乙的死亡结果成立故意，构成故意杀人罪。

（二）坚持"故意与行为同时存在"原则

"责任与行为同时存在"是现代刑法的基本原则。犯罪故意是行为人实施行为之时的心理态度，对于故意的有无及其内容均应以行为时为基准进行判断。

其一，事前蓄意为犯罪做准备，但在行为时无故意的，对侵害结果不成立故意。例如，丈夫计划利用在水库教妻子游泳时使妻子溺死，但在开车前往水库的路上因违章驾驶而发生交通事故，导致妻子死亡。丈夫对妻子的死亡仅成立过失犯罪，而不成立故意犯罪（预备行为成立故意杀人罪预备）。

其二，在实施行为时具有故意，即使在结果发生前放弃故意的，也不影响故意的成立。例如，出于杀人故意对被害人实施暴力，致被害人重伤后，将被害人送往医院抢救脱险的，仍然成立故意杀人罪，只是需要认定为犯罪中止而已。

第三节　事实认识错误

一、事实认识错误概述

（一）事实认识错误的概念

所谓事实认识错误，就是指行为人对犯罪客观要件事实的认识与客观实际不一致。例如，行为人本来想杀甲，结果将乙当成甲杀害。

犯罪故意的成立要求行为人通过对犯罪客观要件事实的认识来认识行为的法益侵害性。那么，当行为人产生事实认识错误时，就可能会影响故意的成立。讨论事实认识错误问题，归根结底是为了判断在行为人发生事实认识错误的情况下，是否对发生的法益侵害结果成立故意。所以，错误论是故意论的反面，两者是一体两面的关系。

与事实认识错误相对的是法律认识错误。所谓法律认识错误，是指行为人对客观要件事实没有认识错误，但对行为的刑法性质存在错误认识，如将本来有罪的行为误认为无罪、将本来无罪的行为误认为有罪。例如，行为人虽然知道对方是幼女，但误以为只要幼女同意而与之发生性关系就不违反刑法，但实际上，即使经过幼女的同意，与之发生性关系仍然是违反刑法的，行为人存在法律认识错误。法律认识错误是行为人对行为的形式违法性的认识错误，故意的成立不要求行为人认识到行为的形式违法性，所以不影响故意的成立。

两种认识错误对故意认定的影响存在明显区别，所以有必要加以区分。一般来说，如果行为人的认识错误是通过对事实的认真观察、仔细判断就可能克服的，这种认识错误就是事实认识错误；如果行为人的认识错误是通过对刑法规范的进一步了解就可能克服的，这种认识错误就是法律认识错误。例如，将幼女误认为已满14周岁而与之发生性关系，是事实认识错误；误以为只要幼女同意与之发生性关系就不触犯刑法，是法律认识错误。将淫秽小说误认为普通小说而贩卖，是事实错误；误以为贩卖淫秽小说不触犯刑法，是法律错误。

（二）事实认识错误的种类

以行为人认识的事实与实际发生的事实是否在同一犯罪构成范围内为标准，可以将事实认识错误分为具体事实认识错误和抽象事实认识错误。

在具体事实认识错误的场合，行为人认识的事实与实际发生的事实虽然不一致，但没有超出同一犯罪构成的范围，因而也被称为同一犯罪构成内的错误。如甲欲杀害张三，但在黑夜中误把李四当成张三杀害。虽然张三和李四是两个不同的人，但都是人，都是故意杀人罪的对象，甲的认识错误没有超出故意杀人罪的犯罪构成范围。

在抽象事实认识错误的场合，行为人所认识的事实与实际发生的事实分别属于不同的犯罪构成，因而也被称为不同犯罪构成间的错误。如甲欲盗窃枪支，却把普通财物当作枪支进行了盗窃。枪支是盗窃枪支罪的行为对象，普通财物是盗窃罪的对象，两者属于不同的犯罪构成，甲的认识错误跨越了不同的犯罪构成。

二、具体事实认识错误

（一）具体事实认识错误的种类

一般认为，具体事实认识错误分为以下三种情形：（1）对象错误，即行为人误把甲对象当作乙对象加以侵害，而甲对象与乙对象处于同一犯罪构成范围内。例如，行为人本欲杀甲，黑夜里误将乙当作甲予以杀害。（2）打击错误，也称方法错误，是指由于行为本身的差误等原因，导致行为人所欲侵害的对象与实际受害的对象不一致，但这种不一致仍然没有超出同一犯罪构成。例如，行为人举枪射击甲，但因枪法不准没有击中甲，而是击中了刚好经过甲身边的乙。打击错误与对象错误的不同点在于，在对象错误的场合，行为人在实施行为时主观上存在认识错误；在打击错误的场合，行为人在实施行为时主观上没有认识错误，只是由于枪法不准等客观原因而导致实际侵害的对象和本欲侵害的对象不一致。（3）因果关系错误，即行为人对侵害的对象没有认识错误，但造成侵害的因果关系的发展过程与其所预想的不一致。如甲为了使乙溺死而将乙推入井中，但井中没有水，乙最终被摔死而并非溺死就属于因果关系错误。

（二）对象错误和打击错误

1. 对象错误与打击错误的区分

在对象错误的情形中，行为人在行为之时因其主观认知上的原因对行为对象产生了错误认识，从而导致实际发生的结果与其预想的不一致。而在打击错误的情形中，行为人在行为之时并没有因其主观认知上的原因对行为对象产生错误认识，而是在行为之时或行为之后由于客观原因导致其行为侵害了另一个对象，从而导致实际发生的结果与其预想的不一致。打击错误可以包括以下几种情形：（1）行为人的方法偏差导致打击错误。例如，甲举枪射击乙，但因枪法不准没有击中乙，而是击中了刚好经过的丙，甲的行为属于打击错误。与此不同，甲本欲杀乙，但在黑夜里误将丙当作乙予以杀害，则是对象错误。（2）第三人的行为导致打击错误。例如，甲欲杀害乙，给乙快递毒酒，但快递员错投给了丙，丙喝下毒酒后中毒身亡，甲的行为属于打击错误。与此不同，甲打算将含有毒药的巧克力寄给乙，但因写错地址而寄给了丙，丙吃后死亡，则是对象错误。（3）欲害对象的行为导致打击错误。例如，甲欲杀害乙，在乙的私家车上安装炸弹，并且确认只有乙自己有车钥匙，不料乙第二天将车借给了朋友丙，丙打开车门时被炸死，甲的行为属于打击错误。与此不同，甲欲杀害乙，打算在乙的汽车上安装炸弹炸死乙，但将丙的汽车误认为是乙的汽车，便在丙的汽车上安装了炸弹，丙打开车门时被炸死，则是对象错误。（4）实害对象的行为导致打击错误。例如，甲打电话诈骗乙，电话铃响时，乙正好不在，乙的朋友丙接听了电话，甲对接听电话的丙实施了诈骗，骗取丙大量财物，甲的行为属于打击错误。与此不同，甲本欲电话诈骗乙，但拨错了号码，对接听电话的丙实施了诈骗，骗取丙大量财物，则是对象错误。（5）其他客观原因导致打击错误。例如，甲打电话诈骗乙，但因电话串线打到了丙那里，甲对接听电话的丙实施了诈骗，骗取丙大量财物，甲的行为属于打击错误。

2. 对象错误和打击错误的处理

对于对象错误和打击错误的处理，存在具体符合说和法定符合说两种不同观点的对立。具体符合说认为，行为人所认识的事实与实际发生的事实具体一致时，才对实际发生的结果成立故意，否则，仅成立过失。例如，行为人举枪射击甲，但因手抖没有击中甲，而是击中了刚好骑车路过的乙。在这种打击错误的场合，具体符合说认为，由于行为人意图杀害的是甲，而事实上杀死的是乙，甲和乙是两个不同的法益主体，并不具体一致，故行为人对乙的死亡结果不成立故意，只成立过失，构成过失致人死亡罪，同时对甲构成故意杀人未遂，按照想象竞合犯从一重罪论处。法定符合说则认为，行为人所认识的事实与实际发生的事实，只要在犯罪构成范围内是一致的，就对实际发生的结果成立故意。如在上例中，法定符合说认为，刑法规定故意杀人罪是为了保护人的生命，而不只是为了保护特定的某个人的生命，尽管存在行为人意图杀甲而事实上杀死了乙这种细节上的不一致，但不管是甲还是乙，都是故意杀人罪中所要保护的人，因此行为人对乙的死亡结果成立故意，构成故意杀人罪既遂。

不过，对于对象错误的处理，具体符合说和法定符合说之间并不存在分歧，均认为这种错误不影响行为人对最终侵害结果成立犯罪故意。如在行为人本欲杀甲，误将乙当作甲予以杀害的场合，法定符合说认为，行为人对乙的死亡结果成立故意，构成故意杀人既遂；具体符合说也认为，在行为人实施行为时，把乙当作甲，想杀的是乙，事实上也杀了乙，因而属于具体的符合，对乙的死亡结果成立故意，构成故意杀人既遂。在此，具体符合说所谓的"具体符合"，并非行为人原本的犯罪目的（杀甲）和现实结果（杀死了乙）之间的符合，而是在行为之时所认识的对象与现实结果之间的符合。

通说主张对对象错误和打击错误均按法定符合说处理，但也有不少学者主张对对象错误按法定符合说处理，对打击错误按具体符合说处理。

（三）因果关系错误

因果关系错误，具体可以分为以下三种情形。

1. 因果关系进程的错误

所谓因果关系进程的错误，是指结果的发生过程和行为人事先预见的不一致的情形。例如，甲为了使乙溺死而将乙推入井中，但井中没有水，乙摔死在井中。甲本来预见的是乙被溺死，但实际上乙是摔死的，乙死亡结果的发生进程和甲事先预见的不一致。

故意的成立只要求行为人认识到自己的行为通常情况下会导致结果的发生，不要求其认识到具体的因果进程。因而，对具体因果进程的认识错误，不影响故意的成立，本例中的甲成立故意杀人既遂。

2. 结果的推迟发生

所谓结果的推迟发生，又称事前的故意，是指行为人误认为第一个行为已经造成结果，出于其他目的实施第二个行为，实际上是第二个行为才导致预期结果发生的情形。例如，甲以杀人故意对乙实施暴力，造成乙休克后，甲以为乙已经死亡，为了隐匿罪迹，将乙扔入河中。后经过法医鉴定，乙实际上是溺死的。

对于此类案件的处理，理论上有多种不同观点，主要的有以下两种：第一种观点认为，甲在实施第一个行为时具有杀人故意，但没有导致乙的死亡，成立故意杀人未遂；甲实施第二个行为导致乙死亡，但没有杀人故意，成立过失死亡罪。两行为两罪，数罪并罚。第二种观点认为，甲的第一个行为已经具有导致乙死亡的重大危险，介入的第二个行为也不异常，应肯定第一个行为与死亡结果之间的因果关系，而且现实发生的结果与行为人所意欲实现的结果也完全一致，故应以故意犯罪的既遂论处。通说采第二种观点。

3. 结果的提前发生

所谓结果的提前发生，又称犯罪构成的提前实现，是指行为人本来打算先实施一个行为做准备，再实施第二个行为造成结果，但实际上第一个行为就造成了结果的情形。例如，甲为了杀死乙，欺骗乙吃安眠药，打算等乙吃了安眠药熟睡后再将其勒死，但甲还没勒乙，乙就已经因安眠药过量而死亡。

对于此类案件的处理，理论上主要有两种不同观点：第一种观点认为，甲在实施第一个行为时，没有认识到该行为会致乙死亡，因而不能认定甲对乙的死亡结果具有故意，不能认定甲构成故意杀人罪既遂，只能认定构成过失致人死亡罪。第二种观点认为，当甲计划实施的两个行为都具有致人死亡的具体危险性时，可以作为一个整体来把握，可以认为甲在实施第一个行为时就已经着手实施杀人行为，甲对该行为与结果之间的关联性也具有认识，所以可以认定构成故意杀人罪既遂。但是，如果第一个行为不具有致人死亡的具体危险，就不能评价为已经着手实施杀人行为，只能认定为预备行为。由该预备行为导致死亡结果的，只能认定为构成杀人罪预备和过失致人死亡罪的想象竞合。例如，妻子为了杀害丈夫，准备了有毒咖啡放在柜子里，打算等丈夫回家后给丈夫喝，然后就去超市购物。但在妻子回家之前，丈夫提前回家喝了有毒咖啡而死亡。本例中，妻子准备好有毒咖啡并放在柜子里的行为，还不具有致丈夫死亡的具体危险，所以不能评价为已经着手实施杀人行为，还只是为杀人所进行的预备行为，由于丈夫提前喝了有毒咖啡而死亡，妻子的杀人行为停止于预备阶段，所以成立故意杀人罪的预备。同时，妻子的预备行为导致了丈夫的死亡，而妻子对该预备行为会导致丈夫死亡没有认识，仅成立过失致人死亡罪。一个行为同时触犯了两个罪名，按想象竞合犯从一重罪论处。通说采第二种观点。

三、抽象事实认识错误的处理

（一）抽象事实认识错误的种类

一般认为，抽象事实认识错误可以分为以下两种情形：（1）对象错误，即行为人误把甲对象当作乙对象加以侵害，而甲对象与乙对象不在同一犯罪构成范围内。如行为人本想盗窃一般财物，却误将枪支当作一般财物予以盗窃。（2）打击错误，即由于行为本身的差误等原因，导致行为人所欲侵害的对象与实际受害的对象不一致，而且这种不一致超出同一犯罪构成的范围。如行为人本想开枪打死仇人甲，但因没有瞄准将甲身边的价值万元的宠物打死。甲作为人，是故意杀人罪的对象；宠物作为财物，是故意毁坏财物罪的对象，行为人的错误跨越了不同的犯罪构成。

（二）抽象事实认识错误的处理

对于抽象事实认识错误的处理，存在抽象符合说和法定符合说两种观点之间的对立。

抽象符合说认为，行为人认识的事实和实际发生的事实即使跨越不同的犯罪构成，但在不同犯罪构成重合的限度内，成立既遂的故意犯。例如，行为人意图杀狗而开枪射击，结果误杀了狗的主人。抽象符合说认为，由于杀人这一重罪能够涵盖杀害动物这种轻罪的结果，因此，行为人能够在杀害动物的范围内成立故意毁坏财物罪的既遂犯，同时对误杀狗主人这一结果成立过失致人死亡罪。抽象符合说认为“杀人这一重罪结果能够涵盖杀害动物这种轻罪结果”，是非常荒谬的，因而不被刑法理论所采纳。

法定符合说认为，行为人所认识的事实与实际发生的事实，只有在犯罪构成范围内是一致时，才对实际发生的结果成立故意，而抽象事实错误均是跨越不同犯罪构成的，所以原则上阻却犯罪故意的成立。例如，行为人意图杀狗而开枪射击，结果误杀了狗的主人，人和狗属于不同的犯罪构成，行为人对被害人的死亡结果不成立故意，只成立过失，构成过失致人死亡罪。例外是，如果两个犯罪构成之间具有重合性质时，在重合的范围内成立故意的既遂犯。例如，出于盗窃普通财物的故意实施盗窃行为，但实际上窃得的是枪支。盗窃罪和盗窃枪支罪属于两个不同犯罪构成，但是，枪支也具有财产价值，属于财物的一种，盗窃枪支也属于盗窃财物，盗窃枪支的行为包含盗窃财物的行为，盗窃枪支的故意包含盗窃财物的故意，盗窃罪与盗窃枪支罪在盗窃罪的范围内是重合的，应认定行为人构成盗窃罪的既遂。同样，行为人出于盗窃枪支的故意而实际上窃得了普通财物的，也应认定为盗窃罪的既遂。

第四节　犯罪过失

一、犯罪过失的概念与类型

《刑法》第15条第1款规定："应当预见自己的行为可能发生危害社会的结果，因为疏忽大意而没有预见，或者已经预见而轻信能够避免，以致发生这种结果的，是过失犯罪。"据此，所谓犯罪过失，是指行为人应当预见自己的行为可能发生危害社会的结果，因为疏忽大意而没有预见，或者已经预见而轻信能够避免的心理态度。

根据《刑法》第15条第1款的规定，犯罪过失包括两种类型：（1）疏忽大意过失，是指应当预见自己的行为可能发生危害社会的结果，因为疏忽大意而没有预见的心理态度。例如，甲从前住在平房里，有随手从窗户向外扔东西的习惯。后来旧城改造，住到了十层高楼上。某天甲在打扫卫生时，忘记自己现在住在高楼上，随手将一块砖头从窗户扔了下去，砸死了楼下一个晒太阳的老人。在这种情形中，行为人没有预见自己的行为可能会造成法益侵害结果，没有预见的原因并非不能预见，而是因为疏忽大意。没有预见是事实，疏忽大意是原因，应当预见是刑法处罚的根据。（2）过于自信过失，是指已经预见自己的行为可能发生危害社会的结果，但轻信能够避免的心理态度。例如，甲住在十层楼上，一天夜晚，在打扫卫生时发现一块没用的砖头，但又懒得扔到楼下的垃圾箱。他心想，楼房的一侧临着大街，不能随便扔，楼房的另一侧以前是垃圾场，最近被改造成了草坪，并种了几棵树，但前几天吊死过一个人，阴森恐怖，白天都很少有人来，夜晚肯定更没人，从这地方扔下去肯定没事。于是，就将砖头扔了下去。没想到，这时正有一对恋人在草坪旁散步，砖头正好砸在小伙子头上，把他砸死了。在这种情形中，行为人虽然预见到自己的行为可能会造成法益侵害结果，但又基于对一定条件的判断而相信不会导致法益侵害结果发生，并基于这种相信而实施了行为并导致了结果的发生。刑法之所以处罚这种行为，是因为行为人的相信是一种轻信，过高估计了自己避免结果的能力，或者过高估计了客观条件对避免结果的作用。

二、犯罪过失的构成要素

（一）没有预见

从表面来看，疏忽大意过失和过于自信过失的区别在于行为人是否预见自己的行为可能发生危害社会的结果，前者没有预见，后者已经预见。但是，在过于自信过失中，所谓的“已经预见”，其实是指行为人在实施行为之前曾经预见自己的行为可能发生危害社会的结果。而在实施行为之时，行为人基于对相关主客观条件的判断又否认了这种可能性，行为人正是因为相信自己的行为不会发生危害社会的结果才实施相应行为，并导致危害结果的发生。因此，在实施行为之时，过于自信过失的行为人实际上也属于没有预见自己的行为可能发生危害社会的结果，也是因为没有预见才实施相应行为。只不过，疏忽大意过失中的行为人是因为疏忽大意而没有预见，过于自信过失中的行为人是因为过于自信而没有预见。“没有预见”是犯罪过失的第一个构成要素。

（二）应当预见

在犯罪过失中，既然行为人没有预见自己的行为可能发生危害社会的结果，刑法为什么要进行处罚？根本的原因在于他应当预见。就是说，在案发当时的情况下，行为人只要稍微注意一下或更加谨慎一些，就能够预见到自己的行为可能发生危害社会的结果，从而放弃实施该行为并避免危害结果的发生。“应当预见”是刑法处罚过失犯罪的根据，是过失犯的真正的责任要素；“没有预见”只是为了使过失犯罪与故意犯罪相区别，而不是为过失犯提供处罚根据，是过失犯的表面的责任要素。[1] 根据以上分析，可以将犯罪过失界定为，行为人应当预见自己的行为可能发生危害社会的结果，因为疏忽大意或者过于自信而没有预见的责任形式。

刑法处罚过失犯罪的根本原因是行为人应当预见自己的行为会发生危害社会的结果。“应当预见”意味着行为人在案发当时负有预见义务，行为人正是因为没有认真履行预见义务才没有预见，从而实施了相应行为并导致危害结果的发生。所以，犯罪过失的本质是对结果预见义务的违反。

犯罪过失的本质是对结果预见义务的违反。这种预见义务既可能来自法律法规的规定（如交通管理法规规定不得闯红灯、不得超速等），也可能来自职务业务的规范（如根据医护规范，护士不能使新生儿俯卧，否则可能会导致新生儿口鼻受阻而死亡），还可能来自共同生活的一般准则（如不得从高楼上随便扔东西），范围非常广泛。但是，这些义务规范都是在抽象层面上针对一般人设定的，具体案件中的行为人是否具有预见义务，最终还要取决于其是否能够预见危害结果的可能发生。法律不强人所难，只会要求有能力履行义务的人履行义务，只有在行为人能够预见的情况下，才能认为他应当预见。因此，认定过失的关键就在于判断具体案件中的行为人是否能够预见，或者说判断在案发当时是否具有结果的预见可能性。

对于预见可能性的判断标准，理论上存在不同观点：主观说主张以行为当时行为人本人的认知能力为标准；客观说主张以社会上一般人的认知能力为标准；折中说主张在行为人的认知能力比一般人高的场合，以一般人为标准；在比一般人低的场合，以行为人为标准。以上三种观点，实际上是主观

[1] 张明楷．刑法学：上［M］．6 版．北京：法律出版社，2021：368.

说和客观说之间的对立，所谓折中说不过是主观说的一个变种。从过失是一种责任形式，预见能力是行为人个人的能力的角度来看，主观说具有妥当性。但是，如果完全按照主观说，可能会出现处罚不公的现象。例如，行为人甲一向稀里糊涂、丢三落四，因这习惯而在行为当时没有预见能力，行为人乙则因一向做事谨慎，在行为当时有能力预见结果发生的可能性。在二人实施相同行为造成相同结果的情况下，按照主观说，甲不具有过失，乙具有过失。这就意味着，一向稀里糊涂、丢三落四的人不用受处罚，一向做事谨慎的人反而要受处罚，显然不合理。从任何法律判断都必须具有一定的客观标准，应当考虑社会一般人的经验法则的角度来看，客观说也具有妥当性。但如果完全按照客观说，在行为人的认知能力低于一般人时，仍然要认定其具有预见能力进而认定其具有过失，有违责任主义原则。

既然两种学说都具有一定的妥当性和不合理性，在判断结果的预见可能性时，应当在尽量避免它们的不合理性的基础上综合运用两种学说进行判断。具体应当遵循以下三个步骤：（1）考察行为人所属领域的一般人或者说像行为人这样的一般人能否预见结果的发生。如行为人是医生，则考察像行为人这样的一般医生能否预见类似结果的发生；如行为人是汽车驾驶员，则考察像行为人这样的一般驾驶员能否预见类似结果的发生。这是对客观说的采用，同时进行了一定的限制，即这里的“一般人”不是抽象意义上的一般人，而是行为人所属领域的一般人或者说像行为人这样的一般人。之所以做这样的限制，是为了使判断结论相对具体从而更加接近行为人自身的认知能力。（2）考察行为人的认知能力是高于还是低于其所属领域的一般人。如果一般人能够预见，但行为人的认知能力低于一般人，则不宜认定行为人具有过失；反之，一般人能够预见，行为人的认知能力不低于甚至高于一般人，则宜认定行为人具有过失。这是对主观说的采用，考虑了行为人自身认知能力的高低。（3）在认定行为人的认知能力低于一般人时，考察行为人认知能力低下是否由其主观过错所造成的。在一般人能够预见，而行为人认知能力低于一般人时，一般不宜认定其具有过失。但是，如果行为人认知能力的低下是由于其主观过错（如日常生活中粗心大意、丢三落四）造成的，则不能否认其具有过失。这是为了克服按照主观说进行认定所可能造成的处罚上的不公平性。

三、犯罪过失的认定

（一）疏忽大意过失与意外事件的区分

《刑法》第16条规定："行为在客观上虽然造成了损害结果，但是不是出于故意或者过失，而是由于不能抗拒或者不能预见的原因所引起的，不是犯罪。"其中的"不能预见的原因所引起"指的就是意外事件。在意外事件中，行为在客观上造成了损害结果，但行为人并不是故意或过失地造成损害结果，而是因为不能预见的原因而造成损害结果。如在司机甲在雨夜行车，从农民放在公路上的稻草上驶过，轧死了睡在稻草下的流浪汉乙的场合，甲在客观上造成了乙死亡的结果，但从案发当时的情况来看，甲不太可能预见有人会在雨夜睡在公路上的稻草下，对乙的死亡结果没有故意或过失，属于意外事件。

意外事件和疏忽大意过失的相同之处在于，行为人在客观上都实施了一定行为并导致了危害结果发生，主观上都是没有预见危害结果的发生。疏忽大意中的行为人应当预见自己的行为可能发生危害社会的结果，因为疏忽大意而没有预见，而意外事件中的行为人因不能预见而没有预见义务。是否能够预见、是否具有预见义务是两者的根本区别。

（二）过于自信过失和间接故意的区分

过于自信过失和间接故意的相同之处在于，行为人主观上都曾预见自己的行为可能发生危害结果，并且都不希望、不追求结果的发生。两者的区别在于：（1）间接故意的行为人在行为时认识到结果可能发生；过于自信过失的行为人虽然曾经预见结果可能发生，但在行为时又否认了结果发生的可能性，即在行为时没有认识到结果可能发生。（2）间接故意的行为人在认识到结果可能发生的前提下为了实现其他目的而实施行为，容忍结果的发生，结果的发生并没有违背其意志；过于自信过失的行为人因为相信结果不会发生才实施行为，结果的发生违背其意志。

在实务操作层面，认定行为人在行为当时是否预见结果可能发生和结果的发生是否违背其意志，主要应考虑两个方面的因素：（1）行为导致结果发生的可能性大小。行为导致结果发生的可能性越大，就越倾向于认定行为人有预见。例1：甲贩运假烟，驾车路过某检查站时，被工商执法部门拦住检查。检查人员乙正登车检查时，甲突然发动汽车夺路而逃。乙抓住汽车车门的把手不放，甲为摆脱乙，在疾驶时突然急刹车，导致乙头部着地身亡。例2：甲驾驶一辆轻型货车至乙经营的杂货店送桶装水。乙要求甲将水搬入店内，遭甲拒绝。随后甲驾车欲离开，乙遂用右手抓住汽车的副驾驶室车门，意图阻止甲离开。甲见状仍驾车向前低速行驶数米并右转弯，致使乙跌地后遭汽车右后轮碾轧死亡。在例1中，在乙抓住汽车车门把手的情况下，甲不但疾驶汽车，而且突然急刹车，这一行为具有导致乙伤亡的高度可能性，应认定甲对造成乙死亡有预见，属于间接故意；在例2中，甲驾驶的是轻型货车，乙抓住汽车的副驾驶室车门时能够两脚着地，而且甲是低速行驶数米后才右转弯，导致乙伤亡的可能性相对较低，应认定甲对造成乙死亡没有预见，属于过于自信过失。（2）行为人是否为防止结果发生作出了努力。在行为人事先曾经预见行为可能导致结果发生的情况下，如果行为人不采取任何防范措施，进而导致结果发生的，就倾向于认定结果的发生不违背其意志，属于间接故意；如果行为人采取了积极措施去避免结果发生，但最终还是导致结果发生的，就应倾向于认定结果的发生违背其意志，属于过于自信过失。例如，甲因婚外恋产生杀害妻子乙之念。某日晨，甲在给乙做糕点时投放了“毒鼠强”。甲为防止6岁的儿子吃糕点中毒，将其送到幼儿园，并嘱咐一定要等他来接。不料乙当日提前下班后将其子接回，并与其子一起吃糕点。甲得知后，赶忙回到家中，其妻、子均已中毒身亡。本例中，甲事先已经预见到自己的投毒行为可能会同时导致儿子中毒，为了防止这一结果的出现，亲自将儿子送到幼儿园，并嘱咐一定要等他来接，为防止儿子中毒结果的发生作出了一定的努力。正是基于以上努力，甲相信可以避免儿子中毒，从而给妻子下毒，但最终还是造成了儿子的中毒身亡，所以可以认为儿子的死亡违背其意志，对儿子的死亡结果是过于自信过失。相反，如果甲在预见到自己的投毒行为可能会导致儿子中毒的情况下不采取任何措施予以避免，并最终导致儿子中毒身亡的，就应认定儿子的死亡不违背其意志，对儿子的死亡结果是间接故意。

在故意犯罪中，行为人在行为之时预见自己的行为会导致危害结果的发生，但仍然决意实施该行为，结果的发生不违背其意志；在过失犯罪中，行为人在行为之时没有预见自己的行为会导致危害结果的发生，因此才实施相应行为，结果的最终发生违背其意志。故意犯罪表现出了行为人对法益和法秩序的公然藐视态度，其可责性要明显高于过失犯罪。所以，刑法对过失犯罪和故意犯罪的态度也明显不同，主要表现在以下三个方面：（1）以处罚故意犯罪为原则、以处罚过失犯罪为例外。《刑法》第 14 条第 2 款规定："故意犯罪，应当负刑事责任。"而第 15 条第 2 款则规定："过失犯罪，法律有规定的才负刑事责任。"就是说，刑法分则条文在规定某一犯罪时，如果仅描述了其客观要件，而没有规定其责任形式的，该犯罪便只能是故意犯罪；只有当刑法分则条文规定某一犯罪的责任形式是过失时，才能将该犯罪确定为过失犯罪。值得注意的是，《刑法》第 15 条第 2 款的"法律有规定"并不仅限于刑法分则的明文规定。刑法分则条文虽然没有"过失""疏忽""失火"之类的"明文规定"，但根据具体条文的文理，能够合理认为法律规定了过失犯的构成要件时，就属于"法律有规定"。例如，刑法分则条文使用了"严重不负责任""发生……事故"之类的表述的，一般应确定为"法律有规定"的过失犯罪。（2）在客观违法事实相同的情况下，对过失犯罪规定了明显较故意犯罪轻的法定刑。如故意杀人罪与过失致人死亡罪，客观上都造成了被害人的死亡结果，但前者基本法定刑是死刑、无期徒刑或十年以上有期徒刑，而后者的基本法定刑是三年以上七年以下有期徒刑。（3）处罚故意犯罪的未完成形态，但不处罚过失犯罪的未完成形态。理论上没有争议的是，直接故意犯罪的成立不以实害结果的发生为条件，实害结果没有发生，也可能构成犯罪预备、未遂或中止等。就是说，刑法不但处罚故意的完成形态，还处罚故意犯罪的未完成形态。但对于过失犯罪而言，其成立以发生实害结果为前提，实害结果没有发生就不成立过失犯罪。就是说，刑法不处罚过失犯罪的未完成形态。

（三）监督过失

在一般情况下，行为人仅对自己违反结果预见义务的行为承担过失责任，这种过失就是一般过失。但在特殊情况下，行为人可能须对他人的行为承担监督义务，监督他人不实施过失行为，如果行为人不履行或不正确监督义务，致使他人实施过失行为并导致危害结果发生的，行为人也要因此承担过失责任，这种过失就是监督过失。例如，在外科手术时，医生对护士的行为有监督义务，如果因护士的过失导致事故的发生，医生同样应对事故承担过失责任。

监督过失不是独立于疏忽大意过失与过于自信过失之外的一种过失，仍然必须符合疏忽大意过失或者过于自信过失的基本特征。

（四）信赖原则

根据信赖原则，在行为人可以合理信赖他人将采取适当行为时，如果由于他人采取不适当的行为而造成损害结果，行为人对此不承担过失责任。

信赖原则起先主要适用于交通领域。从事交通运输的人，在自己遵守交通规则时，只要没有特殊情况，就可以信赖其他有关人员也会遵守交通规则；如果其他人不遵守交通规则，造成了事故，行为人不承担过失责任。如在封闭的高速公路上驾驶汽车的人，可以合理地信赖行人不会横穿公路，如果由于行人横穿公路而造成交通事故的，驾驶汽车的人不承担责任。现在，信赖原则的适用范围不限于交通领域，在企业活动与医疗活动及其他社会活动中，也普遍适用这一原则来认定犯罪过失问题。

在行为人可以合理信赖他人将采取适当行为时，如果由于他人采取不适当的行为而造成了损害结果，行为人之所以不需要承担过失责任，是因为在行为人可以合理信赖他人会采取适当行为时，可以认为他不能预见他人会采取不适当行为造成损害后果。所以，信赖原则归根结底还是和过失的核心要素即预见可能性有关的，因为信赖，所以没有预见可能性，所以没有预见义务，所以不成立犯罪过失。

第五节 犯罪目的与动机

一、犯罪目的

（一）犯罪目的的概念

所谓犯罪目的，是指犯罪人主观上通过犯罪行为所希望达到的某种结果。比如，故意杀人罪的犯罪目的是剥夺他人的生命，盗窃罪的犯罪目的是非法占有他人财物。

（二）犯罪目的的种类

（1）根据目的与刑法分则条文的关系，可以分为刑法分则条文明文规定的目的和刑法分则条文没有明文规定的目的。前者如走私淫秽物品罪中的牟利或者传播目的，赌博罪中的营利目的，贷款诈骗罪中的非法占有目的等。后者如盗窃罪、诈骗罪、抢劫罪等中的非法占有目的。对于盗窃等罪，刑法分则条文虽然没有明文规定其犯罪目的，但根据对相关犯罪构成要件的表述、犯罪的本质以及条文之间的关系，理论和实务上均认为“非法占有目的”应是这些犯罪成立的必备要素。

（2）根据目的与行为的关系，可以分为实施构成要件行为就可以实现的目的和实施构成要件行为后，还需要实施其他行为才能实现的目的。前者如盗窃罪中的非法占有目的，只要实施窃取行为就可以实现；贷款诈骗罪中的非法占有目的，只要实施骗取贷款行为就可以实现。后者如走私淫秽物品罪中的“牟利或者传播目的”，行为人实施走私淫秽物品的行为后，还需要通过实施贩卖或传播等行为才能实现；绑架罪中的“以勒索财物为目的”，行为人实施绑架行为之后，还需要通过实施进一步的勒索行为才能实现。对于走私淫秽物品等罪而言，刑法并不要求行为人实施第二个行为去实现目的，行为人即使在实施第一个行为之后没有通过实施第二个行为实现其目的，也不影响犯罪的既遂。只要行为人以实施第二个行为为目的实施第一个行为，犯罪就成立既遂。比如，只要行为人以牟利或者传播目的完成了走私行为，就构成走私淫秽物品罪的既遂。就是说，这些犯罪中的目的并不需要有相对应的客观行为存在，理论上称为主观的超过要素。

（三）犯罪目的的刑法意义

犯罪目的在刑法中的意义，可以体现在以下两个方面：

（1）在部分犯罪中具有区分罪与非罪的作用。如刑法规定以营利为目的的聚众赌博行为，构成赌博罪；如果不以营利为目的的聚众赌博行为，就不构成犯罪。

（2）在部分犯罪中具有区分此罪与彼罪的作用。如以牟利为目的传播淫秽物品的，构成传播淫秽物品牟利罪；如果是不以牟利为目的传播淫秽物品的，则构成传播淫秽物品罪。

二、犯罪动机

（一）犯罪动机的概念

所谓犯罪动机，是指刺激犯罪主体实施犯罪行为以达到犯罪目的的内心起因，是犯罪目的之后的目的。如为了给女朋友购买生日礼物而盗窃，非法占有他人财物是犯罪目的，给女朋友购买生日礼物是犯罪动机。

（二）犯罪动机的刑法意义

犯罪动机在刑法中的意义，可以体现在以下两个方面：

（1）是部分犯罪的构成要素。如根据《刑法》第 399 条第 1 款的规定，司法工作人员徇私枉法、徇情枉法的，构成徇私枉法罪。也就是说，司法工作人员出于徇私情、徇私利的动机而枉法裁判的，才构成徇私枉法罪。徇私动机影响徇私枉法罪的成立与否，是本罪的构成要素。

（2）影响量刑。如根据《刑法》第 397 条第 2 款的规定，国家工作人员徇私舞弊而滥用职权的，加重处罚。即使没有刑法的明文规定，犯罪动机也是司法实务中对犯罪人量刑时所考虑的一个重要因素。比如，同样是盗窃，基于为母亲治病的动机而盗窃和基于个人挥霍的动机而盗窃，在其他犯罪情节相同的情况下，对前者的量刑一般会轻于后者。

▶ 思考题

1. 如何理解犯罪主观要件和犯罪客观要件的关系？
2. 如何理解犯罪故意中的“明知”？
3. 具体事实认识错误有哪些种类？处理原则是什么？
4. 如何理解犯罪过失中的“应当预见”？
5. 如何区分间接故意和过于自信过失？

第七章　违法阻却事由

学习重点：（1）正当防卫的成立条件；（2）紧急避险的成立条件；（3）被害人承诺的有效条件。

第一节　违法阻却事由概述

一、违法阻却事由的概念

所谓违法阻却事由，是指能够排除符合犯罪客观要件行为的违法性的事由，又称为正当化事由。

行为一旦符合犯罪客观要件，就会侵害法益，原则上就会具有违法性。但在一些特殊情况下，行为虽然符合某个犯罪的客观要件，却不具有实质的违法性。例如，甲被乙持刀追杀，甲无奈用铁棍将乙打成重伤。甲的行为从表面上看符合了故意伤害罪的客观要件，侵害了乙的身体健康法益，但甲是为了保护自己的生命法益而进行的正当防卫，甲的行为因不具有实质违法性而被刑法所允许。像正当防卫这种能够排除符合犯罪客观要件行为的违法性的事由，就是违法阻却事由。

犯罪客观要件是违法的积极要件，违法阻却事由是违法的消极要件。因此，对于违法性的判断，要从正反两个方面进行：一是行为是否符合犯罪客观构成要件，二是行为是否存在违法阻却事由。只有行为既符合犯罪客观构成要件，又不存在违法阻却事由时，才真正具有违法性。

二、违法阻却事由的根据

违法阻却事由的根据所要讨论的问题是：当某一行为符合犯罪客观要件时，阻却其违法的实质根据是什么？对此，理论上存在三种观点。

（1）目的说认为，如果行为是为了达到国家承认的共同生活的目的而采取的适当手段，则阻却违法。该说的主要问题是，究竟什么才是“国家承认的共同生活目的”？这一概念过于抽象和不明确，难以把握。

（2）社会相当性说认为，被历史地形成的社会伦理秩序所允许的行为（社会相当行为），就是正当的。该说存在的问题同样是，究竟什么是“历史地形成的社会伦理秩序”？其过于抽象和不明确，缺乏具体的判断标准。

（3）法益侵害否定说认为，违法的实质是法益侵害，因而对于法益侵害的否定就是违法阻却事由的根据。其具体包括两种情形：

①法益阙如。如果由于某种原因不存在值得刑法保护的法益时，行为就不具有法益侵害性，从而阻却违法。例如被害人承诺，当被害人同意行为人侵害其法益时，被害人的法益就不再值得刑法保护，行为人的行为不具有违法性。

②法益衡量。当行为在侵害一种法益的同时保护了同等甚至是更为优越的法益时，从整体上评价，该行为不具有法益侵害性，因而阻却违法。例如正当防卫和紧急避险。

三、违法阻却事由的种类

根据是否具有刑法的明文规定为标准，可以将违法阻却事由分为法定的违法阻却事由与超法规的违法阻却事由。前者包括正当防卫、紧急避险；后者包括被害人承诺、推定的承诺、危险接受、法令行为、正当业务行为、自救行为、义务冲突等。

第二节　正当防卫

一、正当防卫的概念

《刑法》第20条第1款规定："为了使国家、公共利益、本人或者他人的人身、财产和其他权利免受正在进行的不法侵害，而采取的制止不法侵害的行为，对不法侵害人造成损害的，属于正当防卫，不负刑事责任。"第2款规定："正当防卫明显超过必要限度造成重大损害的，应当负刑事责任，但是应当减轻或者免除处罚。"

根据上述规定，所谓正当防卫，是指为了使国家、公共利益、本人或者他人的人身、财产和其他权利免受正在进行的不法侵害，而采取的制止不法侵害并对不法侵害人造成损害的行为。

二、正当防卫的成立条件

正当防卫本质上是刑法允许公民在国家无法及时保护法益的情况下，通过损害不法侵害者的利益来保护法益，在一定程度上具有"以暴制暴"的性质。因此，正当防卫的实施必须受到严格限制。根据《刑法》第20条第1款和第2款的规定，正当防卫必须同时符合以下五个条件。

（一）起因条件：存在现实的不法侵害

存在现实的不法侵害，是实施正当防卫的前提。"侵害""不法"和"现实"是这个条件的三个核心概念。

1. 侵　害

首先，侵害的主体只能是自然人。尽管单位也可以实施不法侵害，却不能成为正当防卫的对象。

当动物伤人时，进行反击，造成动物死亡的，不属于正当防卫。可以分不同情形处理：（1）无主动物自发伤人，对其进行反击造成动物伤亡的，因没有侵害任何人的法益而不属于刑法的评价范围。(2) 有主动物（包括归国家所有的野生动物）自发伤人，对其进行反击造成动物伤亡的，属于为了身体法益而牺牲动物所有人的财产法益，成立紧急避险。(3) 动物受人指使而伤人的，属于指使人故意实施的不法侵害；对其进行反击造成动物伤亡的，属于通过损害指使人的财产法益的方式保护人身法益，成立正当防卫。

其次，侵害的程度应具有紧迫性。正当防卫本质上是国家允许公民在法益受到侵害而又来不及请求国家救济的特殊情况下所进行的私力救济，故要求能够进行正当防卫的不法侵害一般须具有紧迫性。对于重婚罪、贪污罪等缓和的犯罪，一般不宜进行正当防卫。

对不作为犯罪能否进行正当防卫，理论上存在争议。有观点认为，由于不作为犯罪对法益的侵害往往比较缓和，所以一般不允许进行正当防卫。但是，不作为犯罪并非都是缓和的犯罪，在有些情况下，只有不作为人履行作为义务，才能消除不法侵害。在这种情况下，也应该允许进行正当防卫。例如，对进入自己住宅、要求其退出而拒不退出的人，使用强力将其推出门外，导致其受轻伤；使用暴力、胁迫手段逼迫父亲救助其落水的幼儿，使用暴力、胁迫手段强制肇事司机将交通事故的被害人送往医院，应认为成立正当防卫。

2. 不　　法

首先，此处的不法包括一般违法和刑事违法。一般违法行为和犯罪行为同样是侵犯法益的行为，因此没有理由禁止公民对其进行正当防卫。此外，违法行为在刚开始时很难判断其是否达到具体的犯罪程度，如果不允许对其进行防卫，就会纵容违法行为，对受害人造成更大的损害。

其次，此处的不法是指客观违法。对于不法性质的理解，存在主观违法论和客观违法论的对立，两者的区别在于判断行为违法时是否需要考虑行为人的责任能力。主观违法论认为，刑法规范是一种行为规范，其所规范的必须是能够理解规范内容的人，所以只有具有责任能力的人所实施的违反法律、侵害法益的行为才是违法的。客观违法论认为，刑法规范是一种评价规范，只要行为客观上违反了法律、侵害了法益，就是违法的，行为人是否具有责任能力不影响行为的违法性。

通说以客观违法论为基础理解作为正当防卫起因条件的“不法侵害”，对精神病患者、未成年人等无责任能力人实施的侵害行为也可以进行正当防卫。当然，对无责任能力人进行正当防卫时要进行适当的限制，在对其所实施的侵害采取回避或劝阻措施并不存在特别负担的情况下，一般不宜进行正当防卫。2020 年“两高”、公安部《关于依法适用正当防卫制度的指导意见》（以下简称《指导意见》）明确指出：“明知侵害人是无刑事责任能力人或者限制刑事责任能力人的，应当尽量使用其他方式避免或者制止侵害；没有其他方式可以避免、制止不法侵害，或者不法侵害严重危及人身安全的，可以进行反击。”

最后，此处的不法是指结果无价值。对于不法性质的理解，还存在行为无价值论和结果无价值论的对立，两者的区别在于判断行为违法时是否需要考虑行为人的主观罪责。行为无价值论认为，刑法是行为规范，违法的实质是行为本身对行为规范的违反，而行为规范是用来规制人的有意识行为的，所以只有有过错地违反规范的行为才是违法的。结果无价值论认为，刑法的目的是保护法益，故违法的实质是行为所造成的法益侵害结果，只要行为客观上造成了法益侵害结果，就是违法的，至于行为人主观上是故意还是过失地造成法益侵害结果，均无关紧要。

根据结果无价值论，只要行为在客观上侵害了法益就是违法的，故不仅对故意的不法侵害，对过失的不法侵害，甚至是对无过错的不法侵害，均可以进行正当防卫。对过失的不法侵害进行正当防卫的例子如：聋哑人甲在狩猎时，误将前方的 A 当作野兽而瞄准准备射击，与甲一起狩猎、但在甲身后较远处的乙发现甲的行为，于是向甲开枪，打伤其胳膊，保护了 A 的生命；对无过错的不法侵害进行正当防卫的例子如：医生甲指使不知情的护士乙给患者 A 注射毒药，在乙正要给 A 注射之时，知情的医生丙猛地一把推开乙，导致乙受伤，保护了 A 的生命。

根据行为无价值论，只有故意或过失地违反刑法规范从而造成法益侵害结果的行为才是不法的，故只能对故意或过失的不法侵害进行正当防卫，对无过错的客观侵害进行反击的，不应认定为正当防卫。在上例中，行为无价值论者认为护士乙的行为不具有违法性，故医生丙的行为不属于正当防卫，但可以将其行为解释为紧急避险。通说以结果无价值论理解正当防卫中的不法侵害。

3. 现　　实

不法侵害必须客观存在，对其进行正当防卫。如果不存在现实的不法侵害，而行为人误以为存在，进行所谓的“正当防卫”，属于假想防卫。例如，甲看见两男青年正在调戏其女朋友，便上前指责，遭到殴打，被迫还手。在对打时，穿着便衣的民警乙路过，乙未表明身份即抓住甲的左肩，甲误以为是对方同伙，便拔出随身携带的尖刀将乙刺伤。甲的行为就属于假想防卫。

在假想防卫的场合，行为人误以为自己的行为是正当防卫，也就是没有认识到自己行为所具有的法益侵害性，所以对造成的法益侵害结果不成立故意犯罪。如果行为人当时应当预见对方的行为可能不属于不法侵害的，则承担过失犯罪的刑事责任；如果行为人在当时不应当预见对方的行为不属于不法侵害的，则属于意外事件。司法实践中对于造成严重伤亡后果的假想防卫行为，多以过失犯罪论处。

（二）时间条件：不法侵害正在进行

所谓不法侵害正在进行，是指不法侵害已经开始尚未结束。理解正当防卫的时间条件，重点就在于对不法侵害开始时间和结束时间的把握。

1. 不法侵害已经开始

所谓“不法侵害已经开始”，是指不法侵害对法益形成了现实、紧迫危险。例如，在持枪杀人案件中，当行为人拿出手枪时，就已经对被害人的生命形成了现实、紧迫危险，此时就可以对其进行正当防卫，而不是非要等到行为人瞄准被害人时才能进行防卫。

对法益形成现实、紧迫危险的行为一般是犯罪的实行行为，预备行为在一般情况下缺乏紧迫性，不能进行正当防卫。例如，妻子甲为了杀死丈夫乙而准备了有毒咖啡，打算等丈夫下班回来后拿给他喝，由于甲的行为还处于预备阶段，对此不能进行正当防卫。但是，有些预备行为也可能对法益形成紧迫危险，如在入室杀人案件中，行为人在入室时就已经对他人的生活安宁和生命安全形成了紧迫危险，对此可以进行正当防卫。

值得讨论的是事先安装防卫装置防卫将来可能发生的不法侵害行为的定性问题。所谓事先安装防卫装置，是指在不法侵害发生前，事先安装防卫装置，以便在不法侵害发生时予以及时制止。比如，在院墙上插上玻璃碴子防止他人翻墙入内，在果园四周安装电网防止他人入内盗窃果实等。在这些情形中，安装防卫装置的行为实施在前，不法侵害的发生在后。那么，当不法侵害发生时，如果这些防卫装置起到了制止不法侵害的作用，事先的安装行为能否成立正当防卫？对此，应当区分具体情形进行处理：（1）如果防卫装置的安装本身违法，不仅不能成立正当防卫，反而可能构成犯罪。如为了防盗而在常有行人经过的屋外架设电网，由于危害了公共安全，构成以危险方法危害公共安全罪。（2）如果防卫装置的安装本身合法，当不法侵害发生时，该防卫装置发挥作用并制止不法侵害，可以认为符合正当防卫的时间条件。如果同时符合正当防卫的其他条件的，可以成立正当防卫。当然，如果不符合正当防卫的其他条件的，仍然不能成立正当防卫。如在为了防盗而在家里安装电网，有客人来做客前忘记关闭电闸，导致客人触电身亡的场合，不符合正当防卫的对象条件，不成立正当防卫，行为人应对客人的死亡承担过失责任；又如在为防盗而在家里架设电网，导致前来“光顾”的小偷触电身亡的场合，不符合正当防卫的限度条件，不成立正当防卫，属于防卫过当，行为人应对小偷的死亡承担刑事责任。

2. 不法侵害尚未结束

所谓“不法侵害尚未结束”，是指不法侵害仍在继续侵害或威胁着法益。例如，在持刀追砍他人或非法拘禁他人的场合，只要不法侵害者仍在继续实施追砍行为或非法拘禁行为，不法侵害就尚未结束。

关于不法侵害的结束时间，需要注意以下两点：（1）对于不法侵害虽然暂时中断或者被暂时制止，但不法侵害人仍然具有继续实施侵害的现实可能性的，应当认定为不法侵害仍在进行。如在防卫人虽然已将不法侵害人打倒在地，但不法侵害人欲起身继续实施侵害的场合，应当认定为不法侵害仍在进行。对于不法侵害人确已失去侵害能力或者确已放弃侵害的，应当认定为不法侵害已经结束。对于不法侵害是否已经开始或者结束，应当立足于防卫人在防卫时所处的情境，按照社会公众的一般认知，依法作出合乎情理的判断，不能苛求防卫人。（2）在财产犯罪中，不法侵害人虽已取得财物，但通过追赶、阻击等措施能够追回财物的，视为不法侵害仍在进行。例如，甲抢劫出租车司机乙，用匕首刺乙一刀，强行抢走财物后下车逃跑。乙发动汽车追赶，在甲往前跑了40米处将其撞伤并夺回财物。乙的行为符合正当防卫的时间条件，成立正当防卫。

3. 防卫不适时

在不法侵害尚未开始时或者不法侵害已经结束后进行所谓的“防卫”行为的，称为防卫不适时，包括事前防卫和事后防卫。对于防卫不适时，可以具体分为三种情况进行处理：（1）行为人明知不法侵害尚未开始或已经结束而故意对不法侵害人进行“防卫”造成损害的，成立故意犯罪。（2）行为人应当预见不法侵害尚未开始或者已经结束，但因为疏忽大意没有预见而对不法侵害人进行“防卫”造成损害的，成立过失犯罪。（3）行为人不能预见不法侵害尚未开始或者已经结束而对不法侵害人进行“防卫”造成损害的，属于意外事件。

（三）对象条件：针对不法侵害人本人进行防卫

防卫行为只能针对不法侵害人本人进行，这是由正当防卫本身的特点决定的。只有针对不法侵害人本人进行防卫，才能使其不再继续实施不法侵害行为，最终达到保护法益的目的。针对不法侵害人本人进行防卫，既可以针对不法侵害人的人身进行防卫，也可以针对不法侵害人的财物进行防卫。

如果行为人针对不法侵害人以外的第三人实施“防卫”或者防卫效果发生在第三者身上的，不成立正当防卫。具体包括以下三种情形：（1）故意针对第三人进行所谓的防卫的，构成故意犯罪。(2) 误认为第三人是不法侵害人而进行防卫的，属于假想防卫，按照上述关于假想防卫的处理原则处理。(3) 因偶然原因导致第三者损害。例如，甲侵害乙，乙为了反击而向甲投掷石块，但没有击中甲而击中丙，导致丙受伤。对于乙的行为性质，理论上有三种观点。正当防卫说认为，因为丙的伤害是由乙的正当防卫行为引起的结果，即使该行为对第三者产生了侵害结果，也不丧失其正当性。但是，根据这种观点，没有实施不法侵害的丙就必须忍受甲的防卫行为，缺乏合理性。紧急避险说认为，因为乙的行为不是对不法侵害本身的反击，而是对无关第三者的反击，符合紧急避险的条件。但是，乙所具有的是防卫意识而非避险意识，不符合紧急避险的主观条件，难以成立紧急避险。假想防卫说认为，乙有正当防卫的意识，但丙没有对乙实施不法侵害，乙的行为与假想防卫类似，应按假想防卫处理。假想防卫说是多数观点。

（四）主观条件：为了保护合法权益

1. 防卫意识及其必要性

防卫人进行防卫的目的是保护合法权益，即具有保护合法权益的防卫意识。我国刑法和不少外国刑法都在正当防卫的成立条件中规定了这一主观要素，在事实上，绝大多数正当防卫人也都具有防卫意识。但在刑法理论上，对防卫意识是否必要存在激烈争论。(1) 防卫意识必要说认为，行为是主观与客观的统一体，防卫行为亦如此，如果没有防卫意识就不成立正当防卫。在必要说内部，又存在两种不同观点。第一种观点认为，防卫意识应同时包括防卫认识与防卫意志。防卫认识，是指防卫人认识到不法侵害正在进行；防卫意志，是指防卫人出于保护法益的目的而进行防卫。据此观点，武松看到西门庆正在调戏妇女，出于教训西门庆的目的而不是出于保护妇女的目的殴打西门庆的，因缺乏防卫意志而不成立正当防卫。第二种观点认为，防卫意识仅需要防卫认识。行为人认识到自己的行为是在与正在进行的不法侵害相对抗时，就认为具有防卫意识。至于在动机方面是出于愤怒、恐惧甚至在目的方面具有加害的意思，不影响正当防卫的成立。(2) 防卫意识不必要说认为，只要行为符合正当防卫的客观条件，即使防卫人没有防卫意识，其行为客观上也保护了法益，因而不具有违法性。

我国《刑法》明文规定正当防卫是“为了使国家、公共利益、本人或者他人的人身、财产和其他权利免受正在进行的不法侵害”，主张正当防卫不需要防卫意识不合理。但认为防卫意识必须同时包括防卫认识与防卫意志，则可能有违正当防卫制度的初衷。正当防卫是防卫人在面临不法侵害的紧迫状态下实施的，防卫人往往会由于恐惧、紧张等原因而进行本能的反抗，在意志上可能并没有明确的保护法益的目的。如果对此均不认定为正当防卫，则不当地限制了正当防卫的成立范围。因此，认为防卫意识仅需防卫认识的观点，更具合理性。

2. 不具有防卫意识的情形

（1）防卫挑拨，是指为了侵害对方，故意引起对方对自己进行侵害，然后以防卫为借口，给对方造成侵害。在这种情形中，行为人主观上具有犯罪故意，客观上造成了法益侵害，应以故意犯罪论处。

（2）相互斗殴，是指双方以侵害对方身体的意图进行相互攻击的行为。相互斗殴与防卫行为虽具有外观上的相似性，但双方都不是正当防卫。准确区分两者要坚持主客观相统一原则，通过综合考量案发起因、对冲突升级是否有过错、是否使用或者准备使用凶器、是否采用明显不相当的暴力、是否纠集他人参与打斗等客观情节，准确判断行为人的主观意图和行为性质。

在相互斗殴的过程中，也可能出现正当防卫的前提条件，因而一方也可能进行正当防卫。一种情形是，因琐事发生争执，双方均不能保持克制而引发打斗，对于有过错的一方先动手且手段明显过激，或者一方先动手，在对方努力避免冲突的情况下仍继续侵害的，还击一方的行为一般应当认定为防卫行为。另一种情形是，双方因琐事发生冲突，冲突结束后，一方又实施不法侵害，对方还击，包括使用工具还击的，一般应当认定为防卫行为。不能仅因行为人事先进行防卫准备，就影响对其防卫意图的认定。

（3）偶然防卫，是指行为人故意或过失侵害他人法益的行为，符合正当防卫的客观条件的情形。例如，甲故意枪击乙，事后查明，那时乙刚好正在持枪瞄准丙而准备打死丙，但甲对乙的行为一无所知。

对于偶然防卫的性质，理论上有不同观点：行为无价值论的既遂说认为，正当防卫的成立要求防卫意识，偶然防卫缺乏防卫意识，且造成了侵害结果，因而成立犯罪既遂；二元论（主张行为和结果均无价值时行为才违法）的未遂说认为，正当防卫的成立要求防卫意识，偶然防卫缺乏防卫意识，存在行为无价值，但偶然防卫造成了正当的结果，缺乏结果无价值，因而成立犯罪未遂；结果无价值论的未遂说认为，正当防卫的成立不要求防卫意识，但偶然防卫是由于偶然原因没有造成法益侵害结果，因而具有造成法益侵害的危险，故成立犯罪未遂；结果无价值论的二分说认为，紧急救助型的偶然防卫属于正当防卫，自己防卫型的偶然防卫成立犯罪未遂；结果无价值论的无罪说认为，正当防卫的成立不要求具备防卫意识，偶然防卫成立正当防卫，或者认为，即使认为正当防卫的成立要求具备防卫意识，偶然防卫不成立正当防卫，但由于偶然防卫行为缺乏法益侵害性，故不构成犯罪。

（五）限度条件：没有明显超过必要限度造成重大损害

根据《刑法》第20条第2款的规定，防卫行为明显超过必要限度造成重大损害时，不再是正当防卫，而是防卫过当，防卫人应承担相应刑事责任。据此，正当防卫的限度条件就是“没有明显超过必要限度造成重大损害”。

1. 没有明显超过必要限度

对于“没有明显超过必要限度”的理解，理论上主要存在“基本相适应说”和“必需说”之间的对立。“基本相适应说”认为，防卫行为只有与不法侵害在性质、强度和造成的损害结果等方面基本相适应，才能属于“没有明显超过必要限度”。“必需说”认为，只要是制止不法侵害、保护法益所必需的防卫行为，就属于“没有明显超过必要限度”，据此，防卫行为所造成的损害可以小于、等于甚至大于不法侵害实际或可能造成的损害。

在以上两种学说中，“基本相适应说”对必要限度的理解采取更为严格的态度，要求防卫行为与不法侵害在性质、强度和造成的损害结果等方面均要基本相当。然而，该说存在的问题是，没有考虑正当防卫是防卫人在面临不法侵害的紧急时刻所进行的一种反击行为，防卫人往往很难准确衡量防卫行为和不法侵害是否基本相适应这样的事实，因此过于严苛地限制了正当防卫的必要限度。我国司法实务在过去很长一段时间内采纳的是“基本相适应说”，但“必需说”目前已成为理论和实务中的主流学说。《指导意见》也指出，防卫是否“明显超过必要限度”，应当综合不法侵害的性质、手段、强度、危害程度和防卫的时机、手段、强度、损害后果等情节，考虑双方力量对比，立足防卫人防卫时所处情境，结合社会公众的一般认知作出判断。在判断不法侵害的危害程度时，不仅要考虑已经造成的损害，还要考虑造成进一步损害的紧迫危险性和现实可能性。不应当苛求防卫人必须采取与不法侵害基本相当的反击方式和强度。通过综合考量，对于防卫行为与不法侵害相差悬殊、明显过激的，应当认定防卫明显超过必要限度。

2. 没有造成重大损害

所谓“造成重大损害”，是指造成不法侵害人重伤、死亡。造成轻伤及以下损害的，不属于造成重大损害。

明显超过必要限度并且造成重大损害时才属于超过防卫限度。《指导意见》指出，认定防卫过当应当同时具备“明显超过必要限度”和“造成重大损害”两个条件，缺一不可。其中，“明显超过必要限度”是就防卫行为本身而言的，“造成重大损害”则是针对防卫行为造成的结果而言的，只有防卫行为和防卫结果均过当，才能构成防卫过当。

三、防卫过当

防卫行为明显超过必要限度并造成重大损害的，就属于防卫过当。对于防卫过当，行为人应当承当刑事责任。

（一）定　　罪

防卫过当本身并非独立的罪名，具体应当根据过当行为的性质援引相应刑法分则条文来确定过当行为所触犯的罪名。

对防卫过当行为定罪时，一个重要的问题是，如何认定防卫过当的罪过形式。对此，理论上存在各种不同观点。有的观点认为防卫过当既可以是过失，也可以是故意（包括直接故意和间接故意）；有的观点认为防卫过当既可以是过失，也可以是间接故意，但不能是直接故意；有的观点认为防卫过当只能是过失，不能是故意；还有的观点认为防卫过当只能是故意，不能是过失。

在防卫过当的情况下，行为人一方面是有意识地实施防卫行为并造成不法侵害人的损害；另一方面，行为人又认识到不法侵害正在进行，并且往往是出于保护法益的意图实施防卫行为。换言之，行为人同时具有侵害意图和防卫意图。正因为此，防卫行为的故意并不同于刑法上的犯罪故意，对防卫过当原则上应认定为过失犯罪，只有在行为人对过当结果有清楚认识且希望或放任过当结果发生的特殊情况下，才可以将其认定为故意犯罪。

（二）量　　刑

根据《刑法》第20条第2款的规定，防卫过当应当负刑事责任，但是应当减轻或者免除处罚。

一般认为，刑法之所以规定对防卫过当应当减免刑罚，是因为其违法性与有责性的减少，同时也有出于刑事政策的考虑。具体而言，违法性减少表现在，过当行为针对的是正在进行的不法侵害，而且保护了法益；有责性减少表现在期待可能性的降低，即在面对正在进行的不法侵害时，期待防卫人不过当的可能性降低。另外，出于刑事政策的考虑，减免刑罚有利于鼓励公民对不法侵害进行正当防卫，从而保护法益。

至于究竟是减轻还是免除处罚以及如何减轻处罚，应综合考虑过当程度、防卫起因、保护的法益性质、罪过形式等因素作出相应的决定。

四、特殊正当防卫

《刑法》第20条第3款规定：“对正在进行行凶、杀人、抢劫、强奸、绑架以及其他严重危及人身安全的暴力犯罪，采取防卫行为，造成不法侵害人伤亡的，不属于防卫过当，不负刑事责任。”这在理论上被称为“特殊正当防卫”。特殊正当防卫与一般的正当防卫相较，在防卫起因条件和防卫限度条件方面存在特殊性。

首先，防卫的起因是对正在进行行凶、杀人、抢劫、强奸、绑架以及其他严重危及人身安全的暴力犯罪。此处的“行凶”不是刑法上的罪名，它是指一种犯罪性质，具体包括以下两种情形：（1）使用致命性凶器，严重危及他人人身安全；（2）未使用凶器或者未使用致命性凶器，但是根据不法侵害的人数、打击部位和力度等情况，确已严重危及他人人身安全。此外，虽然尚未造成实际损害，但已对人身安全造成严重、紧迫危险的，可以认定为“行凶”。此处的“杀人、抢劫、强奸、绑架”是指具体犯罪行为而不是具体罪名。在实施不法侵害过程中存在杀人、抢劫、强奸、绑架等严重危及人身安全的暴力犯罪行为的，如以暴力手段抢劫枪支、弹药、爆炸物或者以绑架手段拐卖妇女、儿童的，可以实行特殊防卫。“其他严重危及人身安全的暴力犯罪”，是与杀人、抢劫、强奸、绑架行为相当，并具有致人重伤或者死亡的紧迫危险和现实可能的暴力犯罪。对于没有严重危及人身安全的犯罪或非暴力犯罪，不能进行特殊正当防卫。如对于冒充妇女的丈夫奸淫妇女、采用麻醉的方式抢劫等行为，不能进行特殊正当防卫。在抢劫犯取得财物后，现场还能挽回损失时，可以对其进行正当防卫，但如果抢劫犯只是逃避而没有实施新的严重危及人身安全的暴力行为，不能对其进行特殊正当防卫，防卫行为必须符合一般正当防卫的限度条件。

其次，防卫行为没有必要限度的限制。在特殊正当防卫中，没有限度条件的限制，即不存在防卫过当的情形。不过需注意的是，特殊正当防卫只是不受正当防卫限度条件的限制，但其仍需符合正当防卫的其他条件。例如，乙遭到甲持刀抢劫，在搏斗中，乙一下子把甲打倒在地，甲被摔昏过去。这时乙特别气愤，拿起甲掉在地上的刀子，一刀子下去把昏倒在地的甲捅死。本例中，甲持刀抢劫乙时，乙所面临的是严重危及人身安全的暴力犯罪，因此，乙可以进行特殊正当防卫，即使防卫行为直接导致甲的死亡，也仍属正当防卫。但是，乙的防卫行为并非直接致甲死亡，而是将甲打昏。此时，甲的不法侵害已经结束，因此就不再具备正当防卫的时间条件。故乙之后实施的捅死甲的行为不再属于正当防卫，构成故意犯罪。

第三节 紧急避险

一、紧急避险的概念

《刑法》第 21 条第 1 款规定："为了使国家、公共利益、本人或者他人的人身、财产和其他权利免受正在发生的危险，不得已采取的紧急避险行为，造成损害的，不负刑事责任。"第 2 款规定："紧急避险超过必要限度造成不应有的损害的，应当负刑事责任，但是应当减轻或者免除处罚。"根据上述规定，所谓紧急避险，是指为了使国家、公共利益、本人或者他人的人身、财产和其他权利免受正在发生的危险，不得已采取的损害另一较小合法利益的行为。紧急避险是刑法允许公民在紧急情况下为了保护一个法益而牺牲另一个无辜的法益。例如，甲被野狗追咬，无奈破门而入乙家，造成乙家门损坏。本例中，甲为了保护自己的身体法益，损害了乙的财产法益和生活安宁法益，属于为了保护较大法益而损害另一较小法益，构成紧急避险。

与正当防卫是对不法侵害的防卫，即"正当对不正当"的关系不同，紧急避险的本质是"两害相权取其轻"，即当出现两个合法权益相冲突，又只能保全其中之一的紧急状态时，法律允许公民为了保全较大或至少是同等的合法权益而牺牲另一合法权益，其在性质上属于"正当对正当"的关系。

二、紧急避险的成立条件

正因为紧急避险与正当防卫存在性质上的上述区别，刑法对紧急避险的成立条件的规定总体上更加严格。根据《刑法》第 21 条第 1 款和第 2 款的规定，紧急避险的成立必须同时符合以下五个条件。

（一）起因条件：法益面临现实的危险

紧急避险的起因条件较正当防卫要广泛得多，除人的危害行为，还可以是自然灾害、动物侵袭以及生理疾患等。

《刑法》第 21 条第 3 款规定：“第一款中关于避免本人危险的规定，不适用于职务上、业务上负有特定责任的人。”根据该规定，职务上、业务上负有特定责任的人，在面对和职务、业务有关的危险时，不能进行紧急避险，而是应当通过履行特定义务积极排除危险。例如，执勤的警察在面临罪犯对自己进行侵害时，一般不能进行紧急避险；发生火灾时，消防人员一般不能为了避免对本人的危险而采取紧急避险。但是，职务上、业务上负有特定责任的人并非在任何情况下都必须履行特定义务而不能进行紧急避险。如果所面临的危险超出了负有特定职责的人所应承担的忍受义务的范围，如所面临的危险已经威胁到了自己生命时，可以进行紧急避险。例如，正在抓捕歹徒的警察，为了躲避歹徒射击的子弹而躲进他人屋内，或者灭火的消防员，为了躲避正要倒塌的建筑物砸到自己，擅自毁坏他人院墙后闯入其中，可以成立紧急避险。

如果法益没有面临现实危险，而行为人误以为法益面临危险而进行所谓的“紧急避险”的，属于假想避险。对于假想避险，和假想防卫一样处理。

（二）时间条件：危险正在发生

所谓危险正在发生，是指危险已经出现而尚未结束。所谓危险已经出现，是指危险正在对法益造成紧迫威胁，将会立即造成或正在造成损害，如杀人犯手持凶器正在追赶被害人、孕妇在被用马车送往医院途中出现早产现象等。所谓危险尚未结束，是指危险继续威胁着法益。

在危险尚未开始或者已经结束后进行所谓的“紧急避险”，属于避险不适时。对于避险不适时，和防卫不适时一样处理。

（三）可行性条件：不得已而损害另一合法利益

所谓“不得已”，是指在法益面临正在发生的危险时，除损害另一合法利益，没有其他合理办法可以排除危险。如果存在其他选择，就不符合可行性条件，不能允许其实行紧急避险。如货船在大海中航行遇到了风暴，为了避免倾覆危险，只有抛弃一些货物加速离开该区域的话，可以说抛弃货物的行为属于不得已而实施的行为；但如果附近有一避风港，在当时的情况下，完全来得及进入该港口避难的话，抛弃货物的行为就不属于不得已而实施的行为。

对“不得已”必须进行综合考量，除要考虑危险发生的场合、环境、紧急程度等客观因素，还要考虑避险人自身的生理条件和主观认识等内容。面对同样的危险，不同的行为人会有不同的反应。如遭到动物的袭击时，身强力壮、沉着冷静者可能会采用反击动物的方法来避免危险；反之，身体柔弱、惊慌失措者则不具备这种可能，唯有采用牺牲其他合法利益的方式来避免危险。

（四）主观条件：为了保护法益免受危险

与正当防卫的情形一样，尽管刑法规定了紧急避险的避险人应具有保护法益免受危险的避险意识，事实上绝大多数避险人也都具有避险意识，但理论上对避险意识是否必要存在争论，形成了避险意识必要说和避险意识不必要说之间的对立。其中，避险意识必要说内部还存在避险意识同时包括避险认识和避险意志的观点与避险意识仅需要避险认识的观点之间的分歧。

不具有避险意识的情形主要包括：（1）避险挑拨，是指为了侵害某一法益，故意引起第三人对自己进行侵害，然后以避险为借口，对该法益造成侵害。行为人在客观上造成了法益侵害，主观上具有故意，应以故意犯罪论处。（2）偶然避险，是指行为人故意或过失地侵害他人法益的行为，符合紧急避险的客观条件的情形。例如，甲非法侵入乙的住宅，恰好躲过了突然的雷击。与偶然防卫一样，对于偶然避险的性质，理论上存在不同观点。

（五）限度条件：没有超过必要限度造成不应有的损害

根据《刑法》第 21 条第 2 款的规定，紧急避险超过必要限度造成不应有的损害时就不再是紧急避险，而是避险过当，避险人应当负刑事责任。据此，紧急避险的限度条件是“没有超过必要限度造成不应有的损害”。

对于紧急避险的限度条件，理论上存在两种不同观点：一种观点认为，紧急避险的必要限度，是指紧急避险所引起的损害必须小于其所避免的损害。另一种观点认为，紧急避险的必要限度，是指紧急避险所引起的损害可以小于或等于其所避免的损害。根据这种观点，避险行为即使损害同等法益的，也不属于超过必要限度。

无论对紧急避险限度条件的理解采取哪种观点，法益衡量都是在认定紧急避险时绕不开的一个重要问题。法益衡量的大体原则是：生命法益重于身体法益；身体法益重于财产法益；财产法益之间则以具体的价值进行衡量。当然，这只是法益衡量的大体原则，在具体个案中仍需要进行具体判断。例如，虽说身体法益重于财产法益，但如果为了避免轻微身体伤害而造成数额巨大的财产损失，是不是超过限度，是一个有争议的问题。对于个案中的具体判断，难以形成一般、具体的标准，需要根据社会的一般观念进行客观的、合理的判断。

有关生命法益的紧急避险是一个极具争议的问题。通说认为，任何个体的生命都具有最高的价值，在任何情形下都不能作为达到他人目的的手段，理所当然也不能成为维持他人生命的手段。牺牲他人的生命来保护自己的生命，超越了紧急避险的限度，不成立紧急避险。也有观点认为，对生命的紧急避险虽然不能成立紧急避险，但根据期待可能性理论，可以对行为人免除或从宽处罚。

避险行为超过必要限度造成不应有的损害时，构成避险过当。对于避险过当行为的定罪量刑，应当按照防卫过当的处理原则处理。

第四节　超法规违法阻却事由

一、被害人承诺

犯罪的本质是侵害法益，如果法益的主体放弃了自己的法益，就不存在值得刑法保护的法益，行为人损害被放弃的法益的行为，就没有侵害法益，因而没有违法性。这是被害人承诺阻却违法的基本原理。被害人承诺的成立，应同时符合以下条件：

（1）被害人对承诺的法益具有处分权限。被害人只能承诺自己的个人法益，对国家、社会与他人法益不能承诺。对自己个人法益的承诺也有一定限度，对重伤、生命的承诺无效。

（2）被害人对所承诺事项的意义具有理解能力。患有严重精神病的妇女对与他人发生性关系缺乏理解能力，承诺无效；儿童承诺他人对自己实施奸淫、猥亵、拐卖等行为，承诺无效。

（3）承诺出于被害人的真实意志。被害人基于戏言性的承诺，或因被强制而作出的承诺，均无效。被害人因被欺骗而作出承诺时，如果因被欺骗而对所放弃的法益的有无、性质和范围发生了错误认识的，承诺原则上无效。例如，甲在黑夜中冒充妇女乙的丈夫奸淫乙，乙以为甲是其丈夫而同意发生性关系，乙的承诺无效。例外是：第一，被害人虽有对法益损害的承诺，但如果其承诺的重要目的没有实现的，承诺无效。例如，医生甲欺骗乙将一个肾脏摘出后移植给乙的女儿，但事实上移植给了别人，乙的承诺无效。第二，被害人虽有对法益损害的承诺，但如果欺骗行为使被害人所作出的承诺并非基于其自我决定权所作出的，承诺无效。例如，电梯司机甲在乙进入电梯后，突然将电源关闭，谎称电梯事故，使乙同意自己被关在电梯内，乙的承诺无效。

（4）存在现实的承诺。问题是：在被害人具有承诺的意思，但没有承诺的表示时，承诺是否有效？例如，甲以强奸故意对乙实施奸淫行为，但乙对甲早已芳心暗许，容许甲对其实施了奸淫行为。甲是否构成强奸罪？对此，理论上存在意思方向说与意思表示说之争：前者认为，只要被害人具有现实的承诺，即使没有表示于外部，也是有效的承诺；后者认为，承诺的意思必须以语言、举动等方式向行为人表示出来。按照意思方向说，乙的承诺有效，甲的行为不成立强奸罪；按照意思表示说，乙的承诺无效，甲的行为成立强奸罪。较为多数的观点认为，既然被害人同意行为人的行为与法益损害结果，就不存在值得刑法保护的法益，故承诺有效，即采取意思方向说。

（5）被害人不仅承诺行为本身，而且承诺行为的结果。例如，甲明知乙酒后驾驶，仍然坐在乙的车上，乙交通肇事导致甲重伤。甲承诺了乙酒后驾驶搭载甲的行为，但没有承诺乙因此对其造成伤害，不能认定存在被害人承诺。

（6）承诺至迟必须存在于结果发生时。结果发生后作出的承诺，不影响行为成立犯罪。

（7）经承诺所实施的行为不得超出承诺的范围。例如，甲同意乙砍掉自己的一个小手指，而乙砍掉了甲的两个手指。甲的行为超出了乙的承诺范围，仍然构成故意伤害罪。

二、推定的承诺

所谓推定的承诺，是指现实上没有被害人的承诺，但如果被害人知道事实真相后，当然地会承诺的情形。例如，在发生火灾之际，为了避免烧毁被害人的贵重财产，闯入屋内搬出贵重物品的行为，就是基于推定的承诺的行为。推定的承诺和被害人承诺的明显区别在于，后者有明示或者默示的承诺，而前者并非如此。

基于推定的承诺实施的行为要阻却违法，应符合以下条件：（1）只有在不可能得到被害人的现实承诺时才能考虑适用推定的承诺，即推定的承诺具有补充性。（2）可以合理地相信如果被害人知道真相就会承诺。（3）为了保护被害人的较大法益而牺牲其较小法益。（4）必须针对被害人有处分权限的个人法益实施行为。

三、危险接受

危险接受，是指被害人虽然认识到行为的危险性，但在他人的唆使或帮助下实施该行为，或者同意他人实施该行为，并最终导致自己的法益受到侵害的情形。具体包括两种情形：

（1）被害人故意自危，即被害人虽然认识到行为的危险性，但在他人的唆使或帮助下实施该行为，导致自己的法益受到侵害的情形。例如，甲在寒冬将一枚金币扔入河中，承诺如果乙能捞到就归乙所有，乙下水后因河水太冷而溺水身亡。

（2）被害人同意他人造成危险，即被害人虽然认识到行为的危险性，但同意他人实施该行为，并最终导致自己的法益受到侵害的情形。例如，在暴风雨中，乘客乙想让摆渡工甲把自己渡过河去，虽然甲反复劝阻，但乙坚持过河，甲无奈只好冒险，结果船翻了，乙淹死。

两种案件情形的不同点是：在故意自危中，危险行为是被害人自己实施的；在同意他人造成危险中，危险行为是行为人实施的。共同点是：（1）行为人与被害人在行为实施之前均对行为的危险性有所认识；（2）行为人与被害人均不相信、不希望结果的发生，而是以为结果不会发生，即对实害结果的发生均持过失心态。

危险接受与被害人承诺的区别是，在危险接受中，被害人只承诺了行为，而没有承诺结果；在被害人承诺中，被害人不仅承诺了行为，还承诺了结果。

根据德国的客观归责理论，在被害人接受危险的情况下，被害人应当对危险的客观化结果自我答责，不应将该结果归责于行为人，被害人对危险的接受可以阻却行为人行为的违法性。在我国，对于被害人故意自危可以阻却行为人行为的违法性没有争议，但对被害人同意他人造成危险能否阻却行为人行为的违法性存在争议。

四、法令行为

所谓法令行为，是指基于法律、法规的规定，作为行使权利或者承担义务所实施的行为。具体包括以下三类：

（1）法律基于政策理由排除犯罪性的行为，即某类行为本来具有犯罪性，但法律基于政策上的考虑，将其中的某些行为规定为合法行为。如发行彩票本来可谓赌博行为，但基于财政政策等理由，法律允许特定机构以特定形式发行彩票。

(2) 职权（职务）行为，即公务人员根据法律行使职务或者履行职责的行为，既包括基于法律的直接规定实施的行为，也包括基于上级的职务命令实施的行为。如司法工作人员对犯罪嫌疑人进行拘留、逮捕等。

(3) 权利（义务）行为，即在法律规定上作为公民的权利（义务）的行为，如一般人扭送现行犯。

五、正当业务行为

所谓正当业务行为，是指虽然没有法律、法规的直接规定，但在社会生活上被认为是正当的业务上的行为。

职业性的体育活动，如拳击赛，即使造成对方一定的伤害，也不成立故意伤害罪；医生基于患者的承诺，采取医学上所承认的方法，客观上伤害患者身体的治疗行为，也可谓正当业务行为。

六、自救行为

所谓自救行为，是指法益受到侵害的人，在通过法律程序、依靠国家机关不可能或者明显难以恢复的情况下，依靠自己的力量救济法益的行为。例如，盗窃罪的被害人，在盗窃犯即将毁损所盗物品或者逃往外地等场合，来不及通过司法机关挽回损失，使用暴力等手段迅速从盗窃犯手中夺回财物的，就是自救行为。

自救行为的成立，应符合以下条件：(1) 法益已经受到了不法侵害，也就是不法侵害已经结束。这是自救行为与正当防卫的关键区别。(2) 通过法律程序、依靠国家机关不可能或者明显难以恢复受侵害的法益。这表明，通过自救行为可以恢复受侵害的法益；如果不可能恢复受侵害的法益，则不能实施自救行为。(3) 救济行为的手段具有适当性，所造成的侵害与救济的法益具有相当性。

七、义务冲突

所谓义务冲突，是指存在两个以上不相容的义务，为了履行其中的某种义务，而不得已不履行其他义务的情况。例如，律师为了在法庭上维护被告人的法益，不得已泄露他人的隐私。再如，两个幼儿坠入急流中，父亲只能救助其中一个幼儿而放弃另一个幼儿。

义务冲突阻却违法必须具备两个条件：（1）存在两个以上的义务。（2）必须是为了履行重要义务，放弃非重要的义务。为了履行非重要义务而放弃重要义务的，仍然可能成立犯罪。

义务冲突与紧急避险有相似之处，但紧急避险是一种作为的形式，义务冲突是一种不作为的形式；就紧急避险而言，本人法益面临危险时，如果愿意忍受危险，可以不实行紧急避险，就义务冲突而言，负有义务的人必须履行其中的某项义务。

▶ 思考题

1. 如何理解正当防卫和紧急避险在成立条件上的区别？
2. 如何理解正当防卫中的“没有明显超过必要限度造成重大损害”？
3. 如何理解特殊正当防卫中的“其他严重危及人身安全的暴力犯罪”？
4. 如何认定被害人因被欺骗而作出的承诺的效力？

第八章　责任阻却事由

学习重点：（1）刑事责任能力的含义及其影响因素；（2）我国刑法关于刑事责任年龄的规定；（3）违法性认识可能性和期待可能性的含义。

第一节　责任阻却事由概述

一、责任阻却事由的概念

所谓责任阻却事由，是指排除行为人对违法行为的有责性的事由。

和违法性的判断需从正反两个方面进行一样，对有责性的判断也要从正反两个方面进行：一是判断行为人是否具备犯罪主观要件中的责任要素，二是判断是否存在责任阻却事由。行为人具备犯罪主观要件中的责任要素，原则上就是有责的，但如果存在责任阻却事由，仍应否定其对违法行为的有责性。例如，行为人虽然是故意或者过失地实施了违法行为，但因年龄太小或患有精神病而在行为时不能准确辨认或者控制自己的行为，那么，刑法就不会对其进行责难。只有当行为人既具备犯罪主观要件又不存在责任阻却事由时，其对自己所实施的违法行为才是有责的。

二、责任阻却事由的内容

责任阻却事由究竟包括哪些具体内容，刑法理论上并没有定论。多数观点认为，责任阻却事由主要包括无责任能力、无违法性认识可能性和无期待可能性。

第二节　责任能力

一、责任能力的概念

所谓责任能力，是指行为人在实施行为时所具有的辨认自己行为的性质并控制自己行为的实施的能力。

一方面，辨认能力是控制能力的前提和基础，没有辨认能力就谈不上有控制能力。另一方面，有辨认能力不一定有控制能力，有辨认能力的人可能由于精神病等原因而没有控制能力。责任能力要求同时具有辨认能力和控制能力，有辨认能力但无控制能力的，仍然属于无责任能力。

我国刑法明文规定的和责任能力有关的因素包括年龄、精神病、醉酒和生理缺陷。

二、年　　龄

（一）刑事责任年龄阶段的划分

《刑法》第17条第1款规定："已满十六周岁的人犯罪，应当负刑事责任。"第2款规定："已满十四周岁不满十六周岁的人，犯故意杀人、故意伤害致人重伤或者死亡、强奸、抢劫、贩卖毒品、放火、爆炸、投放危险物质罪的，应当负刑事责任。"第3款规定："已满十二周岁不满十四周岁的人，犯故意杀人、故意伤害罪，致人死亡或者以特别残忍手段致人重伤造成严重残疾，情节恶劣，经最高人民检察院核准追诉的，应当负刑事责任。"第4款规定："对依照前三款规定追究刑事责任的不满十八周岁的人，应当从轻或者减轻处罚。"第5款规定："因不满十六周岁不予刑事处罚的，责令其父母或者其他监护人加以管教；在必要的时候，依法进行专门矫治教育。"第17条之一规定："已满七十五周岁的人故意犯罪的，可以从轻或者减轻处罚；

过失犯罪的，应当从轻或者减轻处罚。”根据以上规定，可以将刑事责任年龄划分为以下四个阶段。

1. 完全负责任年龄阶段

根据《刑法》第17条第1款的规定，已满16周岁的人，应当对所有犯罪承担刑事责任。可见，完全负刑事责任的年龄和完全负民事责任的年龄不同，民法规定完全负民事责任的年龄是18周岁。18周岁是区分成年与否的标准，无论在刑法还是民法中，未成年人均指不满18周岁的人。

2. 相对负责任年龄阶段

相对负责任年龄阶段又分为两种情形。

（1）根据《刑法》第17条第2款的规定，已满14周岁不满16周岁的人，对故意杀人、故意伤害致人重伤或者死亡、强奸、抢劫、贩卖毒品、放火、爆炸和投放危险物质八种犯罪承担刑事责任。对于该规定的理解，注意以下几点：

首先，八种犯罪均为故意犯罪，已满14周岁不满16周岁的人实施过失犯罪的，一律不承担刑事责任。

其次，八种犯罪是指具体犯罪行为而不是指具体罪名。2002年全国人大常委会法制工作委员会《关于已满十四周岁不满十六周岁的人承担刑事责任范围问题的答复意见》规定：“刑法第十七条第二款规定的八种犯罪，是指具体犯罪行为而不是指具体罪名。”例如，其中的抢劫不是指《刑法》第263条规定的抢劫罪，而是指任何以抢劫手段所实施的犯罪。已满14周岁不满16周岁的人抢劫枪支、弹药、爆炸物的，虽然不能构成抢劫枪支、弹药、爆炸物罪，但应承担抢劫罪的刑事责任。再如，根据《刑法》第240条的规定，在拐卖妇女过程中奸淫被拐卖的妇女的，无须另定强奸罪，只需以拐卖妇女罪加重处罚。已满14周岁不满16周岁的人在拐卖妇女过程中奸淫被拐卖的妇女的，应以强奸罪定罪处罚。

再次，其中的“故意伤害”限于致人重伤或者死亡，不包括致人轻伤。故意伤害致人轻伤的，刑事责任年龄的起点仍然是16周岁，而不是14周岁。

最后，其中“抢劫”是否包括《刑法》第269条的事后抢劫和第267条第2款的拟制性抢劫？对于其中“抢劫”是否包括《刑法》第269条的事后抢劫，否定说认为，构成《刑法》第269条规定的抢劫罪以犯盗窃、诈骗、抢夺罪为前提，而已满14周岁不满16周岁的人不能犯盗窃、诈骗、抢夺罪，所以不能构成此条规定的抢劫罪；肯定说认为，《刑法》第269条规定的也是抢劫罪，而抢劫罪在《刑法》第17条第2款所规定的八种犯罪中，所以已满14周岁不满16周岁的人可以构成本条规定的抢劫罪。2006年《最高人民法院关于审理未成年人刑事案件具体应用法律若干问题的解释》规定：“已满十四周岁不满十六周岁的人盗窃、诈骗、抢夺他人财物，为窝藏赃物、抗拒抓捕或者毁灭罪证，当场使用暴力，故意伤害致人重伤或者死亡，或者故意杀人的，应当分别以故意伤害罪或者故意杀人罪定罪处罚。”相反，2003年最高人民检察院《关于相对刑事责任年龄的人承担刑事责任范围有关问题的答复》规定：“相对刑事责任年龄的人实施了刑法第二百六十九条规定的行为的，应当依照刑法第二百六十三条的规定，以抢劫罪追究刑事责任。”

对于其中“抢劫”是否包括《刑法》第267条第2款的拟制性抢劫，否定说认为，《刑法》第267条第2款无非是将携带凶器抢夺的行为拟制为抢劫罪，本质上仍是抢夺罪，而抢夺罪不在《刑法》第17条第2款所规定的八种犯罪中，所以已满14周岁不满16周岁的人不能构成此款规定的抢劫罪。肯定说则认为，《刑法》第267条第2款规定的也是抢劫罪，而抢劫罪在《刑法》第17条第2款所规定的八种犯罪中，所以已满14周岁不满16周岁的人可以构成本款规定的抢劫罪。对此问题目前尚无相关司法解释。通说采取的是肯定观点。

（2）根据《刑法》第17条第2款的规定，已满12周岁不满14周岁的人，犯故意杀人、故意伤害罪，致人死亡或者以特别残忍手段致人重伤造成严重残疾，情节恶劣，经最高人民检察院核准追诉的，应当负刑事责任。

首先，其中的“故意杀人”“故意伤害”同样是指具体犯罪行为而不是具体罪名。例如，根据《刑法》第239条的规定，绑架过程中杀害被绑架人的，或者故意伤害被绑架人，致人重伤、死亡的，以绑架罪加重处罚。但根据《刑法》第17条的规定，已满12周岁不满14周岁的人在绑架过程中杀害被绑架人，或者故意伤害被绑架人，即使造成了被绑架人的重伤或死亡，也不能构成绑架罪。然而，已满12周岁不满14周岁的人在绑架过程中杀害被绑架人，或者故意伤害被绑架人，致使被绑架人死亡或者以特别残忍手段致被绑架人重伤造成严重残疾，情节恶劣，经最高人民检察院核准追诉的，可以构成故意杀人罪或故意伤害罪。

其次，已满12周岁不满14周岁的人，无论是犯故意杀人罪还是犯故意伤害罪，都必须致人死亡或以特别残忍手段致人重伤造成严重残疾，且情节恶劣，才可能承担刑事责任。

最后，在符合以上条件的情况下，必须经最高人民检察院核准，才应当承担刑事责任。

3. 减轻责任年龄阶段

减轻责任年龄阶段也分为两种情形：

（1）根据《刑法》第17条第4款的规定，对不满18周岁的人犯罪，应当从轻或者减轻处罚。即对于未成年犯罪分子，考虑到他们身心还不十分成熟，可塑性也较大，所以应当从轻或者减轻处罚。

（2）根据《刑法》第17条之一的规定，已满75周岁：故意犯罪的可以从轻或者减轻处罚；过失犯罪的应当从轻或者减轻处罚。即对于老年犯罪分子，考虑到他们毕竟年岁已大，经受不起长期的刑罚处罚尤其是监狱内服刑，对他们通过刑罚处罚来预防将来再犯罪的必要性大大降低，故区分故意犯罪和过失犯罪分别规定可以从轻或者减轻处罚和应当从轻或者减轻处罚。

4. 完全无责任年龄阶段

根据对《刑法》第17条的当然解释，不满12周岁的人，对任何违法行为都无须承担刑事责任。

（二）刑事责任年龄的认定

1. 刑事责任年龄的计算标准

法条规定的“周岁”是指实足年龄，而不是指虚岁。实足年龄按照公历的年、月、日计算。“已满12周岁”“已满14周岁”等，均从周岁生日的第二天起算。例如，行为人2000年2月3日出生，2014年的2月4日即认为已满14周岁。

2. 刑事责任年龄的计算基准

计算年龄是为了确定行为人是否具有责任能力，而责任能力是行为人辨认和控制自己行为的能力，故应以行为时为基准计算年龄。例如，甲在14周岁生日当晚故意砍杀乙，后心生悔意将乙送往医院抢救，乙仍于次日死亡。本例中，虽然结果发生时甲已满14周岁，但在实施行为时未满14周岁，所以不应承担故意杀人罪的刑事责任。需注意以下情形：甲在不满14周岁时安放定时炸弹，炸弹于甲已满14周岁后爆炸，导致多人伤亡。本例中，甲的行为属于隔时犯，安装定时炸弹时甲未满14周岁，炸弹爆炸时甲已满14周岁。虽然安装定时炸弹时甲未满14周岁，但在甲已满14周岁时炸弹还没爆炸的情况下，甲负有防止炸弹爆炸的义务，未履行该义务导致炸弹爆炸，甲应承担刑事责任。

三、精神病

根据《刑法》第18条的规定，精神病人的刑事责任能力区分为以下三种情形。

（一）完全无责任的精神病人

《刑法》第18条第1款规定：“精神病人在不能辨认或者不能控制自己行为的时候造成危害结果，经法定程序鉴定确认的，不负刑事责任，但是应当责令他的家属或者监护人严加看管和医疗；在必要的时候，由政府强制医疗。”其中，是否患有精神病需要进行医学判断，是否因精神病而导致丧失辨认和控制能力需要进行法学判断。抑郁症不属于精神病，患有抑郁症的人仍然具有责任能力。

（二）完全负责任的精神病人

《刑法》第18条第2款规定："间歇性的精神病人在精神正常的时候犯罪，应当负刑事责任。"间歇性的精神病人在精神病发作从而导致丧失辨认能力和控制能力的时候犯罪，不应当负刑事责任；但在精神正常的时候犯罪，应当负刑事责任。

问题是，间歇性精神病人在精神正常的情况下着手实行犯罪，在实行过程中精神病发作丧失责任能力的，该如何处理？例如，甲在精神正常时着手实行故意伤害犯罪，伤害过程中精神病突然发作，在丧失责任能力时抢走被害人财物。基于责任主义原则，甲应对前犯罪行为承担责任，对后行为及其导致的结果不承担责任，即甲仅应对故意伤害罪承担刑事责任，对抢劫行为无须承担刑事责任。但是，如果行为人在精神正常的情况下实施犯罪，在尚未实施完毕前精神病发作，在丧失责任能力的情况下继续实施同一犯罪的，那么，应对前后行为及其结果承担责任。例如，甲以抢劫故意对乙实施暴力，压制住乙的反抗后自己精神病发作，随后强取乙了的财物，甲成立抢劫罪的既遂。

（三）限制责任的精神病人

《刑法》第18条第3款规定："尚未完全丧失辨认或者控制自己行为能力的精神病人犯罪的，应当负刑事责任，但是可以从轻或者减轻处罚。"这种精神病人没有因精神病而完全丧失辨认和控制能力，故应当对犯罪承担刑事责任；同时考虑到其因精神病而导致辨认和控制能力降低，故可以从轻或者减轻处罚。

四、醉　酒

（一）醉酒人的责任能力

醉酒是酒精中毒的俗称，分为生理性醉酒和病理性醉酒两种情形。生理性醉酒即常见的因饮酒过量而导致精神过度兴奋甚至神志不清的情况，现代精神医学和司法精神病学认为，生理性醉酒不是精神病。病理性醉酒则属于精神病的一种，发作时会出现行为紊乱、记忆缺失、意识障碍，并伴有幻觉、错觉、妄想等精神病状态。

由于病理性醉酒属于精神病，应根据刑法对精神病人刑事责任的规定认定其责任能力。病理性醉酒人因醉酒状态而丧失辨认和控制能力的，不具有责任能力，对在醉酒状态下实施的犯罪行为，无须承担刑事责任。例外是，如果行为人明知自己有病理性醉酒的病史，而故意或过失地使自己进入醉酒状态，并在这种状态下实施犯罪行为的，则应承担刑事责任。

《刑法》第 18 条第 4 款规定："醉酒的人犯罪，应当负刑事责任。"该规定中的"醉酒"是指生理性醉酒。根据该规定，生理性醉酒不影响责任能力，醉酒人对醉酒状态下实施的犯罪行为应当负刑事责任。

（二）醉酒人的责任形式

《刑法》第 18 条第 4 款只规定醉酒的人犯罪的，应当负刑事责任，但没有规定醉酒的人具体应当承担怎样的刑事责任。

在醉酒前就有犯意的场合，根据犯意的种类确定其具体责任。如在甲为给自己杀人壮胆而喝酒，大醉后杀害他人的场合，甲在醉酒前具有杀人故意，故对甲应以故意杀人罪论处。再如在出租车司机甲明知再过 1 小时就要出车且自己不胜酒力，仍在和朋友的聚会上大量饮酒，并在饮酒后匆匆开车出门，在行驶过程中因酒精作用不能把控汽车方向而将一个行人撞死的场合，甲在醉酒前具有过失，故对甲应以交通肇事罪追究刑事责任。

在醉酒前没有犯意的场合，应根据行为人在实施犯罪时的主观心态来认定其责任形式。如在甲大醉后步行回家，嫌他人小汽车挡路，将车砸坏的场合，甲是故意砸毁他人汽车，构成故意毁坏财物罪。再如在甲醉酒后产生幻觉，误以为乙在追杀自己，用木棒将乙打成重伤的场合，甲误以为乙在追杀自己而用木棒将乙打成重伤，属于假想防卫，成立过失致人重伤罪。

（三）原因自由行为

根据责任主义，责任能力必须存在于行为时，行为人只对在具有责任能力状态下实施的行为及其结果承担责任，不能追究其丧失责任能力状态所实施的行为及其结果的责任。这便是“责任与行为同时存在”原则。

在醉酒状态下，行为人的辨认和控制能力事实上有可能降低甚至丧失，根据“责任与行为同时存在”原则，一方面，醉酒人对醉酒状态下实施的犯罪本应承担较轻的刑事责任，甚至不承担刑事责任。另一方面，社会通念不能容忍犯罪人以醉酒为借口规避刑事责任，所以刑法规定醉酒不影响对刑事责任能力的认定。然而不可否认的是，追究醉酒人的刑事责任与“行为与责任同时存在”原则之间是存在一定冲突的。

为了应对上述问题，德、日刑法理论提出“原因自由行为”理论。所谓原因自由行为，是指具有责任能力的人故意或者过失使自己陷入丧失责任能力的状态，并在该状态下实施违法行为。使自己陷入丧失责任能力状态的行为，称为原因行为；在该状态下实施的违法行为，称为结果行为。由于行为人可以自由决定是否使自己陷入丧失责任能力的状态，故称为原因自由行为。根据原因自由行为理论，只要行为人是自由地决定使自己陷入丧失责任能力状态，就应对在该状态实施的违法行为承担责任。根据原因自由行为理论，除了醉酒之外，吸毒后出现短暂神志异常而犯罪的，也应当负刑事责任。例如，甲第一次吸毒产生幻觉，误以为乙在追杀自己，用木棒将乙打成重伤。甲的行为成立过失致人重伤罪。

五、生理缺陷

《刑法》第19条规定：“又聋又哑的人或者盲人犯罪，可以从轻、减轻或者免除处罚。”

根据该规定，又聋又哑的人或者盲人不是无责任能力的人，对犯罪应当承担刑事责任，只是可以从轻、减轻或者免除处罚。刑法之所以作这样的规定，是因为这些人受其生理缺陷的影响，在智力、体力等方面与身体健全者存在差异，在责任能力程度上往往低于一般人。

其中的“又聋又哑”，必须是同时耳聋和哑巴，只聋不哑或只哑不聋的，不能从宽处罚，而且一般应是先天性或至少是自幼的；盲人，必须是双目失明的人，单眼失明的，不能从宽处罚。

第三节 违法性认识可能性和期待可能性

一、违法性认识可能性

所谓违法性认识，是指对自己的行为违反刑法的认识，即对行为的形式违法性的认识。相应地，所谓违法认识可能性，是指认识到自己的行为是违反刑法的可能性。

犯罪故意的成立不要求行为人认识到行为的形式违法性，只要求行为人认识到行为的实质违法性。但是，如果行为人连认识到自己的行为违反刑法的可能性都没有，从责任主义的立场来看，刑法就不应对其进行责难，应当否认他的责任。缺乏违法性认识可能性时，虽然不能否认行为人具有故意或过失，但可以阻却责任。

但是，如果允许国民在任何情况下均可以自己没有认识到行为违反刑法的可能性为由主张无罪，那么刑法就会成为一种摆设。所以在现代国家，刑法一旦颁布生效，均会推定国民知晓刑法，推定国民具有了解刑法的可能性。就是说，在一般情况下，在行为人实施了违法行为的情况下，都会推定其具有违法性认识的可能性，控诉机关在刑事诉讼中并不需要证明行为人具有违法性认识可能性。只有在极其例外和特殊情况下，才有可能认为不存在违法性认识可能性，比如行为人在实施行为之前通过向国家权威机构（如立法机关、司法机关）咨询，认为自己的行为合法从而实施该行为。

二、期待可能性

所谓期待可能性，是指在案发当时能够期待行为人不实施违法行为而实施合法行为的可能性。从责任主义的立场来看，如果在行为当时不能期待行为人实施合法行为，或者说行为人在案发当时不得不实施违法行为，那么就不应对其责难，应当否认他的责任。缺乏期待可能性时，虽然不能否认行为人具有故意或过失，但可以阻却责任。

一般认为，虽然我国刑法没有期待可能性的明文规定，但司法实践实际上也会在一定情况下考虑期待可能性。例如，结婚后因遭受自然灾害外流谋生而重婚的，因配偶长期外出下落不明，造成家庭生活严重困难而与他人结婚的，因强迫、包办婚姻或因婚后受虐待外逃重婚的，已婚妇女在被拐卖后再婚的，实践中一般均不以重婚罪论处，就是基于对期待可能性的考虑。

期待可能性是在特定社会背景下或特定案件情形中基于对人性弱点的尊重而被作为一种超法规的责任阻却事由。但期待可能性本身是一个非常抽象的概念，如果允许法官普遍以缺乏期待可能性为由认定行为人无责，就会使刑法的适用丧失确定性。因此，在社会相对稳定和刑法制度相对健全的背景下，除非有立法、司法解释、判例或理论通说的支撑，一般不允许仅以缺乏期待可能性为由认定行为人无责。期待可能性理论的主要作用不是作为司法解决案件的裁判根据，而是作为解释一些现行刑法制度的理论根据。

▶ 思考题

1. 如何理解相对负责任年龄阶段的责任范围?
2. 醉酒对责任能力的影响是什么?
3. 期待可能性在刑法中的意义是什么?

第九章　犯罪未完成形态

学习重点：（1）犯罪预备的成立条件和处罚原则；（2）犯罪未遂的成立条件和处罚原则；（3）犯罪中止的成立条件和处罚原则。

第一节　犯罪未完成形态概述

一、犯罪未完成形态的概念

所谓犯罪未完成形态，是指犯罪在其发展过程中因各种主客观原因而停止下来的各种形态，包括犯罪预备、犯罪未遂和犯罪中止三种类型。

犯罪未完成形态是在犯罪过程中出现的形态，而犯罪过程可以分为预备和实行两个阶段。在不同阶段可能会出现不同形态。在预备阶段，如果犯罪人被迫停止犯罪的，成立犯罪预备；如果犯罪人自动停止犯罪的，成立犯罪中止。在实行阶段，如果犯罪人被迫停止犯罪的，成立犯罪未遂；如果犯罪人自动停止犯罪的，成立犯罪中止。

犯罪未完成形态是犯罪在不同阶段由于各种主客观原因而停止下来的状态，这些主客观原因既可能导致行为人自动停止犯罪，也可能导致行为人被迫停止犯罪。行为人自动停止犯罪，无论是停止在预备阶段还是停止在实行阶段，均成立犯罪中止；行为人被迫停止犯罪，停止在预备阶段成立犯罪预备，停止在实行阶段成立犯罪未遂。

犯罪未完成形态是相对于犯罪完成形态而言的，犯罪完成形态就是犯罪既遂。犯罪既遂之后，就不可能再出现未完成形态。例如，盗窃他人财物数日后主动返还，由于盗窃罪已经既遂，行为人的日后返还行为不能成立犯罪中止。

二、犯罪未完成形态的存在范围

作为特殊的犯罪形态，未完成形态并非在任何犯罪中都存在，而是有其特定的存在范围。

首先，过失犯罪不存在未完成形态。过失犯罪只有在发生实害结果的情况下才成立犯罪，如果实害结果没有发生，不成立犯罪，也就无所谓未完成形态。

其次，直接故意犯罪存在未完成形态。直接故意犯罪的成立不以实害结果的发生为必要，只要行为人基于犯罪故意实施了犯罪预备行为或实行行为，无论实害结果发生与否，均可成立犯罪。实害结果发生，成立犯罪既遂；实害结果没有发生，就会出现未完成形态。

最后，间接故意犯罪是否存在未完成形态，存在争议。通说认为，间接故意犯罪的成立以发生实害结果为前提，在没有发生实害结果的情况下，不成立间接故意犯罪，所以间接故意犯罪没有未完成形态。少数观点则认为，间接故意犯罪与直接故意犯罪没有质的区别，没有理由仅处罚直接故意犯罪的未完成形态，而不处罚间接故意犯罪的未完成形态，否认间接故意存在未完成形态，可能会产生处罚不公平的现象。[1]

第二节　犯罪预备

一、犯罪预备的概念与特征

《刑法》第22条第1款规定：“为了犯罪，准备工具、制造条件的，是

[1] 张明楷．刑法学：上［M］．6版．北京：法律出版社，2021：429；黎宏．刑法学总论［M］．2版．北京：法律出版社，2016：224.

犯罪预备。”但这一规定并非对犯罪预备形态的完整定义。考虑到犯罪预备与犯罪未遂、犯罪中止的区别，应将犯罪预备定义为，为了实行犯罪，准备工具、制造条件，但由于行为人意志以外的原因而未能着手实行犯罪的犯罪形态。据此，犯罪预备具有以下四个特征。

（一）主观上为了实行犯罪

虽然刑法条文表述是“为了犯罪”，但应理解为“为了实行犯罪”。“为了犯罪”的表述似乎表明犯罪预备不是犯罪，但犯罪预备事实上也是犯罪。犯罪预备是行为人为了着手实行犯罪而做预备，故应表述为“为了实行犯罪”。

为了实行犯罪而做预备，包括为了自己实行犯罪做预备和为了他人实行犯罪做预备。为他人实行犯罪而做预备时，与他人成立共同犯罪。

（二）客观上实施了预备行为

刑法条文将预备行为分为准备工具和制造条件两种类型。实际上，准备工具也是为实行犯罪制造条件，只是因为它是最常见的预备行为，刑法才对其作了独立规定。准备工具如购买、制造、改装、租借物品作为犯罪工具；制造条件如勘查犯罪现场、了解被害人生活规律、前往犯罪现场或者守候被害人的到来等。

犯罪预备也是犯罪，所以要考虑预备行为本身的社会相当性和对法益的危险性。为了杀人而去健身，健身行为本身没有脱逸社会正常生活，对法益的危险性更是过于抽象和遥远，所以不能认为是犯罪的预备行为。

客观上实施了犯罪预备行为，意味着单纯的犯意表示不成立犯罪。例如，甲在和乙的谈话中告诉其自己准备杀死仇人丙，还向乙讲述了具体的杀害方式，但只要甲没有在客观上实施相应的预备行为，就不构成犯罪。

（三）未能着手实行犯罪

所谓未能着手行为犯罪，是指犯罪未能进入实行阶段，停止于预备阶段。如果已经着手实行犯罪，进入实行阶段，就不可能再成立犯罪预备。如果是自动停止犯罪的，成立犯罪中止；如果是被迫停止犯罪的，成立犯罪未遂。

（四）未能着手实行犯罪是由于行为人意志以外的原因

所谓由于行为人意志以外的原因，是指行为人本欲着手实行犯罪，但由于意志以外的原因无法实行犯罪。虽然刑法没有明文规定犯罪预备是由于意志以外的原因而未能着手实行犯罪，但刑法规定了在犯罪过程中自动停止犯罪的成立犯罪中止。因此，如果行为人在预备阶段自动停止犯罪的，属于犯罪中止，只有当行为人在预备阶段由于意志以外的原因不能继续实行犯罪时，才是犯罪预备。

二、预备犯的处罚

《刑法》第22条第2款规定："对于预备犯，可以比照既遂犯从轻、减轻处罚或者免除处罚。"

对预备犯定罪时，应援引《刑法》分则相应条文确定其罪名，同时援引总则第22条指明其预备性质。例如，为实施故意杀人罪而实施了预备行为的，应援引《刑法》分则第232条确定其构成故意杀人罪，同时援引总则第22条指明其预备性质，判决书中应表述为"故意杀人罪（预备）"。

对预备犯量刑时，可以比照既遂犯从轻、减轻或者免除处罚。刑法规定对预备犯"可以"从轻、减轻或者免除处罚，即对预备犯既可以从轻处罚，也可以减轻处罚，还可以免除处罚，同样还可以既不从轻，也不减轻，亦不免除处罚，由法官结合案情具体判断。当然，由于预备犯毕竟对法益侵害没有造成紧迫危险，原则上应予以从轻、减轻或者免除处罚。至于究竟是从轻、减轻还是免除处罚，应通过对预备所犯罪行的性质、预备行为本身的性质和进展程度等因素的综合考量作出决定。

《刑法》在总则中规定预备犯的处罚原则，意味着对预备犯采取的是普遍处罚原则。但是，预备犯毕竟只具有侵害法益的抽象危险，所以司法实务一般对处罚预备犯保持了谦抑态度，一般只对为实施侵害如生命、国家安全等特别重要法益的犯罪进行的预备行为进行处罚。

第三节 犯罪未遂

一、犯罪未遂的概念与特征

《刑法》第23条第1款规定："已经着手实行犯罪，由于犯罪分子意志以外的原因而未得逞的，是犯罪未遂。"据此，犯罪未遂具有以下三个特征。

（一）已经着手实行犯罪

已经着手实行犯罪，意味着犯罪进入了实行阶段，是犯罪未遂与犯罪预备相区别的基本标志。

1. 着手的认定

关于着手的认定，理论上存在不同学说。

主观说认为，犯罪是犯罪人危险性格的表现，当行为表现出行为人的危险性格时，就是犯罪的着手。该说以主观主义为理论基础，将行为人的危险性格作为未遂犯的处罚根据，会使着手的时间不当提前，不当扩大犯罪未遂的处罚范围。例如，为了盗窃而勘查作案现场，勘查作案现场已经表现出行为人的危险性格和犯罪意思，认定行为人已经着手实行盗窃，显然不合理。

形式客观说认为，行为人开始实施某一犯罪的构成要件行为时，是犯罪的着手。这也是我国传统刑法理论的观点。形式客观说在实务操作层面存在两个问题：（1）根据形式客观说，行为人开始实施某一犯罪的构成要件行为时是着手，但对司法实践来说，需要进一步追问的是，具体案件中究竟如何判断行为人实施的行为是否属于某一犯罪的构成要件行为？例如，甲意欲杀乙，乙迅速逃离，甲在追赶中，从腰里掏出手枪，然后瞄准乙，接着开枪射击，但没有打中。在甲的这一系列行为环节中，究竟从哪一个行为环节开始可以认定甲着手实施杀人了，形式客观说没有提供具体的认定标准。（2）在有些情形中可能会使着手不当提前。例如，行为人为了达到与被害妇女性交的目的而向其家中投放恐吓信。向被害妇女家中投放恐吓信属于胁迫行为，胁迫行为属于强奸罪的构成要件行为。根据形式客观说，行为人已经着手实行强奸。但是，此时行为人的行为还并没有对强奸罪的保护法益即妇女的性自由权形成紧迫威胁，认定其已经着手实施强奸，有欠合理。

实质客观说认为，犯罪的本质是侵犯法益，没有侵犯法益危险的行为不可能构成犯罪，当然也就不可能成立犯罪未遂。与此同时，我国刑法还处罚犯罪预备行为，犯罪预备行为同样具有法益侵害的危险。两者的区别在于，犯罪预备对法益的侵害危险相对抽象和遥远，而犯罪未遂对法益的侵害危险则更加具体、紧迫。因此，只有当行为产生侵害法益的具体的、紧迫危险时，才是犯罪的着手。实质客观说是为了克服形式客观说的缺陷而提出来的，相对而言更具有可操作性。该说的问题是，行为是否产生了侵害法益的紧迫危险性本身是一个比较抽象的标准，在个案中并不容易判断，可能会因人而异。

折中说认为，犯罪是主客观要件的统一，因此，应通过同时考虑行为的客观危险性和行为人的主观意图来确定其是否已经着手。该说的问题是，行为是否着手是对犯罪行为发展进程的判断，和行为人的主观意图无关，该说混淆了客观判断和主观判断之间的关系。

以上学说中，实质客观说虽然存在判断标准抽象的缺陷，但相对于其他学说而言，更具合理性。它结合犯罪本质通过考察行为是否对法益造成了紧迫危险来判断是否已经着手，指明了判断着手时应该遵循的基本方向。在实际运用中，应根据不同犯罪、不同案件的具体情况综合判断。需要考虑的因素如行为人是否已经接触或者接近犯罪对象、是否已经开始使用为实行犯罪而准备的工具、是否开始利用所制造的条件等。一般来说，去往犯罪现场的途中行为、尾随被害人的行为、守候被害人的行为和寻找被害人的行为等，都还不具有侵害法益的紧迫危险，属于犯罪的预备行为。为了达到与被害妇女性交的目的而投放恐吓信的行为，尽管存在胁迫性质，但还没有对妇女的性自主权造成紧迫危险，因而是预备行为，只有在接近被害人并开始实施暴力或胁迫行为时，才是强奸罪的着手。

根据实质客观说，在隔离犯的场合，如丈夫甲趁妻子乙还没下班回来时在乙的药酒中投放了毒药，只有在乙将要喝有毒药酒时，才产生了杀人的紧迫危险，才是故意杀人罪的着手，甲投放毒药时还不是着手。在不真正不作为犯的场合，如母亲为了使婴儿饿死而不喂奶，只有在不喂奶的行为引起婴儿生命危险的时候，才能认定为着手，并非第一次不喂奶就是杀人罪的着手。在间接正犯的场合，如甲教唆精神病人乙杀害仇人丙，只有当乙开始实施杀人行为时，才是故意杀人罪的着手，甲教唆时还不是着手。在原因自由行为的场合，应以行为人实施结果行为、造成危险结果时为着手，而不是开始实施原因行为（如饮酒）时为着手。

2. 实行的情形

在犯罪未遂中，行为人的犯罪实行情形可以分为实行终了和未实行终了。前者如行为人向被害人食物中投放了毒药，被害人中毒后被他人发现送往医院抢救脱险，行为人一旦投放完毒药，实行行为实施完毕；后者如行为人举刀正要砍向被害人时，被被害人制服，行为人没有将杀人的实行行为实行完毕。与这两种情形相对应，理论上把犯罪未遂分为实行终了的未遂和未实行终了的未遂。

（二）犯罪未得逞

犯罪未得逞就是犯罪没有既遂，是犯罪未遂与犯罪既遂相区别的基本标志。关于犯罪未得逞的认定，理论上存在不同学说。

犯罪目的未实现说认为，犯罪未得逞是指犯罪人主观上所追求的犯罪目的没有实现。该说存在的问题是，犯罪未得逞就是犯罪没有达到既遂，而我国刑法规定的犯罪既遂并非均以行为人的主观目的是否实现为标准。如根据刑法规定，只要行为人以营利为目的聚众赌博的就成立赌博罪的既遂，客观上是否达到营利的目的并不影响该罪是否既遂。

犯罪结果未发生说认为，犯罪未得逞是指行为人的行为没有导致实害结果的发生。该说存在的问题是，无法适用于不以实害结果发生为既遂标准的犯罪，如危险犯和行为犯。

构成要件未齐备说认为，犯罪未得逞是犯罪行为没有齐备具体犯罪的全部构成要件。这是我国传统刑法理论的观点。该说存在的问题是：（1）在实际操作层面，和着手的形式客观说一样，什么都说了，但又什么都没说，没有提供具体的判断标准。（2）在理论层面，犯罪构成是认定犯罪的唯一根据，犯罪未遂也是犯罪，也必须符合犯罪构成。因此，不能说犯罪未遂没有齐备犯罪的构成要件，只能说它没有齐备既遂犯罪的构成要件。

犯罪未得逞就是行为没有齐备犯罪既遂的构成要件。因此，犯罪未得逞的认定依赖于对犯罪既遂的判断。只要行为人已经着手实行犯罪，最后没有达到既遂，就是犯罪未得逞。由于不同类型的犯罪具有不同的既遂标准，所以应具体地认定不同犯罪的未得逞。（1）在结果犯中，实害结果发生是既遂，实害结果没有发生是未得逞。如故意杀人导致被害人死亡是既遂，没有导致被害人死亡是未遂。（2）在行为犯中，实行行为完成是既遂，实行行为没有完成是未得逞。如强奸罪，强奸行为完成就是既遂，没有完成就是未遂。（3）在抽象危险犯中，由于抽象危险是立法者认定的，不需要司法者具体判断，所以一般只要行为人完成了实行行为，就认为发生了抽象危险，就是犯罪既遂，如果实行行为没有完成就是未得逞。如盗窃枪支、弹药罪，只要行为人通过盗窃行为控制了枪支、弹药，就是既遂；如果已经着手实施盗窃行为，但没有控制枪支、弹药的，就是未得逞，属于犯罪未遂。（4）在具体危险犯中，发生了具体危险是犯罪既遂，没有发生具体危险的是犯罪未得逞。如放火罪，放火行为引起了危害公共安全的具体危险的，是既遂；未能引起危害公共安全的具体危险的，是未遂。

（三）犯罪未得逞是由于犯罪分子意志以外的原因

所谓犯罪分子意志以外的原因，是指违背犯罪分子意志的，客观上使犯罪不可能既遂，或者使犯罪人认为不可能既遂从而停止犯罪的原因。

犯罪分子意志以外的原因，根据其来源可以分为两类：（1）行为人自身的原因，如力量不够打不过被害人、技术不够打不开银行防盗门的等；（2）行为人自身以外的原因，如被害人的反抗、第三人的制止等。根据其具体作用可以分为三类：（1）抑制犯罪行为的原因。如行为人正在实施犯罪时，被第三者发现而制止。(2) 抑制犯罪结果的原因。如行为人将被害人打昏后扔入水中，以为被害人必死无疑，但恰逢过路人将被害人抢救脱险。(3) 抑制犯罪意志的原因。如行为人正在他人屋内盗窃时，忽然听到警笛声，以为警察是来抓捕自己，便逃离现场。

二、不能犯

(一) 不能犯的概念

所谓不能犯，是指因不具有法益侵害危险性，从而不能到达犯罪既遂的行为。如误将男人当作女人进行强奸，行为人客观上强奸的是男人，不可能侵害妇女的性自决权这一强奸罪的保护法益，故属于强奸罪的不能犯。

不能犯具体包括以下三种情形：(1) 对象不能，即行为人具有实现犯罪的意思，但其行为所指向的对象并不存在，因而不可能发生侵害结果。如误将稻草人当作活人进行杀害。(2) 方法不能，即行为人具有实现犯罪的意思，但其采用的方法不可能导致结果发生。如误将白糖当作砒霜杀人。(3) 主体不能，即行为人具有实施身份犯的意思，但其并不具备特殊身份，因而不可能成立身份犯。如误以为自己是国家工作人员而受贿。

(二) 不能犯的刑法效果

对不能犯能否以未遂犯处罚，理论上存在不同观点。

主观未遂论认为，未遂犯的处罚根据在于行为所显示出来的行为人的危险性格，不能犯虽然不具有侵害法益的危险性，但已经表明行为人的危险性格，故应受处罚。客观未遂论认为，未遂犯的处罚根据在于行为所具有的侵害法益的客观危险，不能犯并不具有这种客观危险性，故不应受处罚。

我国传统刑法理论将犯罪未遂分为能犯未遂和不能犯未遂，所谓的不能犯未遂就是不能犯，采取的便是主观未遂论。现在的主流理论采取的是客观未遂犯，主张对不能犯不处罚，不能犯不属于未遂犯。

(三) 行为的法益侵害危险性判断

不能犯和未遂犯的根本区别在于行为是否具有侵害法益的危险性，因此区别两者的关键在于如何判断行为是否具有侵害法益的危险。对此，理论中有很多学说，如纯粹主观说、抽象危险说、具体危险说、客观危险说等，但最主要的争论在于具体危险说和客观危险说之间。具体危险说主张，以行为当时一般人可能认识到的事实以及行为人特别认识到的事实为资料，站在行为实施之时从一般人的立场判断行为有无导致结果发生的危险。客观危险说主张，以行为时存在的一切客观情况为基础，事后以科学法则为标准判断行为有无导致结果发生的危险。

在判断资料上，具体危险说主张以一般人所认识到的事实为判断资料，同时也考虑行为人特别认识到的事实。例如，用注射葡萄糖的方法杀害重度糖尿病患者而未得逞，如果一般人和行为人都不知道被害人是重度糖尿病患者，行为不具有危险性，成立不能犯；如果虽然一般人不知道被害人是重度糖尿病患者，但行为人知道的话，则行为具有危险性，成立未遂犯。客观危险说主张以行为时所存在的客观事实作为判断资料，不考虑一般人和行为人的主观认识。例如，用注射葡萄糖的方法杀害重度糖尿病患者未得逞，无论一般人和行为人当时是否认识到对方是重度糖尿病患者，该行为都具有致人死亡的危险性。如果行为人当时认识到对方是重度糖尿病患者，成立犯罪未遂；如果没有认识，则无罪。具体危险说以一般人和行为人的认识内容为判断资料，使对行为危险性的判断主观化，混淆了客观归责和主观归责，客观危险说更具合理性。

在判断时点上，具体危险说主张站在行为实施之时判断其是否具有导致结果发生的危险性，即进行事前判断。例如，甲瞄准乙的头部准备开枪射击，但在甲刚扣动扳机时，乙移动了身体，甲的子弹没有打中乙。从行为当时来看，甲瞄准乙头部开枪的行为很可能击中乙，具有致乙死亡的危险性，甲的行为属于未遂犯。客观危险说主张站在行为实施之后的角度判断其是否具有导致结果发生的危险性，即进行事后判断。事后判断存在的问题是，在结果没有发生的情况下，从事后的角度来看，所有结果没有发生都是必然的。如在上例中，在甲开枪之时，乙移动了身体，从事后的角度来看，甲不可能击中乙，不具有致乙死亡的危险性。如此一来，所有未遂犯都将成为不能犯，显然不合理。在判断时点上，具体危险说更具合理性。

在判断基准上，具体危险说主张以一般人的经验感知为基准。例如，以为硫黄可能致人死亡便使他人服用硫黄，或者以为向静脉注射少量空气可以致人死亡而注射少量空气，尽管从科学的观点来看没有发生死亡结果的危险，但如果一般人感到有危险，就成立未遂犯。客观危险说则主张以科学法则为基准，认为上述两例均是不能犯。在判断基准上，客观危险说更具合理性。

三、未遂犯的处罚

《刑法》第23条第2款规定："对于未遂犯，可以比照既遂犯从轻或者减轻处罚。"

对未遂犯定罪时，应同时援引刑法分则相应条文和《刑法》总则第23条确定罪名，并指明其未遂性质。

对未遂犯量刑时，可以比照既遂犯从轻或者减轻处罚。至于究竟是从轻处罚，还是减轻处罚，抑或是既不从轻也不减轻处罚，需要通过对未遂形态距离犯罪完成的远近程度、犯罪未遂所属的类型、犯罪未遂所表现出来的行为人的人身危险性等因素的综合考虑作出判断。

第四节　犯罪中止

一、犯罪中止的概念与特征

《刑法》第24条第1款规定："在犯罪过程中，自动放弃犯罪或者自动有效地防止犯罪结果发生的，是犯罪中止。"据此，犯罪中止具备以下四个特征。

（一）时间性特征

犯罪中止发生在犯罪过程中。犯罪过程分为预备和实行两个阶段。在预备阶段，实施预备行为后自动停止犯罪的，成立犯罪中止。仅有犯意表示，没有实施犯罪预备行为的，不是犯罪中止，而是不成立犯罪。实行阶段的中止包括行为已经实行完毕和行为尚未实行完毕两种情形。前者如甲在乙的食物中下毒，看到乙中毒后表情痛苦，顿生悔意，将乙送往医院抢救脱险；后者如甲出于杀害故意对乙实施暴力，看到乙痛苦万分后心生怜悯，遂放弃进一步的暴力行为。

无论犯罪行为是否实行完毕，只要犯罪尚未既遂，都有可能成立犯罪中止。但这并不意味着只要犯罪尚未既遂，行为人采取措施防止犯罪结果发生的均能成立犯罪中止。犯罪虽然尚未既遂，但如果已经实质性完结，即使行为人采取有效措施防止犯罪结果发生的，仍然不能认定为犯罪中止。例如，甲猛砍乙数刀后离开现场，过了1小时，甲回到现场寻找临走时落下的犯罪工具，见乙还没有死亡，极其痛苦，顿时心生悔意，将乙送到医院治疗，乙得救。本例中，甲回到犯罪现场时，乙还没死，犯罪尚未既遂，但在甲离开现场时，犯罪已经实质性完结，所以虽然甲将乙送往医院救治并使乙得救，但仍不能认定其成立犯罪中止，而是犯罪未遂。

（二）行为性特征

犯罪中止的成立要求行为人采取一定的中止行为。具体可以分为以下两种情形。

（1）放弃犯罪行为。这种情形一般是指犯罪行为尚未实行终了，行为人只要不再继续实施犯罪就可以防止犯罪结果的发生。例如，甲出于杀害故意持刀砍乙，未砍中，但因害怕杀人后会被判死刑而停止进一步的砍杀行为。

此种类型犯罪中止的成立，要求行为人彻底放弃本次犯罪。如果行为人只是暂时放弃，而不是彻底放弃本次犯罪，不成立犯罪中止。例如，甲持刀拦路抢劫乙。乙说“把刀放下，我给你钱”。甲信以为真，收起刀，伸手要钱。乙乘甲不备，一脚踢倒甲后逃跑。甲成立犯罪未遂。

（2）防止犯罪结果发生。这种情形一般是指犯罪行为已经实行终了，行为人必须采取有效措施才能防止犯罪结果的发生。例如，甲出于杀害故意将乙砍成重伤，乙濒临死亡，甲因害怕杀人后会被判死刑而将乙送往医院抢救，乙得救。

此种类型犯罪中止的成立，要求行为人采取积极措施防止犯罪结果的发生。如果行为人没有采取积极措施防止结果的发生，即使结果最终因其他原因而没有发生，也不成立犯罪中止。例如，甲出于杀害故意砍了乙两刀，看到乙流血不止又后悔，给乙伤口放了些纸巾后便离去，乙最后被路人送往医院救治脱险。甲不成立犯罪中止。行为人采取措施防止犯罪结果发生时，可以借助于他人的帮助。例如，甲放火后产生悔意，大喊“着火了”，周围邻居听见后纷纷赶来扑火，甲也积极参与灭火，火势被扑灭，甲成立犯罪中止。

（三）自动性特征

犯罪中止的成立要求行为人自动放弃犯罪行为或自动防止犯罪结果发生。犯罪中止的自动性，又称为犯罪中止的任意性，是犯罪中止与犯罪预备、犯罪未遂在主观要件上的区分标志。

关于自动性的判断标准，理论上存在不同学说：（1）主观说认为，行为人认识到能够继续实施犯罪而选择放弃的，是自动中止；行为人认识到不能再继续犯罪而放弃的，是被迫停止。其判断标准被称为“弗兰克公式”，即能达目的而不欲的是犯罪中止，欲达目的而不能的是犯罪未遂。（2）限定主观说认为，行为人只有基于悔悟、同情等对自己的行为持否定评价的规范意识、感情或者动机而放弃犯罪的，才是自动中止，此外的都是被迫停止。（3）客观说认为，根据一般人的社会经验，在当时的情况下能够继续实施犯罪，而行为人选择放弃犯罪的，属于自动中止；反之则是被迫停止。

在以上三种学说中，客观说根据“一般人的社会经验”判断案发当时是否能够继续犯罪从而认定行为人是否属于自动中止犯罪，与“自动性”属于主观要素不相符合。限定主观说将中止的自动性与伦理性相混淆，过于缩小了犯罪中止的成立范围，我国刑法也并没有对中止的动机作出限定。主观说根据行为人的主观认知和意志判断自动性，符合“自动性”的主观要素属性，基本是合理的，也是理论上的通说。

根据主观说，行为人认识到能够继续实施犯罪而选择停止犯罪的，属于自动中止。行为人选择自动中止的原因，常见的包括以下几种：（1）对自己行为的悔悟。如出于杀人故意砍被害人一刀，被害人流血不止，行为人顿觉后悔而停止犯罪。（2）对犯罪现场的恐惧。如在上例中，行为人看到被害人流血不止后顿觉惊恐而停止犯罪。（3）对被害人的怜悯。如行为人架好枪支准备杀害被害人时，见被害人已身患绝症，步履蹒跚，顿觉可怜，认为已无杀害必要而收起枪支。（4）对被害人的嫌弃、厌恶，如行为人在强奸过程中发现被害人奇丑无比，而选择放弃强奸。（5）担心日后被告发、受法律惩罚。如行为人入户抢劫，看到被害人家客厅电视正在播放庭审纪实片，意识到犯罪要受刑罚处罚，于是向被害人赔礼道歉后离开。

根据主观说，行为人认识到存在足以阻碍其继续犯罪的不利因素，认为不能继续实施犯罪而停止的，不属于自动中止。一般来说，存在以下不利因素时，可以认为行为人是因认识到不能继续犯罪而停止犯罪，不属于自动中止：（1）犯罪对象不存在。例如，行为人想杀害甲，在瞄准甲正要扣动扳机时发现对方不是甲而是乙，遂放弃了犯罪；行为人患有专偷女性衣物的病态，进入被害人家后，发现被害人刚搬完家，屋内没有衣物，只有大量现金，因对现金不感兴趣而没有窃取。需注意的是，如果原犯罪对象不存在，但存在可替代对象而放弃犯罪的，仍属于自动中止。例如，行为人进入某服装店欲窃取衣物，发现该服装店已清仓，没有衣物，但发现柜台抽屉里有大量现金，没有窃取现金而离开，属于自动中止。（2）被第三人或被害人发现、阻止。例如，甲欲强奸乙，对乙实施暴力后，对面走来两人，甲逃跑；甲趁邻居乙家没人时蒙面入室盗窃，恰巧乙早下班回来，甲企图趁乙开门时逃跑，却被乙一把揪住并被扯下面罩，乙一看是自己的邻居甲，便怒斥甲，甲羞愧难当，跪地求饶说“以后再也不敢了”。需注意的是，被第三人发现时，如果第三人因与行为人具有密切关系而不会阻止或告发行为人，或者从客观上可以判断出第三者不会阻止或告发自己，行为人只是觉得丢脸等原因而放弃犯罪的，仍属于自动中止。例如，甲在黑夜中出于强奸故意对一妇女实施暴力，突然走过来一个人，甲起初吓了一跳，定睛一看是自己的哥哥乙。乙也看清楚了对方是甲，对甲说："你这样犯得着吗？"甲听后放开了被害妇女。甲属于自动中止。（3）犯罪手段存在障碍。如在开枪射击时因手枪生锈而无法射击、盗窃银行现金时因技术不到位而无法打开银行保险柜。

根据主观说，只要行为人认识到能够继续实施犯罪而自愿选择放弃犯罪的，就是自动中止，至于犯罪在客观上能否继续，不影响自动性的认定。例如，甲打电话敲诈乙，声称如果乙不在中午12点前将10万元送到指定地点，就将对乙的儿子不利。乙报警，警察派员埋伏在公园，但甲在前去公园的途中因担心将来被乙举报而返回。本例中，尽管甲在客观上已经不可能完成犯罪，但他对此并没有认识，只是因担心将来被乙举报而停止犯罪，属于自动中止，成立犯罪中止。再如，甲深夜潜入乙家盗窃，忽听到门外楼梯道有响动，以为是乙回来了，便跳窗逃走，事后证明只是楼上的住户路过。本例中，尽管甲在客观上还能继续犯罪，但他误以为是屋主人回来而不能继续犯罪从而停止犯罪，不属于自动中止，不成立犯罪中止。

主观说在实践操作中可能面临的问题是：如何认定行为人在案发当时是认为能够继续实施犯罪而停止的还是认为不能继续实施犯罪而停止的？例如，抢劫过程中发现对方是小学同学而停止犯罪，行为人究竟是因为认为不能继续犯罪而停止的还是认为还能继续犯罪但出于其他原因而停止的？行为人的主观认知是案发当时存在于行为人内心的心理事实，不可能通过直接观测得知。尤其是在犯罪过程中存在一定不利因素时，行为人究竟是认为这些不利因素足以阻碍其继续实施犯罪还是认为这些不利因素不足以阻碍其继续实施犯罪，并不容易认定。因此，在具体判断时还是需参考客观说，根据一般人的经验法则推知行为人是否属于自动中止犯罪。例如，甲携带凶器拦路抢劫，黑夜中对乙实施暴力，乙发现是自己的熟人甲，便喊了甲的名字，甲一听便住手，还向乙道歉说："对不起，认错人了。"然后逃离现场。在犯罪过程中遇到熟人而停止犯罪，遇到的是同学、同村人等一般的熟人，还是父亲、兄弟姐妹等关系特别密切的熟人，对犯罪性质的认定会有所不同。一般认为，如果遇到的只是一般的熟人，对于抢劫之类的暴力性犯罪而言，并不足以阻碍继续犯罪，行为人因为觉得丢脸、担心日后被告发等原因选择放弃犯罪的，属于自动中止。如果遇到的是关系特别密切的熟人，虽然在物理层面仍能继续实施犯罪，但在伦理层面很难再继续实施犯罪，伦理上的“不能”压过了物理上的“能”，行为人放弃犯罪的，不应认定为自动中止。再如，甲近距离地将枪对准乙的头部，正欲扣动扳机时，警察在100米外喊“住手”，甲逃走。如果从纯粹客观的角度来看，甲当时完全来得及开枪打死乙，但在一般人看来，在犯罪已被警察发现的情况下，因担心遭到立即逮捕而放弃犯罪的，不属于自动中止。

对自动性的判断，在有些情况下还应考虑刑法对中止犯减免处罚的根据。如在“李某某抢劫、故意杀人案”中，被告人李某某出于抢劫后杀人灭口的目的，于某日晚8时将被害人潘某某（女）骗上车，抢走其现金、手机和银行卡后，分别以用绳子勒脖子、用石头砸头部、用水果刀捅腹部等方式数次对潘某某实施杀害行为，但潘某某均未死亡。其间还数次逃出车外呼救，请求路人报警，均被李某某以送去医院为由骗回。一直折腾到次日六七点，被告人放弃犯罪，将被害人送往医院救治，并借钱支付了医药费。法院认定被告人的故意杀人罪属于未遂。该案的特殊性在于，李某某停止犯罪既有自动性又有被迫性。自动性体现在：在李某某再次将潘某某劝上车后，车上仍然只是一对一，如果李某某一意孤行，还可以继续杀害潘某某，但李某某知难而退，以求自保，在一定程度上属于自动放弃犯罪。被迫性体现在：当时已是早晨，路人很多，潘某某已经呼救并请求路人报警，潘某某虽经刀刺绳勒但仍具有一定反抗能力，随时可能下车呼救。在这种情况下，李某某一方面是担心路人已经报警，若不放弃，罪行将会败露；另一方面觉得继续杀死潘某某并不容易，尤其是在条件更加有利时几次动手均没能杀死潘某某的情况下，更加没了杀害潘某某的信心，在一定程度上是被迫放弃犯罪。在这种情况下，认定被告人的行为能否成立犯罪中止，需要考虑刑法对中止犯减免处罚的根据。刑法之所以规定对中止犯免除处罚或减轻处罚，根本的原因在于被告人的中止行为表现出其回归到了合法的轨道，特殊预防的必要性明显降低。该案中，李某某在担心路人已经报警和感觉难以继续杀死潘某某的情况下停止犯罪，并没有表现出对合法轨道的回归，更多的是基于无奈。因此，宜认定其构成犯罪未遂，以实现对其重处。

综上，对自动性的判断，并非以主观说所主张的纯粹以行为人的心理事实为标准，而是应在采取主观说的基础上，根据一般人的经验法则和中止犯的减免处罚根据进行规范的判断。

（四）有效性特征

犯罪中止的有效性，是指中止行为防止了构成要件结果的发生。例如，故意杀人罪的中止，要求防止被害人死亡结果的发生。只要防止了被害人死亡结果的发生，即使仍然造成被害人的重伤，也不影响故意杀人罪中止的成立。对犯罪中止的有效性特征的理解，应注意以下两种特殊情形。

（1）采取了足以防止结果发生的中止行为，但仍然发生了结果。具体又可以分为两种情形：第一种是中止行为之后介入了其他因素，并由该因素直接导致结果发生。例1，甲持刀追杀乙，在砍掉乙的一条胳膊之后，甲顿时悔悟，开车将乙送往医院，在抢救过程中，在医院做护士的乙的妻子丙为了获取乙的生命保险金而故意在乙的注射液中加入毒药，乙最终中毒身亡。例2，甲向乙的饮食投放毒药后，乙呕吐不止，甲顿生悔意急忙开车送乙去医院，但由于交通拥堵耽误一小时，乙被送往医院时死亡。医生证明，早半小时送到医院乙就不会死亡。在这种情形中，需要判断介入因素是否具有异常性。如果介入因素异常，结果应归责于该介入因素，行为人仍然成立犯罪中止，如例1；如果介入因素非异常，结果仍应归责于行为人的行为，行为人不成立犯罪中止，如例2。第二种是中止行为本身导致结果发生。例如，甲为杀乙，对乙下毒。甲见乙中毒后极度痛苦，顿生怜意，开车带乙前往医院。但因车速过快，车右侧撞上电线杆，坐在副驾驶位的乙被撞死。对于此种情形中的行为人是否成立中止，在理论上存在争议。在上例中，如果认为乙的死亡结果应归责于甲的驾车行为，则甲成立故意杀人罪的中止，同时构成交通肇事罪；如果认为乙的死亡结果应归责于甲的投毒行为，则甲成立故意杀人罪的既遂。

（2）采取了足以防止结果发生的中止行为，但与结果未发生之间没有因果关系。例如，甲以杀人故意将乙推下过街天桥，见乙十分痛苦，便拦下出租车将乙送往医院。但乙未受致命伤，即便不送医院也不会死亡。对此，一般认为甲成立犯罪中止。

二、中止犯的处罚

《刑法》第24条第2款规定："对于中止犯，没有造成损害的，应当免除处罚；造成损害的，应当减轻处罚。"据此，对中止犯的处罚分两种不同情形。

（一）没有造成损害的，应当免除处罚

所谓没有造成损害，是指行为没有造成任何刑法所禁止的损害结果。例如，行为人中止了杀人行为，既没有造成被害人的死亡也没有造成被害人的伤害，属于没有造成损害。再如，实施敲诈勒索行为，使被害人产生了恐惧心理后又自动放弃犯罪的，由于单纯使人产生恐惧心理并不是刑法禁止的侵害结果，属于没有造成损害。

（二）造成损害的，应当减轻处罚

所谓造成损害，是指行为虽然没有造成犯罪的构成要件结果，但造成了刑法所禁止的其他损害结果。例如，行为人中止了杀人行为，虽然没有造成被害人的死亡，但造成被害人的重伤，属于造成损害。再如，行为人中止了强奸行为，但在强奸之前实施了强制猥亵行为，属于造成了损害。

需注意的是，行为人中止了杀人行为，但造成了被害人的重伤，或者行为人中止了强奸行为，但在强奸之前实施了猥亵行为，应分别认定为故意杀人罪的中止和强奸罪的中止，不能认定为故意伤害罪的既遂和强制猥亵妇女罪的既遂。

▶ 思考题

1. 如何区分犯罪预备和犯意表示？
2. 如何认定犯罪的“着手”？
3. 对不能犯有哪几种处理方法？
4. 如何认定犯罪中止的“自动性”？

第十章 共同犯罪

学习重点：（1）共同犯罪的成立条件；（2）共同犯罪的特殊形式；（3）共同正犯和间接正犯的成立条件及其类型；（4）教唆犯和帮助犯的成立条件；（5）身份犯的共同犯罪的认定，共同犯罪的认识错误的处理和共同犯罪的未完成形态的认定；（6）共犯人的种类及其处罚原则。

第一节 共同犯罪概述

《刑法》第25条第1款规定："共同犯罪是指二人以上共同故意犯罪。"据此，共同犯罪的成立应当具备以下三个条件。

一、主体条件：二人以上

这里的"人"既可以是自然人，也可以是单位。自然人与自然人、自然人与单位、单位与单位之间均可以构成共同犯罪。

问题是：当主体是自然人时，是否必须具有刑事责任能力？例如，甲（15周岁）入室盗窃，乙（16周岁）为其望风。甲和乙是否构成盗窃罪的共同犯罪？对此，理论上存在不同观点：（1）我国传统刑法理论认为，共同犯罪中的自然人必须具有责任能力，一个具有责任能力的人和一个不具有责任能力的人共同实施违法行为的，不成立共同犯罪。[1] 据此，本例中的甲和乙

[1] 高铭暄，马克昌．刑法学［M］．9版．北京：北京大学出版社、高等教育出版社，2019：160.

不成立共同犯罪。（2）相反观点则认为，共同犯罪中的自然人并非都必须具有责任能力，各行为人之间只要有共同的违法行为就可以成立共同犯罪。共同犯罪成立与否和各行为人是否具有责任能力无关，责任能力影响的是在成立共同犯罪之后各行为人是否应当最终对该共同犯罪承担责任。共同犯罪只是一种违法类型，而不是责任类型。[1] 据此，上例中的甲和乙因实施了共同的违法行为而成立共同犯罪。

根据第一种观点，上例中的甲和乙不成立共同犯罪，那么就只能分别判断他们的行为性质。甲虽然实施了入室盗窃行为，但因不具有责任能力而不构成犯罪；乙实施的是望风行为，不符合任何一个犯罪的犯罪构成，所以也不构成犯罪。但是，认定乙的行为不构成犯罪，不具有合理性。如果乙是为已满 16 周岁的盗窃犯望风，可以成立盗窃罪的共同犯罪从而受到处罚，为 15 周岁的人盗窃望风，从应惩罚性的角度来看，更应受到处罚。可见，主张共同犯罪中的自然人都必须具有责任能力，在有些情形中可能会形成处罚漏洞。根据第二种观点，甲和乙成立共同犯罪，在承认二人成立共同犯罪的前提下，再分别判断各自的刑事责任，乙因达到了刑事责任年龄，构成盗窃罪，甲因未达到刑事责任年龄，不构成盗窃罪，并不会产生处罚漏洞。第二种观点已成为目前的主流观点，也曾被司法考试和一些实务判例所采纳。

二、客观条件：共同犯罪行为

共同犯罪行为并不意味着各行为人在共同犯罪中的分工和行为形式完全相同，而是指各行为人的行为相互配合、相互协力，共同造成法益侵害结果，与法益侵害结果之间均具有因果性。在共同犯罪中，可能有的人实施犯罪的实行行为，有的人只是实施教唆行为或帮助行为。实施实行行为的参与人被称为正犯或实行犯，实施教唆行为或帮助行为的参与人被称为教唆犯或帮助犯。正犯的行为与法益侵害结果之间具有直接因果性，教唆犯或帮助犯的行

[1] 张明楷．刑法学：上［M］．6 版．北京：法律出版社，2021：497－498.

为与法益侵害结果之间具有间接因果性。

问题是：所谓的共同犯罪行为究竟是指犯罪的共同还是行为的共同？例如，甲以杀人故意、乙以伤害故意，共同对丙实施暴力，致丙死亡。从分别的角度来看，甲实施的是故意杀人罪，乙实施的是故意伤害罪，但二人是通过共同对丙实施暴力行为来实现各自的犯罪的，甲、乙是否成立共同犯罪？对此，理论上存在犯罪共同说和行为共同说之间的对立。

（1）犯罪共同说主张，共同犯罪是二人以上共同实施一个特定的犯罪，共同犯罪是犯罪的共同，"数人一罪"是其核心观点。该说可能存在的问题是，在上例中，假设只能查明丙是因为甲或乙的暴力行为而死亡，但不能查明究竟是谁的暴力行为导致丙的死亡。由于甲和乙不成立共同犯罪，只能分别构成故意杀人未遂和故意伤害罪，均无须对丙的死亡结果负责。可见，犯罪共同说虽然严格限定了共同犯罪的成立范围，但可能会导致对法益的保护不力。为了克服上述缺陷，在犯罪共同说内部产生了部分犯罪共同说，该说认为，二人以上共同实施的行为虽然触犯不同罪名，但当这些罪名之间具有重合性质时，在重合的限度内成立共同犯罪。如在上例中，甲、乙虽然分别构成故意杀人罪和故意伤害罪，但如果认为杀人行为可以包含伤害行为，杀人行为可以被评价为伤害行为，那么两者就在故意伤害罪的范围内成立共同犯罪。只要能够证明丙的死亡是由甲、乙的共同暴力行为所引起的，就可以将其归属于该共同犯罪。既然可以将丙的死亡结果归属于共同犯罪，就可以进一步归属于甲和乙各自的行为。同时，因甲具有杀人故意，故成立故意杀人罪既遂；因乙具有伤害故意，故成立故意伤害（致人死亡）罪。这样，通过承认甲、乙在性质重合的故意伤害罪的范围内成立共同犯罪，将丙的死亡结果同时归属于甲和乙，克服了完全犯罪共同说在保护法益不力方面的缺陷。

（2）行为共同说主张，共同犯罪是二人以上通过实施共同的行为实现各自的犯罪，二人以上只要在客观上有相同的行为就可以成立共同犯罪，而不必均触犯同一罪名，"数人数罪"是其核心观点。根据行为共同说，在上例中，由于甲、乙实施了共同的暴力行为，故两人成立共同犯罪。既然成立共同犯罪，那么无论是谁的行为造成了丙的死亡，该死亡结果均应归属该共同犯罪，从而进一步归属于甲、乙各自的行为；同时，由于甲具有杀人的故意，构成故意杀人罪既遂，而乙只具有伤害的故意，构成故意伤害（致人死亡）罪。可见，行为共同说与部分犯罪共同说在最终处理结论上是一样的，区别仅在于得出结论的思维过程不同。部分犯罪共同说是通过认定各行为人之间成立重合性质犯罪的共同犯罪来将结果归责于各行为人，而行为共同说是通过虽承认甲、乙成立共同犯罪但不认定成立何罪的共同犯罪来将结果归属于二行为人。

我国传统理论在共同犯罪成立条件的理解上，采取的是犯罪共同说。部分犯罪共同说和行为共同说后来逐渐成为理论和实务中的主流观点。

三、主观条件：共同犯罪故意

所谓共同犯罪故意，是指各行为人通过意思的传递、反馈而形成的，明知自己和他人配合共同实施犯罪，明知共同的犯罪行为会发生某种危害社会的结果，并且希望或者放任这种危害结果发生的心理态度。具体包括以下两个方面的内容。

（一）各共犯人都是故意犯罪

每个共犯人都是故意犯罪，即要求每个共犯人都认识共同犯罪行为会造成危害社会的结果，并且希望或者放任这种危害结果的发生。

《刑法》第 25 条第 2 款规定："二人以上共同过失犯罪，不以共同犯罪论处；应当负刑事责任的，按照他们所犯的罪分别处罚。"在现实生活中，二人以上共同过失犯罪的现象是可能发生的。例如，甲、乙共商杀死森林中的一只狗熊，甲见树林中有动静，误以为是该熊，大喊一声："那边有熊！"两人立即同时向林中开枪，事后发现被打死的并非熊而是人。本例中，甲、乙均实施了开枪行为，共同导致了被害人的死亡，对被害人的死亡结果在主观上都是过失，属于共同过失犯罪。但根据《刑法》第 25 条第 2 款的规定，对共同过失犯罪不以共同犯罪论处。就是说，不能适用刑法总则关于共同犯罪的规定来追究共同过失犯罪中各行为人的刑事责任，只能分别追究他们单独的过失责任。

此外，一人故意、一人过失共同犯罪的，也不构成共同犯罪。例如，甲和乙共同上山打猎，甲明知前方是自己的仇人丙，却对乙谎称是野兽，让乙抓紧机会开枪，乙信以为真，开枪将丙打死。本例中，甲故意教唆乙实施过失犯罪，不成立共同犯罪，属于通过欺骗的手段将乙作为杀害丙的工具，成立间接正犯。

（二）共犯人之间具有意思联络

共同故意，不仅意味着每个人都是故意犯罪，还意味着各行为人之间存在一定的意思联络，即各行为人认识到自己是在和其他人一起故意犯罪。

虽然每个人都是故意犯罪，但如果相互之间没有任何意思联络，就没有形成共同故意，不成立共同犯罪。例如，甲、乙均对丙有仇，恰巧在同一时间，躲在不同的隐秘位置对丙开枪，导致丙死亡。此例中，甲、乙虽然都是故意犯罪，但都不知道对方在和自己一起犯罪而欠缺共同故意，不成立共同犯罪。理论上将这种案件情形称为同时犯。对于同时犯，应当对各行为人分别定罪量刑。

根据主客观相一致原则，共同犯罪行为和共同犯罪故意应当相互对应，共同犯罪行为必须是共同犯罪故意内容的客观化。因此，当部分共犯人实施的行为超出共同故意的范围时，该部分行为就不属于共同犯罪行为，其他人对其不需要承担刑事责任。这就是实行过限。例如，甲、乙深夜共同进入丙（女）家盗窃，甲在客厅寻找财物，乙进入丙的卧室，看到丙躺在床上熟睡，便奸淫了丙。本例中，甲、乙共谋盗窃，但乙实施了强奸，过限行为与共谋行为的性质完全不同，乙应当独自对过限行为负责。再如，甲邀约乙一起“教训”丙，两人共同对丙拳打脚踢，遭到丙的极力反抗，乙一怒之下掏出随身携带的尖刀捅刺丙胸部数刀，致丙死亡，而甲对乙随身携带了尖刀事先不知情。本例中，甲、乙共谋的是“教训”丙，且甲事先对乙随时携带了尖刀不知情，所以这里的教训应理解为伤害，但乙实施杀人行为，属于实行过限，甲构成故意伤害罪，乙构成故意杀人罪。当然，根据部分犯罪共同说和行为共同说，甲与乙仍然成立共同犯罪。

第二节 共同犯罪的特殊形式

本章第一节分析了共同犯罪的一般成立条件，以下介绍四种较为特殊的共同犯罪形式。

一、必要的共同犯罪

（一）必要共同犯罪的概念

所谓必要的共同犯罪，是指刑法分则规定只能由二人以上共同实施的犯罪，如聚众斗殴罪、聚众淫乱罪等。与必要的共同犯罪相对的是任意的共同犯罪。所谓任意的共同犯罪，是指一人可以实施的犯罪，由二人以上共同实施的情形，如二人以上共同盗窃、共同杀人等。必要共同犯罪的特殊性在于成立依据的特殊。

对于任意的共同犯罪，定罪需根据刑法分则相应条文确定罪名，量刑则需同时根据刑法分则条文和总则关于共同犯罪的规定来确定不同行为人的具体刑罚；对于必要的共同犯罪，无论是定罪还是量刑，都只需直接根据刑法分则相应条文的规定，不再适用刑法总则关于共同犯罪的规定。

（二）必要共同犯罪的类型

必要共同犯罪可能存在于以下三种犯罪形态中。

1. 对向犯罪

所谓对向犯罪，又称对合犯罪或对行犯罪，是指以存在二人以上相互对向的行为为要件的犯罪。包括以下三种情况：（1）刑法处罚双方行为，且罪名与法定刑相同，如重婚罪。在此情形中，犯罪的实施以二人以上互为对向为要件，而且刑法同时处罚双方行为，所以一般属于必要的共同犯罪。但在实际案件中，可能会出现一方构成犯罪另一方不构成犯罪的情形。如甲隐瞒自己已婚的事实，与未婚的乙结婚，甲构成重婚罪，但乙无罪。在这种情形中，双方不构成共同犯罪，也就不可能是必要的共同犯罪。（2）刑法处罚双方行为，但罪名与法定刑不同，如行贿罪与受贿罪。在此种情形中，犯罪的实施以二人以上互为对向为要件，而且刑法也同时处罚双方行为，所以一般属于必要的共同犯罪。但在实际案件中，也可能会出现一方构成犯罪另一方不构成犯罪的情形。如行贿人甲为了谋取正当利益向国家工作人员乙行贿，乙接受贿赂，乙构成受贿罪，但甲不构成犯罪。在这种情形中，双方不构成共同犯罪，自然也就不可能是必要的共同犯罪。（3）刑法只处罚一方行为，如买卖淫秽物品，刑法只处罚贩卖者，不处罚购买者。在此种情形中，由于刑法只处罚一方的行为，所以并不是共同犯罪，也就不可能是必要的共同犯罪。问题是，对于刑法不处罚的一方能否按照对方犯罪的教唆犯或帮助犯论处？如购买淫秽物品的人主动请求卖主出售淫秽物品给自己，能否以贩卖淫秽物品牟利罪的教唆犯论处？对此，多数观点认为，对于买卖枪支、增值税专用发票等，刑法既处罚出卖行为又处罚购买行为，而对于买卖淫秽物品，却只处罚贩卖行为，表明刑法并不处罚购买淫秽物品的行为。如果将购买者作为贩卖行为的教唆犯或帮助犯论处，不符合刑法的目的。因此，购买淫秽物品的人不能构成贩卖淫秽物品牟利罪的教唆犯或帮助犯。例外是，如果对方本来并不出售淫秽物品，购买者积极唆使其出售淫秽物品给自己，由于这种行为已经超出通常的购买行为，可以成立贩卖淫秽物品牟利罪的教唆犯。

2. 聚众犯罪

所谓聚众犯罪，是指以聚集多人实施某种共同行为为构成要件的犯罪，如聚众斗殴罪、聚众持械劫狱罪等。聚众犯罪并不一定都是必要共同犯罪，具体可以分为以下两种情形：（1）属于必要共同犯罪的聚众犯罪。如根据《刑法》第 317 条第 2 款的规定，聚众持械劫狱的，首要分子、积极参加者和其他参加者都要受到刑罚处罚，成立共同犯罪，属于必要的共同犯罪。再如，根据《刑法》第 292 条的规定，聚众斗殴罪的首要分子和积极参加者要受到刑罚处罚，一般参加者不受处罚，首要分子和积极参加者之间成立共同犯罪，属于必要的共同犯罪。(2)是否属于必要共同犯罪视案情而定。如《刑法》第291条规定的聚众扰乱公共场所秩序、交通秩序罪，只处罚首要分子，既不处罚积极参加者也不处罚其他参加者。当首要分子只有一人时，就无共同犯罪可言。只有当首要分子为二人以上时，才属于共同犯罪。

3. 集团犯罪

刑法中没有集团犯罪的明文规定，但有犯罪集团的明文定义。《刑法》第26条第2款规定："三人以上为共同实施犯罪而组成的较为固定的犯罪组织，是犯罪集团。"据此，犯罪集团具有以下特征：(1)人数较多，即三人以上，二人不足以成为集团；(2)组织较为固定，表现为有明显的首要分子，重要成员相对固定，实施犯罪后其组织形式往往继续存在；(3)目的明确，以反复多次实施一种或者数种犯罪为目的。

根据上述规定，所谓集团犯罪，是指三人以上有组织地实施的共同犯罪。传统刑法理论将集团犯罪称为特殊的共同犯罪，与之相对的是一般的共同犯罪。在一般的共同犯罪中，犯罪人之间没有固定组织，只是为了实施某一个或某几个具体犯罪而临时纠集在一起，犯罪一旦实施完毕，共同犯罪就不复存在。

集团犯罪既可能是必要的共同犯罪，也可能是任意的共同犯罪。前者如我国刑法分则规定的组织、领导、参加恐怖活动组织罪，组织、领导、参加黑社会性质组织罪等；后者如集团性的盗窃犯罪、集团性的抢劫犯罪等。

二、不作为的共同犯罪

(一)不作为共同犯罪的概念与类型

所谓不作为的共同犯罪，是指以不作为形式参与共同犯罪的情形。它的特殊性在于参与形式的特殊。具体包括以下两种类型：(1)共同不作为。例如，婴儿高烧不退，夫妻二人都不救助，看着婴儿死去。夫妻二人是共同的不作为。(2)作为与不作为相结合。例如，仓库管理员甲发现表弟乙正在盗窃仓库内的财物，假装睡着，乙顺利窃走财物。甲是不作为，乙是作为。

（二）作为义务的判断

以不作为方式参与共同犯罪，以行为人负有作为义务为前提。共同犯罪中作为义务的来源与单独犯基本一致。较为特殊的是，在共同犯罪中，作为作为义务来源的先行行为，包括不作为之前的参与行为。当先前的参与行为使被害人的法益陷入需保护的脆弱状态，其他人欲利用这种状态实施其他犯罪时，行为人负有阻止义务。如果不履行阻止义务，属于以不作为方式参与其他人的犯罪，与其他人构成共同犯罪。例如，甲、乙共同抢劫丙（女），将丙打成重伤，乙又要强奸丙，甲看到了但不阻止。甲先前的参与行为导致被害人处于重伤状态，当乙要强奸丙时，甲负有保护义务。甲不阻止，属于以不作为的方式参与了强奸犯罪，与乙构成强奸罪的共同犯罪。如果先前的参与行为并没有使被害人的法益陷入需保护的脆弱状态，则没有义务阻止其他人实施超出共谋范围的行为。例如，甲、乙共同进入丙（女）家盗窃，乙看丙颇有姿色，便要强奸丙，甲看到了但不阻止。甲先前所参与的是盗窃犯罪，并没有使被害人陷入需保护的脆弱状态，所以当乙强奸丙时，甲没有作为义务，甲不成立强奸罪的共同犯罪。

三、承继的共同犯罪

（一）承继共同犯罪的概念

所谓承继的共同犯罪，是指在部分行为人着手实行犯罪之后，其他行为人才参与进来，继续共同实施犯罪的情形。例如，甲以抢劫故意对丙实施暴力，将丙打成重伤，正好路过的乙知情后，与甲共同劫取丙身上的财物。承继共同犯罪的特殊性在于参与时间的特殊。

（二）承继的时间

承继的时间，讨论的是后行为人什么时候加入进来才能与前行为人构成共同犯罪。

原则上，前行为人的犯罪已经既遂，后行为人再加入进来，不成立承继的共同犯罪。例如，甲抢劫丙的财物后被丙追击，乙得知情况后拦住丙使甲逃离，乙不成立抢劫罪的共犯，可能成立窝藏罪。

例外是，在继续犯的场合，即使前行为人的犯罪已经既遂，后行为人加入进来一起继续实施犯罪的，可以与前行为人成立共同犯罪。例如，甲在非法拘禁丙 2 天后，知情的乙加入进来与甲一起继续非法拘禁丙，乙与甲构成非法拘禁罪的共同犯罪。

（三）承继的行为性质

承继的行为性质，讨论的是前行为人实行犯罪之后，后行为人加入进来，后行为人成立什么性质的犯罪。

原则上，后行为人的犯罪性质与前行为人的犯罪性质相同。例如，甲以抢劫故意对丙实施暴力后，知情的乙参与进来，夺取丙的财物，甲、乙成立抢劫罪的共同犯罪。由于暴力和取财都是抢劫罪的实行行为，乙在甲对丙实施暴力之后，利用该暴力行为所形成的效果夺取丙的财物，应认定为抢劫罪的正犯，与甲成立抢劫罪的共同正犯。再如，甲基于敲诈勒索的故意恐吓丙，在丙交付财物时，知情的乙加入进来帮甲取得财物，甲、乙成立敲诈勒索罪的共同犯罪。由于胁迫才是敲诈勒索罪的实行行为，乙在甲实施了胁迫行为之后才加入进来实施取财行为，应认定为敲诈勒索罪的帮助犯。有争议的是在绑架罪的场合，前行为人绑架被害人后，知情的后行为人向被告人亲属勒索财物的，后行为人构成何罪？例如，甲绑架丙后，将真相告诉好友乙，让乙去找丙的父母要钱，乙同意并实施了勒索行为。对此，有两种不同观点：（1）一种观点认为，乙虽然没有实施绑架行为，但他在明知甲绑架了被害人的情况下向被害人父母勒索财物，属于利用甲绑架行为造成的被害人人身自由被剥夺的状态勒索财物，应与甲构成绑架罪的共同犯罪。由于非法控制被害人才是绑架罪的实行行为，乙实施的是非实行行为，应认定为绑架罪的帮助犯。（2）另一种观点认为，在乙实施勒索行为之际，甲的绑架行为已经既遂，乙的勒索行为对甲的绑架行为没有因果性，所以乙不能与甲构成绑架罪的共同犯罪，只应构成敲诈勒索罪。

例外是，在结合犯的场合，后行为人仅参与后一犯罪的，不构成结合犯。例如，甲绑架被害人丙后，知情的乙与甲一起杀害丙。甲属于“绑架杀人”，根据《刑法》第239条第2款的规定，仍然构成绑架罪，适用“绑架杀人”的法定刑；但乙只构成故意杀人罪，对其不得适用“绑架杀人”的法定刑。

（四）承继的责任范围

承继的责任范围，讨论的是后行为人是否应当对前行为人的行为所产生的结果承担责任的问题。

原则上，后行为人仅对加入进来后的行为所产生的结果承担责任，对加入进来之前前行为人的行为所产生的结果不承担责任。例如，甲为劫财将丙打成重伤，丙拼死反抗。乙路过，帮甲掏出丙随身财物。甲、乙构成抢劫罪的共同犯罪，但乙无须对丙的重伤结果负责，只承担普通抢劫罪的刑事责任。

四、片面的共同犯罪（意思联络特殊）

所谓片面的共同犯罪，是指部分共犯人认识到自己在和其他人共同犯罪，而其他人对此并不知情。它的特殊性在于意思联络的特殊。具体包括三种类型：（1）片面的共同正犯。例如，乙以抢劫故意对丙实施暴力时，甲在乙的背后举枪威胁丙，示意丙不许反抗，而乙对此毫不知情，乙顺利劫取了丙的财物。本例中，甲明知乙在抢劫，对丙实施暴力威胁行为，该行为也属于抢劫罪的实行行为，所以甲具有和乙共同实行抢劫的故意，但乙对甲的行为并不知情，并无共同抢劫的故意。（2）片面的教唆犯。例如，甲与乙的妻子有仇，一直想杀死她，便雇人拍摄乙妻子与他人通奸的照片，之后故意将照片和一支枪放在乙的桌子上，乙发现后气愤之极，将妻子杀死。本例中，甲具有唆使乙杀害乙妻子的故意，但乙并未意识到甲的教唆，没有和甲共同犯罪的故意。（3）片面的帮助犯。例如，乙进入丙家盗窃，甲发现后在丙家外为乙望风，当看到丙回来时，故意和丙攀谈，使得乙顺利完成了盗窃。本例中，甲具有帮助乙盗窃的故意，但乙并不知情，没有和甲共同盗窃的故意。

对于是否承认片面的共同犯罪，中外刑法理论上一直存在争论。其中，由于片面教唆犯的情形在实务中几乎不太可能发生，讨论意义有限。对于片面帮助犯，理论和实务的主流观点是持肯定态度。争议较大的是应否承认片面共同正犯。肯定论者主张片面实行者与其他人成立共同正犯，否定论者主张片面实行者不能与其他人成立共同正犯，仅能成立其他人犯罪的帮助犯。

第三节　正　　犯

根据共犯人在共同犯罪中分工的不同，可以区分为正犯、教唆犯和帮助犯。正犯是实施实行行为的共犯人，教唆犯和帮助犯是教唆或帮助行为的人。这是德、日刑法对共犯人的基本分类。德、日刑法理论还将教唆犯和帮助犯合称为“共犯”。[1] 我国刑法虽然没有对共犯人作类似的明确区分，但分工分类法能够较为清楚地反映各个共犯人在共同犯罪中的分工及其相互关系，有利于对共同犯罪的认定，所以理论上普遍接受此分类法来研究共同犯罪。

正犯以人数为标准，可以分为单独正犯和共同正犯；以是否直接实施实行行为为标准，可以分为直接正犯与间接正犯。在分析犯罪构成的各个要件时，均是以单独正犯和直接正犯为蓝本的，所以共同犯罪部分主要分析共同正犯和间接正犯。

一、共同正犯

（一）共同正犯的成立条件

1. 客观条件：共同的实行行为

共同正犯的成立要求每个行为人实施的都是实行行为，且相互配合、相互协助共同造成法益侵害结果。我国传统刑法理论将共同正犯称为简单的共同犯罪，与之相对的是复杂的共同犯罪，即共同犯罪人之间存在不同分工的

[1] 注意“共犯”一词在我国刑法理论中的三种不同用法：在最广义上，用以指代共同犯罪；在广义上，用以指代共同犯罪人，包括正犯、教唆犯和帮助犯；在狭义上，仅指教唆犯和帮助犯。

共同犯罪，有的实施了犯罪的实行行为，有的则实施了教唆行为或帮助行为。

共同正犯在具体形式上，可以分为以下两种情形：（1）各正犯均实施了完整的实行行为。例如，甲、乙合谋杀害丙，各自持枪向丙射击。（2）各正犯各自分担了一部分实行行为。例如，甲、乙合谋抢劫丙，先由甲对丙实施暴力，再由乙劫取丙的财物。

2. 主观条件：共同的实行故意

共同的实行故意要求每个人都具有实行犯罪的故意，且要求存在意思联络，即认识到自己是在和别人一起共同实行犯罪。

需要提及的是日本刑法理论和实务中的“共谋共同正犯”概念。所谓共谋共同正犯，是指数人共谋实行犯罪，最终由部分人按照共谋实行了犯罪，而其他人没有实行犯罪，没有实行犯罪的人和实行犯罪的人之间所成立的共同正犯。例如，甲、乙共谋傍晚杀丙，甲向乙讲解了杀害丙的具体方法，傍晚乙如约到达现场，但甲未去，乙按照甲的方法杀死丙。此案中，甲、乙共谋杀人，最后乙实施了杀人行为，甲没有实施杀人行为，日本刑法实务和理论将甲、乙称为“共谋共同正犯”。一般来说，乙实施了杀人行为，是故意杀人罪的正犯，但甲没有实施杀人行为，应为故意杀人罪的共犯（帮助犯），二人不应成立故意杀人罪的共同正犯。而日本刑法实务和理论之所以要认定二人成立共同正犯，是为了将虽未实施杀人行为但又在共同犯罪发挥了重要作用的甲认定为正犯，以正犯进行处罚。之所以要如此做，与日本特殊的共犯立法体例相关。德、日刑法在共犯立法上的一个共同特征是，将对共犯人的处罚与其在共同犯罪中的分工直接挂钩，而且规定对正犯的处罚重于帮助犯。如《日本刑法》第 62 条规定：“帮助正犯的，是从犯。”第 63 条规定：“从犯的刑罚，按照正犯的刑罚予以减轻。”在这种立法体例下，一个共犯人被认定为正犯还是帮助犯，将直接影响对其处罚的轻重。那么，当一个共犯人虽然没有实施实行行为，但又在共同犯罪中发挥了重要作用时，如果仍然被认定为共犯，就会导致处罚畸轻。正因为此，日本刑法实务和理论在正犯与共犯的区分上抛弃实行行为标准，转而采用重要作用标准，从而将虽没有实施实行行为但在共同犯罪中发挥了重要作用的共犯人认定为正犯，以实现重处。

在我国刑法学界，也有一些学者提倡“共谋共同正犯”概念。然而，在我国共犯立法体例下，并没有必要采纳这个概念。因为我国刑法是按照共犯人在共同犯罪中所起的作用进行处罚的，共犯人在分工上是正犯还是帮助犯，并不直接决定对其处罚的轻重。虽然在分工上是帮助犯，但如果在共同犯罪中起到了重要作用的，在量刑阶段仍然可以被认定为主犯从而进行重处，并不会出现因在分工上被认定为帮助犯而导致处罚畸轻的问题。

（二）共同正犯的处理原则

通说认为，对共同正犯应采取“部分实行、全部责任”的处理原则。所谓“部分实行、全部责任”，是指各正犯对共同实行的犯罪行为及其造成的结果负责，而不只是对自己实行的行为及其造成的结果负责，即一人着手、全部着手，一人既遂、全部既遂。例如，甲、乙、丙共同故意伤害丁，丁死亡。经查明，甲、乙都使用铁棒，丙未使用任何凶器；尸体上除一处致命伤外，再无其他伤害；可以肯定致命伤不是丙造成的，但不能确定是甲造成还是乙造成的。本例中，由于甲、乙、丙是故意伤害罪的共同正犯，虽然不能查明丁尸体上的致命伤是由甲造成还是由乙造成的，而且能够确定不是丙造成的，但甲、乙、丙均要对故意伤害这个共同犯罪的行为及其结果承担刑事责任，均构成故意伤害（致死）罪。

需要提及的是，像在强奸、脱逃等罪的共同正犯中，部分人得逞部分人未得逞的，未得逞者是否也成立犯罪既遂？对此，理论上存在不同看法。一种观点认为，强奸、脱逃等罪属于亲手犯，即这些犯罪的实行行为只能由行为人亲手实施，不能利用他人实施，故对于这些犯罪的共同正犯，不能适用“部分行为、全部责任”原则，一人强奸、脱逃既遂，不能认定其他人也是既遂。另一种观点则否认这些犯罪是亲手犯，认为在这些犯罪中的共同犯罪，同样应适用“部分实行、全部责任”原则，一人既遂，所有人既遂。第二种是我国刑法理论中的多数观点。

二、间接正犯

（一）间接正犯的概念

所谓间接正犯，是指通过强制或欺骗手段支配他人的意志和行为，将他人作为工具加以利用以实行犯罪的人。例如，甲因与丈夫乙不和，欲杀害乙，指使8岁的女儿丙在乙的饭菜中下毒，乙中毒身亡。甲是故意杀人罪的间接正犯。

（二）间接正犯的功能

间接正犯概念来自德、日刑法理论。在早期德、日刑法中，教唆犯的成立以正犯有责为前提，那么，在有刑事责任能力者教唆无刑事责任能力者实施犯罪的场合，教唆者不构成教唆犯，同时也因其没有直接实施构成要件行为而不成立正犯，从而形成处罚漏洞。为了填补这一处罚漏洞，理论上主张将这种情形中的教唆犯认定为“间接正犯”，从而实现对其的处罚。

在当今的德、日刑法中，教唆犯的成立不再以正犯有责为前提，有刑事责任能力者教唆无刑事责任能力者实施犯罪，教唆者可以构成教唆犯，不存在处罚漏洞。但德、日刑法理论仍然保留“间接正犯”概念，主要目的是实现处罚均衡。例如，黑社会组织头目指使手下杀害他人，虽然可以将黑社会头目认定为教唆犯，但根据德、日的司法实践，对教唆犯一般会从轻处罚，可能会对黑社会头目的处罚畸轻。为了避免这种现象的出现，通过将类似黑社会头目的在共同犯罪中虽然没有实施构成要件行为但对其他人的行为起到支配作用的共犯人认定为间接正犯以实现重处。

（三）间接正犯的类型

大致来说，间接正犯可以包括以下四种类型。

1. 被利用者欠缺犯罪客观要件

这种类型最为典型的是利用他人的自损行为。例如，甲强迫乙自杀或自伤，乙杀害或伤害自己。由于自己不是故意杀人罪或故意伤害罪的行为对象，故乙的行为欠缺犯罪客观要件。甲成立故意杀人罪、故意伤害罪的间接正犯。

我国传统理论认为，利用无特殊身份的人的行为，也可以成立间接正犯。例如，国家工作人员甲向不具有国家工作人员身份的妻子乙说明受贿的事实真相后，指使乙接受贿赂。对于此种情形中的利用者是否成立间接正犯，理论上存在不同观点。传统理论认为，乙因为欠缺国家工作人员身份，其实施的接受贿赂的行为不是受贿罪的实行行为，不能成为受贿罪的正犯，没有正犯就没有共犯，所以甲就不能成立教唆犯，只能以受贿罪的间接正犯论处。还有一种观点认为，受贿罪的构成要件行为并不是单纯地接受财物，而主要是利用职务上的便利，具体说就是以职务行为与他人的财物进行交换，甲虽然没有直接接受财物，但利用了职务上的便利，所以应属于直接实施了受贿罪构成要件行为的直接正犯，乙作为无身份者，成立受贿罪的帮助犯。

2. 被利用者欠缺犯罪主观要件

这种类型的间接正犯具体又可以分为三种情形：（1）利用他人缺乏犯罪故意的行为。例如，甲将毒品说成药品，利用不知情的乙运输毒品，甲属于运输毒品罪的间接正犯。（2）利用他人有犯罪故意但无目的的行为。例如，甲以牟利目的利用没有牟利目的的乙传播淫秽物品，如果乙不但自己没有牟利目的，而且不知道甲有牟利目的，甲成立传播淫秽物品牟利罪的间接正犯。（3）利用他人有其他犯罪故意的行为。例如，甲将头痛粉冒充海洛因欺骗乙，让乙出卖“海洛因”，然后二人均分所得款项。甲是诈骗罪的间接正犯，乙是贩卖毒品罪的不能犯。

3. 被利用者具有违法阻却事由

例如，甲为了使乙死亡，以如不听命将杀害乙相威胁，逼迫乙攻击丙，丙正当防卫杀了乙。甲利用丙的正当防卫行为杀害了乙，是故意杀人罪的间接正犯。

但是，如果甲没有逼迫只是教唆乙攻击丙，丙正当防卫杀了乙，由于甲并没有控制或支配乙的意志和行为，所以不能认定为故意杀人罪的间接正犯，只能成立对乙伤害丙的教唆犯。

4. 被利用者具有责任阻却事由

例如，利用幼儿、严重精神病患者等无刑事责任能力人的行为实行犯罪，利用者构成间接正犯。

需注意的是，一般认为，利用无刑事责任能力人实施犯罪，并非均成立间接正犯。如果被利用者完全缺乏辨认和控制能力，利用者对被利用者具有支配和控制作用，属于间接正犯；如果被利用者具有一定的辨认和控制能力，利用者并未支配和控制被利用者，利用者不是间接正犯，而是教唆犯。

第四节 共　犯

一、共犯的处罚根据

共犯，这里是指狭义的共犯，即教唆犯和帮助犯。教唆犯和帮助犯没有实施刑法分则所规定的构成要件行为，刑法凭什么进行处罚？这便是共犯的处罚根据问题。对此，理论上出现过三种不同学说：（1）责任共犯论认为，共犯应受处罚的根据在于他将正犯引诱至了责任与刑罚之中，或者说是使正犯陷于堕落状态。其经典表述是："正犯制造了犯罪，而共犯制造了正犯。"（2）违法共犯论认为，共犯应受处罚的根据在于诱使正犯实施了违法行为，或者是以帮助行为促进了正犯的违法行为。其基本主张是：正犯违法，则共犯违法；正犯不违法，则共犯亦不违法。（3）因果共犯论（惹起说）认为，共犯的处罚根据在于通过正犯的行为引起了法益侵害。正犯是直接引起法益侵害结果，共犯是间接引起法益侵害结果。

责任共犯论的问题是，只能说明教唆犯的处罚根据，无法说明帮助犯的处罚根据。另外，根据责任共犯论，在甲教唆乙重伤甲的身体的场合，因为甲通过教唆制造了乙这个故意伤害罪的正犯，甲也成立故意伤害罪的教唆犯。但是，甲教唆乙侵害的是甲自己的法益，对甲而言并不存在法益侵害，甲不应构成犯罪。违法共犯论的问题是，在甲教唆乙重伤甲的身体的场合，因乙的行为违法，甲的行为也违法，甲成立故意伤害罪的教唆犯，但在这种情形中，对甲而言并不存在法益侵害，甲不应构成犯罪。根据因果共犯论，在甲教唆乙重伤甲的身体的场合，虽然乙的行为违法，但由于对甲而言并不存在法益侵害，故甲的行为不可罚。该理论是目前的通说。

二、共犯的处罚条件

（一）共犯从属性说与共犯独立性说

根据因果共犯论，共犯的处罚根据在于共犯通过正犯的行为引起法益侵害结果。那么，在正犯的行为实施到什么程度时，才可以处罚共犯，这就是共犯的处罚条件所要讨论的问题。例如，甲与丙有仇，知道乙也与丙有仇，便教唆乙杀死丙，乙同意，但之后又打消了犯意。作为正犯的乙未着手实行犯罪，作为教唆者的甲是否成立教唆犯？对此，理论上存在两种对立观点：(1）共犯从属性说认为，共犯的成立以正犯实施了实行行为为前提。只有在正犯已经着手实行犯罪的情况下，共犯行为才对法益造成具体危险，共犯才成立。(2）共犯独立性说认为，共犯的行为是其主观恶性和人身危险性的表现，即使正犯尚未着手实行犯罪，共犯也应依其本人的行为而受处罚。

共犯从属性说以正犯的行为为中心，使共犯依附于正犯而成立，严格限制了共犯的成立条件。共犯独立性说将共犯的可罚性建立在其本人的行为基础之上，相对地扩大了共犯的处罚范围。目前的理论通说是共犯从属性说。

（二）共犯从属性的程度

根据共犯从属性说，共犯从属于正犯，共犯的成立以正犯实施了实行行为为前提。那么，正犯实施实行行为到什么程度，共犯才成立？这就是共犯从属性的程度问题。对此，主要存在三种观点：(1）极端从属性说主张，正犯的行为具备构成要件符合性、违法性和有责性时，共犯才成立。(2）限制从属性说主张，正犯的行为符合构成要件且违法时，共犯成立。根据该说，教唆或帮助无责任能力的人实施犯罪，只要无责任能力者的行为符合构成要件且违法，教唆者或帮助者就可以成立教唆犯或帮助犯。(3）最小从属性说主张，只要正犯的行为符合构成要件，共犯就可以成立。

根据极端从属性说，教唆或帮助无责任能力的人实施犯罪行为的，不成立教唆犯或帮助犯，不当缩小了共犯的成立范围。根据最小从属性说，在劝警察逮捕罪犯的场合，由于警察的行为符合非法拘禁罪的构成要件（因属于职务行为而阻却违法），行为人成立非法拘禁罪的教唆犯，不当扩大了共犯的成立范围。限制从属性说是目前的通说。

（三）《刑法》第 29 条第 2 款的理解

在共犯的成立条件上采取共犯从属性说，涉及的问题是如何理解我国《刑法》第 29 条第 2 款的规定。该条规定："如果被教唆的人没有犯被教唆的罪，对于教唆犯，可以从轻或者减轻处罚。"该条规定的"被教唆的人没有犯被教唆的罪"的情形，理论上称为"教唆的未遂"。

从字面含义来看，所谓"被教唆的人没有犯教唆的罪"，包括以下两种情形：（1）被教唆人拒绝了教唆犯的教唆；（2）被教唆人虽然当时接受了教唆，但之后又打消犯意，没有实行被教唆的犯罪。问题是，如果进行这样的解释，就意味着在被教唆者没有着手实行犯罪的情况下，教唆者也要成立教唆犯从而受到处罚。这与共犯从属性的立场相违背，反而符合共犯独立性说的立场。

为了解决上述问题，持共犯从属性立场的学者对"被教唆的人没有犯教唆的罪"进行了符合共犯从属性说的解释，认为"被教唆的人没有犯被教唆的罪"应理解为被教唆人已经着手实行犯罪但没有达到既遂。具体包括两种情形：（1）被教唆人已经着手实行犯罪但犯罪未得逞；（2）被教唆人已经着手实行犯罪但自动中止犯罪。[1] 对"被教唆的人没有犯教唆的罪"进行上述解释，虽然符合共犯从属性说的立场，但可能与国民对刑法条文的一般理解相违背。

值得注意的是，德、日刑法对教唆犯也并非采取严格的从属性立场。如

[1] 张明楷. 刑法学：上［M］. 6 版. 北京：法律出版社，2021：555.

《德国刑法》第 30 条规定，教唆他人实施重罪而未遂的，依照该重罪的未遂论处；日本的判例和理论通说也认为，如果刑法对所教唆的犯罪处罚其预备形态（如内乱罪），当正犯行为达到预备程度时，教唆者也成立该罪的预备犯。英美刑法也普遍处罚教唆未遂，设有专门的教唆罪。对于我国《刑法》第 29 条第 2 款的规定，能否也视为在教唆犯场合下对共犯从属性说的例外规定，是一个值得思考的问题。

三、教唆犯

故意唆使他人实行犯罪的，是教唆犯。成立教唆犯，要求有教唆的对象、教唆的行为和教唆的故意，共犯从属性说还要求被教唆者实行了犯罪。

（一）教唆对象

首先，被教唆者应具有一定的辨认和控制能力。根据限制从属性说，被教唆者可以是无责任能力的人。但被教唆者应具有一定的辨认和控制能力，如果教唆的是没有基本辨认控制能力的无责任能力人，教唆者成立间接正犯。

其次，被教唆者在被教唆时没有犯罪故意。教唆犯的特点是使他人产生实施犯罪的故意进而实施相应的犯罪，如果被教唆者本来就已经具有了犯罪故意，教唆者就不成立教唆犯，仅成立帮助犯。例如，乙因妻丙外遇而决意杀之。甲对此不知晓，出于其他原因怂恿乙杀丙。后乙杀害丙。甲不构成故意杀人罪的教唆犯，而是成立帮助犯。例外情形是，被教唆者虽然已有犯罪故意，但该犯罪故意是附条件的犯罪故意，打算等设定的条件符合时再实施犯罪，行为人创造条件或者谎称具备条件使其马上实施犯罪的，行为人仍然成立教唆犯。例如，张三欠甲的钱，甲对乙说："你去问张三是否还钱，如果不还，我就要关押他的老婆了。"乙明知张三很快就会还钱，却欺骗甲说"张三说不还钱"，于是，甲关押了张三的妻子。乙成立非法拘禁罪的教唆犯。

所谓被教唆者在被教唆时没有犯罪故意，是指被教唆者在被教唆时没有被教唆的犯罪的故意，而不是指被教唆者不能有其他犯罪故意。如果被教唆者在被教唆时有犯 A 罪的故意，教唆者教唆其实施 B 罪的，教唆者成立对 B 罪的教唆犯。如乙本欲伤害丙，甲教唆乙盗窃丙的财物，甲成立盗窃罪的教唆犯。但是，如果被教唆者在被教唆时有犯 A 罪的故意，教唆者教唆其实施 B 罪，而 A 罪与 B 罪性质部分重合的，应分不同情形处理：(1) 如果 B 罪重于 A 罪，教唆者成立 B 罪的教唆犯。如乙本欲盗窃，甲教唆乙抢劫的，甲成立抢劫罪的教唆犯；乙本来仅有普通抢劫的故意，甲教唆乙入户抢劫或持枪抢劫的，甲成立加重抢劫的教唆犯。(2) 如果 B 罪轻于 A 罪，教唆者不成立 B 罪的教唆犯。至于是否成立帮助犯，理论上存在不同观点。一种观点认为教唆者成立帮助犯；另一种观点认为教唆者的行为减轻了法益侵害，故应否认结果归属，不成立帮助犯。

（二）教唆行为

教唆的方式方法没有任何限制。教唆的方式既可以是口头的，也可以是书面的，还可以是示意性的（如使眼色、做手势）。教唆的方法既可以是授意、劝说、请求、收买、引诱等，也可以是命令、威胁、强迫等。当然，以命令、威胁、强迫等方法教唆时，不能致使被教唆者丧失意志自由。否则，教唆者成立间接正犯而非教唆犯。

教唆犯是教唆正犯的人，所以其必须是唆使他人实行犯罪。如果是唆使他人实施帮助行为，不成立教唆犯，而是成立帮助犯。如甲教唆乙为丙入室盗窃望风，甲成立帮助犯。例外是，唆使他人实施教唆行为的，即所谓的间接教唆，仍然成立教唆犯。如甲教唆乙，让乙教唆丙杀害丁，甲成立教唆犯。

教唆犯必须唆使他人实施较为特定的犯罪，唆使他人实施完全不特定犯罪的，难以认定为教唆犯。例如，甲对乙说：“最近好郁闷。”乙说：“要不你去杀个人解解闷。”甲果真去杀了个人。乙不构成教唆犯。

教唆犯的成立只要求唆使他人实行犯罪，不要求就实行犯罪的具体时间、地点或方法等作出指示。如果行为人不仅教唆他人犯罪，而且传授他人犯罪方法，则成立所教唆的犯罪的教唆犯和传授犯罪方法罪的想象竞合犯。

（三）教唆故意

教唆故意包括两个方面的内容：（1）认识并希望自己的教唆行为会使被教唆者产生犯罪故意进而实行犯罪。例如，甲向乙炫耀自己贩毒挣了好多钱，说者无意，听者有心，乙也去贩毒。甲的行为虽然在客观上对乙起到了教唆效果，但甲并没有教唆故意，不构成贩卖毒品罪的教唆犯。（2）认识到被教唆者实施的行为会发生危害社会的结果，并且希望或者放任这种结果的发生。例如，甲将一支没有上子弹的手枪交给乙，指示乙当场开枪杀害丙，乙接受教唆开枪射击，因没有子弹而未能致丙死亡。此案中，甲只具有第一方面的故意内容，不具有第二方面故意内容，不成立教唆犯。

教唆者只具有第一方面故意内容，不具有第二方面故意内容，即教唆他人实施不可能既遂的行为的情形，理论上称为“未遂的教唆”。对于此类情形中的教唆者是否成立教唆犯，理论上有学者持肯定观点，认为教唆故意只需要具备第一方面内容，即教唆者只需要认识到并希望自己的教唆行为会被教唆者产生犯罪故意进而实施犯罪，不需要对被教唆者的行为所产生的结果具有故意。不过，通说认为教唆犯必须同时具有两个方面的故意内容，“未遂的教唆”不成立教唆犯。当然，第二个方面故意内容中的“危害结果”不仅指造成法益侵害的实害结果，也包括造成法益侵害的危险结果。因此，教唆他人实施具有法益侵害危险性的行为的，仍然可以成立教唆犯。例如，甲教唆乙杀害丙，同时将丙可能被杀害的事实告知丙，让丙穿好防弹衣。在这种情况下，乙仍然可能杀害丙，不能排除甲具有放任丙死亡的态度，故如果乙实施了杀人行为，甲成立故意杀人罪的教唆犯。

四、帮助犯

故意帮助他人实行犯罪的，是帮助犯。成立帮助犯，要求有帮助的行为与帮助的故意，共犯从属性说还要求被帮助者实行了犯罪。

（一）帮助行为

首先，帮助的形式既可以是物理性帮助，如提供犯罪工具、犯罪场所等，也可以是心理性帮助，如提供犯罪建议、强化犯意等。

同一个帮助行为，可能同时具有物理性帮助和心理性帮助的性质。例如，甲、乙共谋，甲在外望风，乙进入丙家盗窃。恰遇丙回来，甲借故拖住丙，使乙顺利完成盗窃。甲一方面提供了心理性帮助，使乙在丙家里安心盗窃；另一方面也提供了物理性帮助，借故拖住丙，为乙完成盗窃争取了时间。

其次，根据因果共犯论，之所以处罚帮助犯，是因为帮助行为促进了法益侵害，因此，帮助行为与正犯的行为及其结果之间必须具有因果性。

帮助行为对正犯行为具有因果性是帮助犯成立的前提。这里的因果性，不是指没有帮助行为就没有正犯行为，而是指帮助行为促进了正犯行为的实施或者为正犯行为的实施提供了便利。帮助行为要具有这种因果性，其本身必须具有法益侵害的危险性。例如，甲绑架了乙的孩子丙，然后让保姆照料丙，给丙做饭洗衣，并告知保姆绑架的事实。因为照料行为有益于丙，保姆不构成绑架罪的帮助犯。如果帮助行为对正犯行为没有促进作用，帮助者不成立帮助犯。例如，甲看见乙翻墙进入丙家盗窃，就主动站在丙家外面望风，而乙对此毫不知情。此例中，如果在乙盗窃过程中自始至终没有发生足以妨碍乙盗窃的情形，则甲的望风行为对乙的盗窃行为既没有物理的因果性也没有心理的因果性，甲不成立帮助犯。如果在乙盗窃过程中，丙正好回来了，甲拉住其聊天，使得乙有足够的时间完成盗窃并逃走，则甲的望风行为对乙的盗窃行为产生物理的因果性，甲成立帮助犯。

帮助行为对正犯结果具有因果性是帮助犯成立犯罪既遂的条件。例如，甲欲前往张某家中盗窃。乙送甲一把擅自配制的张家房门钥匙，并告甲说，张家装有防盗设备，若钥匙打不开就必须放弃盗窃，不可入室。甲用钥匙开张家房门，无法打开，本欲依乙告诫离去，但又不甘心，思量后破窗进入张家窃走数额巨大的财物。本例中，乙的帮助行为对甲的盗窃行为具有因果性，成立帮助犯；但对甲的盗窃结果没有因果性，仅成立未遂的帮助犯。再如，乙欲盗窃汽车，向甲借得盗车钥匙一把，自己也准备了一把，最后用自己的钥匙盗走了汽车。虽然乙未使用甲提供的钥匙，但甲提供钥匙的行为增加了乙盗窃成功的概率，增强了乙盗窃成功的信心，故与盗窃结果之间具有因果性，甲成立盗窃既遂的帮助犯。

（二）帮助故意

帮助故意包括两个方面的内容：（1）认识到并希望帮助行为易于他人实行犯罪。例如，甲欲杀死丙，向乙借猎枪，谎称去打猎。乙没有尽到谨慎注意义务，疏忽大意，将猎枪借给甲。甲拿到猎枪后杀死了丙。乙的行为虽然客观上给甲的杀人行为提供了帮助，但乙在主观上是过失，没有帮助甲杀人的故意，故不成立故意杀人罪的帮助犯。（2）认识到被帮助者实施的行为会发生危害社会的结果，并且希望或者放任这种结果的发生。例如，甲欲杀害丙，请求乙提供枪支，乙将一把不能使用的枪支提供给甲。甲持该枪杀丙未遂。乙在主观上虽然认识自己的行为会促进甲的杀人行为，但他并不希望甲把丙杀死，故没有帮助甲杀人的故意，不成立帮助犯。理论上将此种情形称为“未遂的帮助”。

（三）中立的帮助行为

所谓中立的帮助行为，是指这些行为一方面在客观上为他人实行犯罪提供了帮助，另一方面又属于日常业务行为或日常生活行为。例如，出租车司机明知他人要前往某地实施杀人行为仍然将其运往该地；杂货店的老板明知他人买菜刀是要去杀人仍然向其出售菜刀。

对于这些行为，如果一律以客观上存在帮助性质而认定构成帮助犯，会不当限制公民的社会活动自由；如果一律以属于日常业务行为不认定构成帮助犯，则可能会放纵犯罪。因此，在根本上涉及的是公民个人自由和社会秩序之间的价值衡量问题。在具体判断中，应从主客两个方面进行判断：（1）客观上，行为在实施之时是否制造或明显增高了他人实施犯罪的危险性，他人实施犯罪是否具有紧迫性是一个重点考察因素。（2）主观上，是否明知对方确实马上就要实施犯罪。例如，乙到五金店买螺丝刀，店主甲问：“用来干什么？”乙答：“盗窃。”甲出售螺丝刀给乙，乙利用该螺丝刀实施了盗窃。不宜认定甲构成盗窃罪的帮助犯。再如，乙、丙在五金店门前互殴，店员甲旁观。乙边打边掏钱向甲买一羊角锤。甲递锤时对乙说“你打伤人可与我无关”。乙用该锤将丙打成重伤。应认定甲构成故意伤害罪的帮助犯。

第五节　共同犯罪认定中的特殊问题

一、身份犯的共同犯罪

身份犯的共同犯罪，主要包括以下三种情形。

（一）无身份者与有身份者共同实施真正身份犯

无身份者与有身份者共同实施真正身份犯，可以成立共同犯罪，具体包括两种情形：（1）无身份者教唆、帮助有身份者实施真正身份犯罪，如一般公民教唆国家工作人员贪污、一般公民帮助在押人员脱逃。（2）无身份者与有身份者共同实行真正身份犯，如国有公司会计甲（具有国家工作人员身份）与一般公民乙共同用甲所保管的钥匙，打开公司的保险柜盗走巨额现金。

无身份者与有身份者共同实施真正身份犯时，按照有身份者的犯罪性质定罪处罚。对此，2000 年最高人民法院《关于审理贪污、职务侵占案件如何认定共同犯罪几个问题的解释》规定：“行为人与国家工作人员勾结，利用国家工作人员的职务便利，共同侵吞、窃取、骗取或者以其他手段非法占有公共财物的，以贪污罪共犯论处；行为人与公司、企业或者其他单位的人员勾结，利用公司、企业或者其他单位人员的职务便利，共同将该单位财物非法占为己有，数额较大的，以职务侵占罪共犯论处。”

（二）不同身份者共同实行真正身份犯

不同身份者共同实行真正身份犯，是指不同身份者相互勾结，分别利用自己的身份共同实行犯罪。例如，甲为非国家工作人员，是某国有公司控股的股份有限公司主管财务的副总经理；乙为国家工作人员，是该公司财务部主管。甲与乙勾结，分别利用各自的职务便利，共同侵吞了本单位的财物

100万元。

对于不同身份者共同实行真正身份犯时如何确定犯罪的性质，司法解释主张按照主犯的犯罪性质定罪。上述司法解释规定："公司、企业或者其他单位中，不具有国家工作人员身份的人与国家工作人员勾结，分别利用各自的职务便利，共同将本单位财物非法占为己有的，按照主犯的犯罪性质定罪。"按照该规定处理案件，可能会遇到的问题是，当无法区分主、从犯时，就无法定罪。对此，2003年最高人民法院《全国法院审理经济犯罪案件座谈会纪要》作了如下规定："对于在公司、企业或者其他单位中，非国家工作人员与国家工作人员勾结，分别利用各自的职务便利，共同将本单位财物非法占有的，应当尽量区分主从犯，按照主犯的犯罪性质定罪。司法实践中，如果根据案件的实际情况，各共同犯罪人在共同犯罪中的地位、作用相当，难以区分主从犯的，可以贪污罪定罪处罚。"该规定重申了司法解释以主犯的犯罪性质确定共同犯罪性质的基本立场，同时又规定在难以区分主从犯时可以贪污罪定罪处罚，从而在一定程度上克服了根据主犯的身份确定罪名所可能面临的困境，为司法实务提供了裁判的方向。但该规定也并非没有疑问，即为何在难以区分主从犯时就以贪污罪定罪处罚？其背后的法律和理论依据并不明朗，且有违反存疑时有利于被告人的原则之嫌。

理论上有观点主张按照想象竞合犯来解决此类案件的定罪问题。按照这种观点，在上例中，甲同时是职务侵占罪的正犯和贪污罪的帮助犯，乙同时是贪污罪的正犯和职务侵占罪的帮助犯，甲、乙同时触犯了贪污罪和职务侵占罪，按想象竞合犯原则上以贪污罪论处。但是，如果将甲认定为贪污罪的帮助犯，导致对其处罚轻于职务侵占罪的正犯时，则对甲认定为职务侵占罪的正犯。[1]

（三）不真正身份犯的共同犯罪

当无身份者与有身份者共同实施不真正身份犯，构成共同犯罪时，刑法

[1] 张明楷．刑法学：上［M］．6版．北京：法律出版社，2021：595－596.

关于刑罚加减的规定仅只适用于具有加减身份的人，而不适用于不具有加减身份的人。例如，非国家机关工作人员与国家机关工作人员共同故意实施诬告陷害时，构成诬告陷害罪的共犯。对国家机关工作人员应从重处罚，对非国家机关工作人员则不能适用该规定从重处罚。

二、共同犯罪中的认识错误

共同犯罪中的认识错误，包括以下两种情形。

（一）事实错误

所谓共同犯罪中的事实错误，是指在共同犯罪中，共犯人认识的事实与客观实际不一致。这种错误既可能发生在共同正犯之间，也可能发生在共犯与正犯之间。这种错误既可能是具体错误，也可能是抽象错误。以下仅以教唆犯的错误为例说明。

1. 具体事实错误

具体事实错误具体包括：（1）对象错误。例如，甲教唆乙杀害丙，乙却将丁当成丙杀害。本例中，乙是对象错误，无论按照法定符合说还是具体符合说，均成立故意杀人罪既遂。有争议的是，教唆犯甲是对象错误还是打击错误？多数观点认为是打击错误，按照法定符合说，成立故意杀人罪既遂；按照具体符合说，成立故意杀人未遂。（2）打击错误。例如，甲教唆乙杀死丙，乙开枪射击，没有击中丙却打中了刚好经过现场的丁。本例中，乙是打击错误，甲也是打击错误，按照法定符合说，成立故意杀人罪既遂；按照具体符合说，成立故意杀人未遂和过失致人死亡罪的想象竞合犯。

2. 抽象事实错误

抽象事实错误具体包括：（1）对象错误。例如，甲教唆乙杀死丙，乙以为丙藏在草丛中，朝草丛开枪射击，但草丛中不是丙而是丙的一条狗。本例中，乙是对象错误，根据刑法客观主义，是不能犯；根据刑法主观主义，是未遂犯。甲是对象错误还是打击错误存在争议，多数观点认为是打击错误，成立不能犯或未遂犯。（2）打击错误。例如，甲教唆乙杀死丙，乙开枪射击，没有击中丙却击中丙边上的狗。本例中，甲、乙都是打击错误，按照法定符合说，均成立故意杀人未遂。

（二）参与形式的错误

所谓参与形式的错误，是指共犯人对自己在共同犯罪中分工的主观认识和客观实际不一致。主要包括两种情形：

（1）教唆犯与帮助犯形式之间的错误。例如，乙早有杀害丙的犯罪故意，不知情的甲教唆乙杀害丙。甲以为自己是教唆犯，实际上只起到了帮助犯的作用。再如，乙本没有杀害丙的犯罪故意，甲以为乙已有杀害丙的犯罪故意而鼓励他杀害丙。甲以为自己是帮助犯，实际上起到了教唆犯的作用。一般认为，教唆的行为和故意在性质上可以包含精神性帮助的内容，所以在这种错误中，应认定行为人成立帮助犯。

（2）教唆犯与间接正犯形式之间的错误。例如，甲误以为乙是精神病人，便引诱乙杀人，但实际上乙具有责任能力，按甲的旨意杀了人。甲以为自己是间接正犯，实际上只起到了教唆犯的作用。再如，甲误以为乙具有责任能力，教唆乙杀人，实际上乙没有责任能力。甲以为自己是教唆犯，实际上起到了间接正犯的作用。一般认为，间接正犯的行为和故意在性质上均可以包含教唆的内容，所以在这种错误中，应认定行为人成立教唆犯。

三、共同犯罪的未完成形态

在犯罪未完成形态的认定中，主要涉及三个核心问题：着手标准、既遂标准、中止标准。这三个标准对未完成形态的意义在于：如果犯罪尚未着手就停止的，说明犯罪还处于预备阶段，根据行为人是否自动中止认定其是犯罪预备或犯罪中止；如果犯罪已经着手但未达到既遂，说明犯罪已经进入实行阶段，根据行为人是否自动中止认定其是犯罪未遂或犯罪中止。在共同犯罪未完成形态的判断中，主要也是涉及这三个问题。

（一）着手标准

对于共同犯罪着手的认定，原则上采取“一人着手、全部着手”原则。

具体来说，在共同正犯中，根据“部分实行、全部责任”原则，一个正犯着手，全部正犯着手。在复杂共同犯罪中，根据共犯从属性原理，正犯着手，共犯着手。正犯着手后由于意志以外的原因未得逞，所有共犯（教唆犯、帮助犯或共同正犯）均成立犯罪未遂。

（二）既遂标准

对于共同犯罪既遂的认定，原则上采取“一人既遂、全部既遂”原则。具体来说，在共同正犯中，根据“部分实行、全部责任”原则，一个正犯既遂，全部正犯既遂。在复杂共同犯罪中，根据共犯从属性原理，正犯既遂，共犯既遂。

例外情形是共犯脱离。所谓共犯脱离，是指虽然参与了共同犯罪，但后来又消除了参与行为与其他共犯人的行为与结果之间的因果性。例如，甲答应为乙的盗窃望风，但在乙实行盗窃之前又告诉乙自己不会为其望风，但乙仍然实施了盗窃行为并既遂。由于甲的脱离行为消除了其先前的参与行为与乙的盗窃结果的因果性，所以不承担既遂的责任；由于甲的脱离行为还消除了其先前的参与行为与乙的盗窃行为的因果性，所以也不承担未遂的责任。再如，甲因与丙有仇决意杀害丙，邀约乙次日一起杀丙，乙答应。甲如期到丙家，乙未去，甲一人将丙杀死。乙没有如约到达犯罪现场，实际上是将自己不参与杀害行为的决定传递给了甲，消除了其之前的行为与甲的杀人行为及其结果的因果性，不应对甲的杀人行为承担既遂或未遂的责任，但有可能仍须承担预备的责任。需注意的是，如果乙不只是答应参加甲的杀人犯罪，而是与甲共谋了杀害丙的具体计划，而甲最终也是按照二人的共谋内容杀害了丙，即使乙最终未去现场，根据因果共犯论，由于乙的共谋行为仍然与甲的杀人行为和结果之间具有因果性，仍应承担既遂的责任。这提醒我们，要注意参与共谋的共犯和随声附和答应参加犯罪的共犯在共犯脱离条件上的区别。

（三）中止标准

1. 简单的共同犯罪

在简单共同犯罪中，所有正犯都自动中止犯罪的，均成立犯罪中止。例如，甲、乙、丙三人共谋对丁（女）实施轮奸，共同对丁实施暴力后，甲、乙、丙均自动停止了犯罪，均成立犯罪中止。

部分正犯自动中止犯罪，并阻止其他正犯继续实行犯罪或防止结果发生的，自动中止的正犯成立犯罪中止，其他没有自动中止的正犯是犯罪未遂。如在上例中，假设三人共同对丁实施暴力后，甲停止了奸淫行为，而且使用一定方法阻止了乙、丙的奸淫行为，则甲成立犯罪中止，乙、丙成立犯罪未遂。

部分正犯自动中止犯罪，但没有阻止其他正犯行为达到犯罪既遂的，均成立犯罪既遂。如在上例中，假设三人共同对丁实施暴力后，甲虽然停止了奸淫行为，但没能阻止乙、丙的奸淫行为的，甲不成立犯罪中止，与乙、丙一起成立强奸罪的既遂。

2. 复杂的共同犯罪

在复杂共同犯罪中，正犯自动中止犯罪的，正犯成立犯罪中止，共犯成立犯罪未遂。

共犯自动中止教唆行为、帮助行为，并阻止正犯行为达到既遂的，共犯成立中止，正犯成立犯罪未遂或中止；未能阻止正犯行为达到既遂的，共犯不成立犯罪中止，与正犯一起构成共同犯罪的既遂。

第六节　共犯人的处罚

我国刑法根据共犯人在共同犯罪中的作用，将其区分为主犯、从犯和胁从犯，分别规定不同的处罚原则，另外还对分工分类法下教唆犯的处罚作了独立规定。与德、日刑法以分工分类法对共犯人进行分类不同，我国刑法对共犯人的分类采用的主要是作用分类法。作用分类法能够较为充分地反映各个共犯人在共同犯罪中的作用，便于解决共同犯罪人的量刑问题。

一、主　　犯

（一）主犯的概念与种类

《刑法》第 26 条第 1 款规定："组织、领导犯罪集团进行犯罪活动或者在共同犯罪中起主要作用的，是主犯。"据此，主犯包括两类：

（1）组织、领导犯罪集团进行犯罪活动的犯罪分子，即犯罪集团的首要分子。

（2）其他在共同犯罪中起主要作用的犯罪分子，即除犯罪集团的首要分子以外的在共同犯罪中起主要作用的犯罪分子，包括犯罪集团中首要分子以外的在犯罪集团中起主要作用的犯罪分子和在一般共同犯罪中起主要作用的犯罪分子。

（二）主犯与首要分子的关系

《刑法》第 97 条规定："本法所称首要分子，是指在犯罪集团或者聚众犯罪中起组织、策划、指挥作用的犯罪分子。"据此，首要分子包括两类：（1）犯罪集团中的首要分子。犯罪集团的首要分子肯定是主犯，但犯罪集团中的主犯不一定是首要分子，因为在犯罪集团犯罪中起主要作用的非首要分子也是主犯。（2）聚众犯罪中的首要分子。在刑法既处罚首要分子，又处罚积极参加者和其他参加者的聚众犯罪中，虽然可以以刑法分则对首要分子规定了较重的法定刑为依据认定首要分子为主犯，但对这种首要分子不能适用刑法总则关于主犯的规定。在刑法只处罚首要分子的聚众犯罪中，如果首要分子只有一人，无所谓共同犯罪，也就无所谓主犯与从犯之分。如果首要分子为二人以上，则构成共同犯罪，应在首要分子之间比较他们所起的作用大小。如果都起主要作用的，则皆为主犯；如果有人起主要作用，有人起次要作用，则分别认定为主犯与从犯。

（三）主犯的处罚

（1）《刑法》第 26 条第 3 款规定："对组织、领导犯罪集团的首要分子，按照集团所犯的全部罪行处罚。”即犯罪集团的首要分子，除了对自己直接实施的具体犯罪承担刑事责任外，还要对犯罪集团所犯的全部罪行承担刑事责任。所谓“犯罪集团所犯的全部罪行”是指集团成员在集团总体性、概括性犯罪故意和计划支配下实施的罪行，对于这些罪行的具体实施，无论集团首要分子是否知晓，都要承担刑事责任。需注意的是，“犯罪集团所犯的全部罪行”不等于“犯罪集团成员所犯的罪行”，如果集团成员超出集团总体性、概括性犯罪故意和计划而实施了其他犯罪的，集团首要分子对这些犯罪不需要承担责任，如走私集团的个别成员私下实施了盗窃行为，犯罪集团的首要分子就无须对该盗窃行为承担刑事责任。

尽管犯罪集团的首要分子应对集团所犯的全部罪行负责，但在具体量刑时，并不意味着对其的处罚一定重于集团其他成员。对于组织成员实施的犯罪，组织者、领导者只是事后知晓，甚至根本不知晓，就只应负有一般的责任，直接实施的成员应负更重的责任。

（2）《刑法》第 26 条第 4 款规定：“对于第三款规定以外的主犯，应当按照其所参与的或者组织、指挥的全部犯罪处罚。”具体可以分为两种情形：①对于组织、指挥共同犯罪的主犯，按照其所组织、指挥的全部罪行处罚。②对于没有组织、指挥犯罪活动但在共同犯罪中积极参与、起主要作用的主犯，按照其所参与的全部罪行处罚。

二、从　　犯

（一）从犯的概念

《刑法》第 27 条第 1 款规定：“在共同犯罪中起次要或者辅助作用的，是从犯。”据此，无论共犯人在共同犯罪的分工上是正犯、教唆犯还是帮助犯，只要在共同犯罪中起次要或者辅助作用的，就是从犯。从犯既可能是帮助犯，也可能是正犯或教唆犯。

从犯依附于主犯而存在，没有主犯就没有从犯，有从犯必有主犯。但是，有主犯不一定有从犯，可能数个共犯人都是主犯。

（二）从犯的处罚

《刑法》第 27 条第 2 款规定："对于从犯，应当从轻、减轻处罚或者免除处罚。"刑法的表述是"应当"而不是"可以"，意味着对从犯必须从轻、减轻处罚或者免除处罚。至于对具体案件中的从犯是从轻、减轻还是免除处罚，需要考虑其所实施犯罪的性质、情节轻重、参与实施犯罪的程度以及在共同犯罪中所起的作用、人身危险性的大小等情况来确定。

三、胁从犯

（一）胁从犯的概念

根据《刑法》第 28 条的规定，被胁迫参加犯罪的，是胁从犯。所谓被胁迫参加犯罪，是指受到威胁、恐吓而被迫参加犯罪，如受到以自己或者亲友可能被剥夺生命、损害健康、揭发隐私、毁坏财物等为内容的精神强制而被迫参加犯罪。胁从犯是从犯的一种，是从犯中因受到胁迫而参加犯罪的人。

对于胁从犯的理解，应注意以下两点：（1）胁从犯虽然因受到胁迫而参加犯罪，但对是否参加犯罪仍然具有一定的选择自由。如在受到他人杀光全家的威胁之后杀死或强奸第三人。如果行为人的身体完全受到外在的暴力强制，完全丧失了选择行为的自由，则其实施的行为不属于刑法上的危害行为，不构成犯罪，也就不可能成为胁从犯。如银行柜员在犯罪分子用尖刀逼迫下打开保险箱、飞机驾驶员受持枪歹徒劫持按照歹徒的指令操控飞机等，不属于胁从犯。（2）胁从犯从参加犯罪开始到犯罪结束始终处于被胁迫状态。如果被胁迫者在开始时受胁迫参加犯罪，但后来积极主动参与共同犯罪，并起主要作用的，就不是胁从犯而是主犯。如果被胁迫者在开始参加犯罪时没有受到胁迫，但在实施共同犯罪的过程中受他人胁迫的，也不是胁从犯，而应按从犯处罚。

（二）胁从犯的处罚

《刑法》第 28 条规定："对于被胁迫参加犯罪的，应当按照他的犯罪情节减轻处罚或者免除处罚。”刑法对胁从犯的处罚总体上要轻于从犯。因为胁从犯主观上不是完全自愿参加犯罪，主观恶性较小，客观上在共同犯罪中所起作用也较小，客观危害不大。在处罚胁从犯时，要综合考虑各种犯罪情节，主要包括所参加犯罪的严重性、被胁迫的程度、所起作用的大小等。

四、教唆犯

对教唆犯的处罚，《刑法》第29条区分三种情形分别作了规定：

（1）“教唆他人犯罪的，应当按照他在共同犯罪中所起的作用处罚。”据此，如果教唆犯在共同犯罪中起主要作用的，就按主犯处罚；如果起次要作用，则按从犯处罚。由于教唆犯是犯意的发起者，没有教唆犯的教唆，就不会有犯罪的发生，因而教唆犯在司法实践中多被以主犯处罚。

（2）“教唆不满十八周岁的人犯罪的，应当从重处罚。”其中的“不满十八周岁的人”，包括没有达到刑事责任年龄的人。教唆没有达到刑事责任年龄的人犯罪，无论教唆者构成教唆犯还是间接正犯，都应当从重处罚。

（3）“如果被教唆的人没有犯被教唆的罪，对教唆犯，可以从轻或者减轻处罚。”据此，在被教唆的人没有犯被教唆的罪的情形中，对教唆犯可以从轻或者减轻处罚。对于何谓“被教唆的人没有犯被教唆的罪”，在“共犯的处罚根据”部分已作分析。

▶ 思考题

1. 共同犯罪人是否必须具有刑事责任能力？
2. 共同犯罪的成立是否必须具有意思联络？
3. 什么是犯罪集团？它和其他共同犯罪的区别是什么？
4. 共犯的处罚根据是什么？
5. 如何理解“共犯从属性说”和“共犯独立性说”之间的区别？
6. 如何理解共同犯罪中的因果性？
7. 主犯和首要分子的区别是什么？

第十一章　罪　　数

学习重点：（1）罪数的判断标准；（2）一行为一罪的情形；（3）数行为一罪的情形。

第一节　罪数概述

一、罪数的概念与意义

所谓罪数，是指一人所犯之罪的数量。

正确区分罪数，有利于准确定罪。准确定罪的含义，除了包括准确认定行为是否构成犯罪、构成何罪之外，还包括准确认定是构成一罪还是数罪。

正确区分罪数，有利于合理量刑。根据罪刑关系的基本原理，原则上对一罪只能一罚，对数罪应当并罚。将一罪认定为数罪时，通常会导致无根据地加重行为的处罚；将数罪认定为一罪时，往往会导致无根据地减轻行为的处罚。

二、罪数的判断标准

关于根据什么标准判断犯罪的个数，理论上存在不同学说：（1）行为说主张以行为的数量为标准区分一罪与数罪，一行为一罪、数行为数罪。（2）法益说主张以行为所侵害的法益数量为标准区分一罪与数罪，侵害一个法益为一罪、侵害数个法益为数罪。（3）犯意说主张以行为人所具有的犯意数量为标准区分一罪与数罪，具有一个犯意为一罪、具有数个犯意为数罪。（4）犯罪构成标准说主张，以行为符合犯罪构成的数量为标准区分一罪与数罪，符合一个犯罪构成为一罪，符合数个犯罪构成为数罪。

在以上学说中，行为说的主要问题是，行为数量的区分本身就是一个很大的问题，对于如何区分行为的数量，理论上就存在所谓的自然意义标准说、社会意义标准说和法律意义标准说，根据不同的标准可能会得出不同的答案；另外，即使有数个行为，也可能仅构成一罪，如强奸罪就可以包括暴力和奸淫两个行为。法益说的主要问题是，即使行为侵害了数个法益，也可能仅构成一罪，如抢劫罪既侵害了财产权也侵害了人身权。犯意说的主要问题是，即使行为人具有数个犯意，也可能仅构成一罪，如故意伤害致人死亡，对伤害是故意、对死亡结果是过失。

犯罪构成是判断行为是否成立犯罪的标准，因而，判断犯罪的个数原则上也应以行为符合犯罪构成的个数为标准。犯罪构成标准说可以克服行为说、法益说、犯意说所存在的上述问题。例如，根据犯罪构成标准，由于强奸罪的犯罪构成中本来就包含两个不同的行为环节，所以行为人虽然实施了两个行为但仍只符合一个犯罪构成从而仅成立一罪；由于抢劫罪的犯罪构成本来就决定了其会侵害财产权和人身权两种法益，所以行为虽然侵害了两个法益但仍只符合一个犯罪构成从而仅成立一罪；由于故意伤害致人死亡这个加重犯罪构成中本来就包含对伤害行为的故意和对死亡结果的过失两种犯意，所以行为人虽然具有两种犯意但仍只符合一个犯罪从而仅成立一罪。

但是，犯罪构成标准说也面临一些问题：（1）犯罪构成包含一个行为成立犯罪所要求的全部要素，但可能会出现一个案件在某些要素上是单一的，而在另一些要素上又是复数的情形。例如，朝他人开一枪，同时导致他人死亡和其身上的昂贵衣服毁坏，行为人只实施了一个行为，但侵害了两个法益。如果注重行为个数，是一罪；如果注重法益个数，是数罪。此时，行为人究竟是构成一罪还是数罪，犯罪构成标准说无法回答，需要根据其他标准作出判断。（2）有些行为从符合犯罪构成的个数的角度来看应当构成数罪，刑法分则却将其规定为一罪。例如，以勒索财物的目的绑架被害人后杀害被绑架人的，符合绑架罪与故意杀人罪两个犯罪构成，但《刑法》第239条第2款规定对这种情形仅以绑架罪加重处罚。再如，拐卖妇女过程中奸淫被拐卖的妇女的，符合拐卖妇女罪和强奸罪两个犯罪构成，但《刑法》第240条规定对这种情形仅以拐卖妇女罪加重处罚。（3）有些行为虽然符合数个犯罪构成，但司法实务一般作为一罪论处。例如，盗窃他人数额较大的财物后又予以毁坏的，行为人实施了两个行为，分别符合盗窃罪与故意毁坏财物罪两个犯罪构成，但实务上认为只需以盗窃罪一罪论处。再如，对于多次诈骗，虽然刑法分则没有规定按照一罪处理，但实务中一般认为不需要按数罪论处，只要累计计算诈骗数额以一罪论处。

综上，罪数的判断原则上以犯罪构成为标准，同时还应考虑刑法分则的特别规定和实务通行做法。

三、罪数的类型

罪数可以区分为以下三类。

（一）典型一罪

行为人实施一个行为、侵犯一种法益，明显只符合一个犯罪的犯罪构成，就是典型一罪。

（二）典型数罪

行为人实施数个行为、侵犯数个法益，明显符合数个犯罪的犯罪构成，且刑法分则没有特别规定按一罪论处、实务惯例也没有按一罪论处的，就是典型数罪。

数罪分为同种数罪与异种数罪。对于异种数罪，除了刑法分则有特别规定和实务惯例有特殊做法之外，原则上应当并罚。对于同种数罪，一般认为原则上无须并罚，可以在该种犯罪的法定刑幅度内从重处罚。

（三）不典型一罪

不典型一罪包括以下两种情形：

（1）一行为一罪。行为人只实施了一个行为，本来只应构成一罪，但由于具有某种特征而容易被误认为数罪，包括法条竞合和想象竞合两种情形。

（2）数行为一罪。行为人实施了数行为，也符合数个犯罪构成，本来应构成数罪，但刑法将其规定为一罪或实务上作为一罪论处，包括集合犯、结合犯、连续犯、事后不可罚行为、吸收犯和牵连犯等情形。其中，集合犯和结合犯是刑法将其规定为一罪，连续犯、事后不可罚行为、吸收犯和牵连犯是实务惯例以一罪论处。

在罪数的认定中，最容易产生认定问题的是不典型一罪，所以本章下文主要分析不典型一罪。

第二节 一行为一罪

一、法条竞合

（一）法条竞合的概念

通说认为，所谓法条竞合，是指一个行为同时符合数个法条规定的犯罪构成，但由于数个法条之间存在逻辑上的包容与被包容的关系，从而只能适用其中一个法条，排除适用其他法条的情形。例如，以牟利为目的传播淫秽物品，符合传播淫秽物品牟利罪的犯罪构成，成立传播淫秽物品牟利罪，同时也符合传播淫秽物品罪的犯罪构成，也成立传播淫秽物品罪。由于传播淫秽物品牟利罪的犯罪构成包含传播淫秽物品罪的全部要素，两者在逻辑上存在包含与被包含的关系，认定行为人只成立传播淫秽物品牟利罪就可以充分评价行为对法益的侵害，如果认定行为人同时成立两个罪名，就会形成对传播淫秽物品行为的重复评价，所以对行为人只应以传播淫秽物品牟利罪定罪处罚。

在传播淫秽物品罪牟利罪与传播淫秽物品罪之间，前者在构成要素上或者说逻辑内涵上包含后者，前者是特别法条，后者是普通法条。所以，法条竞合关系实质上是特别法条和普通法条之间的关系。绑架罪和非法拘禁罪之间、故意伤害致人死亡、入户抢劫、轮奸等加重构成与故意伤害罪、抢劫罪、强奸罪的基本构成之间，均存在包容与被包容的关系，也属于法条竞合关系。

如果两个法条之间不存在包容与被包容关系，就不可能是法条竞合关系。例如，盗窃罪和诈骗罪之间是对立关系，盗窃罪是违背被害人的意志非法占有其财物，诈骗罪是通过欺骗手段使被害人自愿交付财物从而取得其财物，两者都是非法取得他人财物的行为，但非法取得的方式完全对立，不可能是法条竞合关系。再如，故意杀人罪与盗窃罪之间是中立关系，两者的保护法益完全不同，相应的构成要素也不同，不可能是法条竞合关系。即使某一行为同时触犯这两个罪名，如明知糖尿病患者亟须注射胰岛素而将其偷走，同时构成盗窃罪和故意杀人罪，也不是法条竞合关系，只能是想象竞合关系。又如，遗弃罪与遗弃被监护、看护人罪之间是交叉关系，虽然两者的行为方式上都是遗弃，但在行为对象上不同，前者是家庭成员，后者是被监护、看护人，家庭成员并不必然是被监护、看护人，被监护、看护人也并不必然是家庭成员，所以也不是法条竞合关系。即使某一行为同时触犯这两个罪名，如遗弃的对象既是家庭成员又是被监护、看护人，也不是法条竞合关系，而是想象竞合关系。

（二）法条竞合的处理

对于法条竞合的处理，应采取特别法条优于普通法条原则，即根据特别法条的规定对行为人定罪处罚。但是，如果刑法分则条文有特别规定的，按照规定处理。例如，《刑法》第 149 条第 2 款规定，行为同时触犯第 140 条的生产、销售伪劣产品罪和第 141 ~ 148 条的犯罪的，依照处罚较重的犯罪定罪处罚。该款对法条竞合规定了重法优于轻法的处理方法。

二、想象竞合

（一）想象竞合的概念

所谓想象竞合，是指实施一个犯罪行为，但事实上触犯了数个罪名的情形。例如，盗窃公共汽车轮子上的大铆钉，导致公共汽车倾覆，造成车毁人亡，一个盗窃行为同时触犯了盗窃罪和破坏交通工具罪。再如，开一枪打死一人、打伤一人，一个开枪行为同时触犯了故意杀人与故意伤害两个罪名。

（二）想象竞合与法条竞合的区分

想象竞合是一个行为同时触犯数个罪名的情形，法条竞合同样符合这一特征。两者的区别何在？对此，理论上有两种不同观点。

1. 以逻辑的包容性为标准进行区分

我国传统刑法理论认为，法条竞合的产生原因在于两个法条之间存在逻辑上的包容与被包容关系，行为在触犯特别法条的同时必然会触犯普通法条。不需要借助案件事实，通过对两个条文的解释，就可以发现两者之间的包容与被包容关系。而在想象竞合的场合，两个法条之间不存在逻辑关系上的包容与被包容关系，触犯一个法条的行为并不必然会触犯另一个法条，只是实际案件在事实上同时符合了两个法条的犯罪构成，即其产生的原因在于案件事实本身。

2. 同时以逻辑的包容性和法益的同一性为标准进行区分

根据第一种观点，只要两个法条之间存在逻辑上的包容与被包容关系，两者就是法条竞合关系，那么，诈骗罪与保险诈骗罪之间，诈骗罪与合同诈骗罪之间，盗窃罪与盗窃枪支、弹药、爆炸物之间，盗窃罪与盗伐林木罪之间，抢劫罪与抢劫枪支、弹药、爆炸物之间等，都是法条竞合关系。这种观点会面临一定的问题。例如，行为人盗伐林木数量特别巨大，而且林木的财产价值达到数额特别巨大，如果认为盗伐林木罪和盗窃罪之间是法条竞合关系，以盗伐林木罪论处，最高才可能被判处 15 年有期徒刑，而如果盗窃其他财物达到数额特别巨大，则最高可能被判处无期徒刑。行为人的盗伐林木行为既侵害了财产权又破坏了森林资源，反而比仅侵犯财产权的行为处罚更轻，导致罪刑不均衡。为了解决这一问题，传统理论主张对法条竞合的处理以特别法条优于普通法条为原则、以重法优于轻法为例外，即在适用特别法条导致处罚过轻的情况下适用重法。但是，这种做法一方面违背了立法设置特别法条的初衷；另一方面具有明显的重刑主义倾向，因而受到理论上的批评。

为了应对上述问题，有学者主张，法条竞合的成立不仅要求两个法条之间存在逻辑上的包容关系，而且要求两个法条保护的法益具有同一性。[1] 例如，强奸罪和强制猥亵罪之间不仅具有逻辑上的包容关系，而且侵害的法益都是妇女的性自由权，所以两罪是法条竞合关系。如果两个法条之间虽然具有逻辑上的包容关系，但保护的法益不具有同一性，则应认定为想象竞合。例如，虽然盗窃罪和盗伐林木罪之间具有逻辑上的包容与被包容关系，但两者的保护法益不同，盗窃罪保护的法益是财产权，盗伐林木罪保护的法益是森林资源，所以应是想象竞合。而想象竞合的处理原则是从一重罪论处，故将盗窃罪和盗伐林木罪认定为想象竞合就可以避免上述处罚过轻的问题。根据这种观点，刑法分则不同章的法条之间即使存在逻辑上的包容关系，因保护法益不具有同一性而不能成立法条竞合。例如，诈骗罪与合同诈骗罪、诈骗罪与招摇撞骗罪、过失致人死亡罪与交通肇事罪等，因分属于刑法分则不同章，保护的法益不同，故不是法条竞合关系，而是想象竞合关系。另外，一个行为同时侵害不同法益主体的相同人身专属法益时，不是法条竞合而是想象竞合。例如，就同一法益主体而言，故意杀人罪和故意伤害罪是法条竞合关系，但当一个行为同时导致一个人死亡另一个人伤害时，就不是法条竞合，而是想象竞合。

（三）想象竞合的处理

一般认为，对想象竞合应采取从一重罪论处的处理原则。之所以仅以一

[1] 张明楷．刑法学：上［M］．6 版．北京：法律出版社，2021：628；周光权．刑法总论［M］．4 版．北京：中国人民大学出版社，2021：403.

罪论处，是因为行为人毕竟只实施了一个行为。之所以以重罪论处，是因为行为人的行为毕竟同时侵害了重罪和轻罪的法益。但是，如果刑法分则有特别规定，从其规定。例如，《刑法》第 204 条第 2 款规定，纳税人缴纳税款后，采取假报出口或者其他欺骗手段骗取所纳税款的，以逃税罪论处，骗取税款超过所缴纳的税款部分，以骗取出口退税罪论处。一般认为，当行为人的行为同时触犯逃税罪和骗取出口退税罪时，应当两罪并罚。另外，根据相关司法解释，一次走私不同物品，分别触犯不同罪名的，数罪并罚。

第三节　数行为一罪

一、集合犯

所谓集合犯，是指犯罪构成预定了数个同种类行为的犯罪。例如，未取得医生职业资格的人非法行医一次，符合非法行医罪的其他条件的，可以构成本罪，非法行医数次，符合非法行医罪的其他条件的，也仅构成一罪。

一般认为，集合犯包括以下三种类型：（1）常习犯，即犯罪构成预定具有某种常习性的行为人反复多次实施某种行为的犯罪。一般认为我国刑法中没有常习犯。（2）职业犯，即犯罪构成预定一定的犯罪作为职业或业务反复实施的犯罪。如非法行医罪，未取得医生职业资格的人将行医作为一种职业而反复从事行医活动。（3）营业犯，即犯罪构成预定以营利为目的反复实施一定犯罪。如《刑法》第 303 条规定，以营利为目的，聚众赌博或者以赌博为业的，构成赌博罪。其中“以赌博为业”意味着行为人以营利为目的，反复实施赌博行为，每次赌博行为本身并不构成独立的犯罪。刑法将反复实施的赌博行为类型化为一个犯罪构成，只成立一罪。

对于集合犯，按照刑法分则相应条文定罪处罚。

二、结合犯

所谓结合犯，是指数个原本独立的犯罪，根据刑法的规定，结合成一个犯罪。如《日本刑法》第 236 条和第 177 条分别规定了强盗罪与强奸罪，第 241 条又规定了强盗强奸罪，该罪名即为结合犯。

对于我国刑法中是否存在结合犯，理论上存在分歧。传统理论持否定观点，但有学者认为，《刑法》第 239 条第 2 款规定的"犯绑架罪又杀害被绑架人或者故意伤害被绑架人致人重伤、死亡"和第 240 条规定的"奸淫被拐卖的妇女"，属于结合犯。[1] 虽然从形式上看，这两个条文不同于日本刑法中的强盗强奸罪，没有将两个犯罪结合为一个新罪，但从实质上看，这两个条文也是将两个犯罪结合成一个犯罪后加重处罚，可以视为结合犯。

对于结合犯，按照刑法分则相应条文定罪处罚。

三、连续犯

（一）连续犯的概念与特征

所谓连续犯，是指基于一个概括的犯罪故意，连续实施数个性质相同的行为，触犯同一罪名的情形。例如，甲发现某厂职工宿舍管理不善，便起盗窃歹念，并于一天夜晚乘工人上夜班之机，先后三次到该厂三个宿舍盗窃。连续犯具备以下特征。

1. 基于概括的犯罪故意

所谓基于概括的犯罪故意，是指行为人实施的数次行为都是在一个更高层次的同一犯罪故意支配下实施的。在上例中，甲在同一天夜里先后三次到该厂三个宿舍盗窃，每次盗窃都有一个犯罪故意，但这三次盗窃都是在一个更高层次的犯罪故意即盗窃这个工厂职工宿舍支配下实施的。

这是连续犯区别于同种数罪的重要标志。在同种数罪的情况下，行为人虽然也实施了数个同种类的犯罪，但数个犯罪之上并没有一个更高层面的犯罪故意的支配。比如，甲 1 月盗窃了李某家，3 月盗窃了汪某家，4 月又盗窃了赵某家，甲的行为属于同种数罪而并非连续犯。

---

[1] 张明楷．刑法学：上［M］．6 版．北京：法律出版社，2021：626.

2. 连续实施数个行为

连续性的判断应当根据行为人的主观故意内容和行为的客观性质、手段和时间进行。例如甲欲杀乙、丙，杀乙时被抓获判刑。刑满释放后，又将丙杀死，虽然是继续以前的犯罪，但因前一行为已被判刑，后一行为只是单独犯罪，不是连续犯。

数个行为，包括数次行为都独立构成犯罪、数次行为都不独立构成犯罪而累加起来构成犯罪、数次行为中有的独立构成犯罪有的不独立构成犯罪三种情况。例如，行为人连续实施诈骗行为，每次的数额都达到数额较大的标准的、每次的数额都不达到数额较大标准但累加起来达到数额较大标准的、数次中有的达到数额较大有的没有达到数额较大标准的，都可以认定为连续犯。

这是连续犯区别于同种数罪的另一个标志，同种数罪不要求具有连续性。

3. 数个行为性质相同，触犯同一罪名

触犯同一罪名不同于触犯同一法条，如行为人先非法剥夺公民宗教信仰自由，后侵犯少数民族风俗习惯的，虽然只触犯了《刑法》第 251 条，但成立两个独立的犯罪，不是连续犯。

（二）连续犯的处理

对连续犯，原则上以一罪论处。根据《刑法》第 89 条的规定，对于连续犯的追诉期间，应从犯罪行为终了之日起计算。

四、事后不可罚行为

事后不可罚行为，又称为不可罚的事后行为或共罚的事后行为，是指犯罪行为既遂后，又实施了另一个犯罪行为，但后一个犯罪不可罚。

在这种情形中，后一犯罪行为之所以不可罚，主要基于两种不同原因：（1）后一行为没有侵害新的法益。例如，盗窃财物后毁坏财物，由于毁坏行为没有侵害新的法益，所以不另成立故意毁坏财物罪。但是，第一，如果甲明知乙盗窃他人财物，而与乙共同毁坏该财物的，甲可以成立故意毁坏财物罪；第二，如果事后行为侵害了新的法益，则应认定为数罪，如将盗窃的仿真品冒充文物出卖给他人骗取财物的，应以盗窃罪和诈骗罪数罪并罚。(2）后一行为不具有期待可能性。例如，盗窃后窝藏赃物或销售赃物的，不另成立窝赃、销赃类犯罪。但是，如果甲明知乙盗窃他人财物，而帮助乙窝藏赃物或者销售赃物的，甲成立赃物犯罪。

五、吸收犯

所谓吸收犯，是指实施了数个不同犯罪行为，其中一个行为吸收其他行为，仅成立吸收行为一个罪名的情形。如制造枪支、弹药后持有、私藏所制造的枪支、弹药；制造毒品后持有该毒品；盗窃枪支后持有所盗窃的枪支。吸收犯具备以下特征。

（一）数个行为触犯不同的罪名

数个行为均独立成罪，如果其中一个行为不成立犯罪，就不成立吸收犯。数个行为必须触犯不同罪名，否则就是同种数罪或连续犯。

（二）数个行为之间存在吸收关系

对于吸收关系的范围，传统理论认为包括三种情形：(1）重行为吸收轻行为，如非法制造枪支行为吸收持有枪支行为；(2）实行行为吸收预备行为，如为了杀人而买刀、为了杀人而入室，杀人行为吸收买刀和非法侵入住宅行为；(3）主行为吸收从行为，如共同犯罪中的实行行为吸收教唆或帮助行为。第一种情形中，后行为是前行为的必然结果，此种情形成立吸收犯，当无异议。第二种情形中，在预备行为不独立构成犯罪的情况下，认定为吸收犯没有意义，在预备行为独立构成犯罪的情况下，理论上多数认为是牵连犯。第三种情形中，涉及的是对共犯人分工的认定问题，不属于罪数问题。

如果从广义上理解吸收犯，事后不可罚行为也可以说是吸收犯的一种，也是一个犯罪吸收另一个犯罪。除此之外，先实施敲诈勒索，但由于未能使被害人产生恐惧心理，便当场以暴力抢劫对方财物，抢劫罪吸收敲诈勒索罪；先实施强制猥亵，后又实施强奸，强奸罪吸收强制猥亵罪；先实施故意伤害，后又改变主意，故意将被害人杀死，故意杀人罪吸收故意伤害罪，也可以说是吸收犯。但是，如果从狭义上理解吸收犯，这些情形和吸收犯还是有所区别的，在吸收犯中，后行为往往是前行为的必经阶段，但在这些情形中，后行为与前行为之间并没有这样的关系。

六、牵连犯

（一）牵连犯的概念与特征

所谓牵连犯，是指犯罪的手段行为或结果行为，与目的行为或原因行为分别触犯不同罪名的情形。如甲承租乙的房屋后，伪造身份证与房产证交给中介公司，中介公司不知有假，为其售房给不知情的丙，甲获款300万元。甲为了实施诈骗罪，而实施了伪造身份证与房产证的行为，触犯了伪造居民身份证罪、伪造国家机关证件罪，属于牵连犯。牵连犯具备以下特征。

（1）数个行为触犯不同的罪名。数个行为均独立成罪，如果其中一个行为不成立犯罪，就不成立牵连犯。数个行为必须触犯不同罪名，否则就是同种数罪或连续犯。

（2）数个行为之间存在牵连关系。对牵连关系的理解，理论上有不同观点。主观说认为，只要行为人主观上将某种行为作为目的行为的手段行为或者作为原因行为的结果行为，就存在牵连关系；客观说认为，只要客观上两种行为之间具有手段行为与目的行为、原因行为与结果行为之间的关系，就具有牵连关系；类型说认为，根据一般的社会经验，当某种手段通常用于实施某种犯罪，或者某种原因行为通常导致某种结果行为时，才宜认定为牵连犯。如非法侵入住宅杀人的，宜认定为牵连犯；但非法盗窃枪支后杀人的，不宜认定为牵连犯（虽然枪支经常用于杀人，但盗窃枪支并不是杀人的通常手段行为）。

相对于主观说和客观说，类型说更倾向于严格限制牵连犯的成立范围。在牵连犯的场合，行为人毕竟实施了两个完全独立的行为并且侵害了两种不同法益，属于异种数罪，本应数罪并罚，而牵连犯的处理原则是从一重罪

（从重）处罚。严格限制牵连犯的成立范围，可以避免处罚畸轻。类型说的观点也得到了司法实务的认可。司法实践认可的牵连犯的情形一般包括：伪造型犯罪与诈骗型犯罪（如伪造信用卡后实施信用卡诈骗）；侵入型犯罪与其他重罪（如非法侵入住宅杀人）。司法实践一般对以下情形不认定为牵连犯：盗窃、抢劫、抢夺机动车辆、公文、证件、印章之后用于其他犯罪；犯罪后为了毁灭罪证而实施杀人、放火、毁坏行为。

（二）牵连犯与吸收犯的区别

牵连犯和吸收犯都是行为人实施数个行为，触犯数个不同罪名，牵连犯因数罪具有牵连关系而按一罪论处，吸收犯因数罪具有吸收关系而按一罪论处，但数罪之间究竟在什么情况下是牵连关系和在什么情况下是吸收关系，并不存在清晰的界限。例如，对于入室杀人，究竟是吸收犯还是牵连犯，理论上存在不同看法。在目前理论界仍然同时保留两个概念的情况下，可以考虑以下两个因素进行区分：（1）吸收犯中两个犯罪的紧密程度要高于牵连犯中的两个犯罪，后行为往往是前行为的必经阶段；（2）吸收犯中的两个犯罪侵害的往往是同一种法益，只是在侵害程度上存在区别，而牵连犯中的两个犯罪往往侵害了不同法益。

（三）牵连犯的处理

对于牵连犯，一般采取从一重罪论处或从一重罪从重处罚的原则。前者如根据《刑法》第 399 条第 4 款的规定，司法工作人员因受贿而犯徇私枉法等罪的，依照处罚较重的规定定罪处罚；后者如根据《刑法》第 253 条第 2 条的规定，邮政工作人员私拆、隐匿、毁弃邮件并从中窃取财物的，以盗窃罪从重处罚。

但是，如果刑法分则条文有特别规定的，从其规定。例如，《刑法》第 198 条第 2 款规定，投保人、被保险人故意造成财产损失的保险事故，或者投保人、受益人故意造成被保险人死亡、伤残或者疾病骗取保险金，同时构成其他犯罪的，数罪并罚。

▶ 思考题

1. 法条竞合和想象竞合的区别是什么？
2. 连续犯和同种数罪的区别是什么？
3. 牵连犯和吸收犯的区别是什么？
4. 事后行为不可罚的理由是什么？

第 三 编

刑罚论

第十二章　刑罚概述

学习重点：（1）刑罚的概念与特征；（2）刑罚的正当化根据；（3）刑罚的功能。

第一节　刑罚的概念

一、刑罚的概念与特征

刑罚，是刑法规定的、由法院对犯罪人适用的剥夺其某种权益的最严厉的强制性制裁措施。刑罚具备以下特征。

（一）刑罚的本质属性是使犯罪人承受一定的剥夺性痛苦

任何一种刑罚均会剥夺犯罪人的某种权益，如有期徒刑是剥夺自由，没收财产是剥夺财产。通过剥夺犯罪人的某种权益，使其承受一定程度的痛苦。一方面是对其所实施的犯罪进行报应，从而实现正义的价值；另一方面是为了使其将来不敢再犯罪，从而起到预防犯罪的作用。

（二）刑罚是最严厉的强制性制裁措施

在所有法律制裁措施中，刑罚无疑是最为严厉的，最重甚至可以剥夺人的生命。也正因为此，使得刑法成为最为严厉的部门法。

（三）刑罚的适用对象只能是犯罪人

刑罚的适用对象只能是被法院审判确定有罪的人，对实施行政违法行为的人、犯罪嫌疑人、被告人均不得适用刑罚。

（四）刑罚具有明确的法定性

首先，刑罚由刑法明文规定，其他任何法律都不得规定刑罚。其次，刑罚由法院依法判处，其他任何机关都不得对犯罪人判处刑罚。最后，刑罚由特定机关依法执行，如有期徒刑由监狱执行、死刑由法院执行等，非法律规定的机关不得执行刑罚。

二、刑罚与刑事责任的关系

我国《刑法》多处使用了“刑事责任”一词，总则第二章第一节的标题是“犯罪和刑事责任”；具体条文如《刑法》第 14 条第 2 款规定：“故意犯罪，应当负刑事责任。”第 17 条第 1 款规定：“已满十六周岁的人犯罪，应当负刑事责任。”从这些规定可以看出，我国《刑法》中的“刑事责任”，是指实施犯罪之后所应承担的法律责任，即犯罪的法律后果。

我国《刑法》中的“刑事责任”不同于大陆法系犯罪构成体系中的“有责性”。在大陆法系犯罪构成体系中，有责性和构成要件符合性、违法性一样，只是犯罪的成立条件之一，表明的是行为人应当因其实施的违法行为受到责难，而不是指犯罪成立之后所产生的法律后果。另外，犯罪的实体是违法和有责，此处的“有责”同样只是犯罪的成立条件之一，而不是犯罪的法律后果。

刑罚是承担刑事责任的基本方法，但并不意味着承担刑事责任就一定要被判处刑罚。根据我国刑法规定，犯罪人承担刑事责任的方法主要包括两种：

（1）定罪判刑，即在对犯罪人定罪的基础上判处相应的刑罚。这是最基本的承担刑事责任的方法。

（2）定罪免刑，即对犯罪人虽然定罪但没有判处刑罚。如在犯罪中止的场合，如果没有造成损害的，应当免除处罚。定罪免刑具体又可以分为两种情况：一是被定罪后不但没有被判处刑罚，也没有被判处其他非刑罚处罚措施；二是被定罪后虽然没有被判处刑罚，但被判处了其他非刑罚处罚措施。如《刑法》第 37 条规定：“对于犯罪情节轻微不需要判处刑罚的，可以免予刑事处罚，但是可以根据案件的不同情况，予以训诫或者责令具结悔过、赔礼道歉、赔偿损失，或者由主管部门予以行政处罚或者行政处分。”据此，如果犯罪情节轻微，可以对犯罪人不判处刑罚，但可以判处训诫、责令具结悔过、赔礼道歉、赔偿损失等非刑罚处罚措施。

第二节　刑罚的正当化根据

刑罚本质上是一种痛苦（恶害），表现为对犯罪人权利与利益的剥夺或限制，并且对国家与社会具有一定副作用。所以，刑罚的存在必须具有合理根据。刑罚的正当化根据所要回答的问题是，作为一种恶害的刑罚，为什么对犯罪人适用具有正当性？对犯罪人科处什么样的刑罚，才是正当的？对此，存在报应刑论、目的刑论和并合主义三种不同观点。

一、报应刑论

报应刑论认为，刑罚是对犯罪的报应，即刑罚是针对恶行的恶报，恶报的内容必须是恶害，恶报必须与恶行相适应。恶有恶报、善有善报是古老的、朴素的正义观念，基于报应的原理对恶害的犯罪以痛苦的刑罚进行报应，体现了公正的价值，这便是刑罚的正当化根据。“因为有犯罪而科处刑罚”，是报应刑论的经典表述。

报应刑论存在绝对报应刑论和相对报应刑论之分。绝对报应刑论认为，报应是刑罚的唯一的正当化根据；相对报应刑论认为，报应是刑罚的正当化根据之一，除此之外，对犯罪的预防也是刑罚的正当化根据。

绝对报应刑论存在没有考虑预防犯罪的目的的缺陷，与诸多刑罚裁量和执行制度不协调。例如，刑罚规定了许多免予刑罚处罚的情节，还规定减刑、假释制度，这些都是绝对报应刑论所不能说明的。相对报应刑论将对犯罪的报应和预防同时作为刑罚的正当化根据，在力求实现公正价值的同时兼顾功利目的的实现，更具有合理性。

二、目的刑论

目的刑论认为，刑罚本身并没有什么意义，只有在为了实现一定目的即预防犯罪的意义上才有价值，因此，在预防犯罪所必要且有效的限度内，刑罚才是正当的。“为了没有犯罪而科处刑罚”，是目的刑论的经典表述。

目的刑论将预防犯罪作为刑罚的唯一的正当化根据。预防犯罪分为一般预防和特殊预防，前者是指通过制定刑罚和对犯罪人适用刑罚，对社会其他成员起到教育、警示和威慑作用，从而预防一般人犯罪，后者是指通过对犯罪人适用和执行刑罚，对其起到惩戒、教育、威慑作用，预防其将来再犯罪。

目的刑论可能存在的问题是，为了预防犯罪，可以适用与犯罪轻重完全不相适应的刑罚，从而不利于公正价值的实现和对公民人权的保障。因此，需要以报应刑来限制对预防犯罪目的的追求。

三、并合主义

并合主义是一种折中的观点，以相对报应刑论为内容，与相对报应刑论是意义同等的概念。并合主义认为，刑罚的正当化根据一方面是为了满足恶有恶报、善有善报的正义要求；另一方面也必须是防止犯罪所必需且有效的，应当在报应刑的范围内实现一般预防与特殊预防的目的。“因为有犯罪并为了没有犯罪而科处刑罚”，是并合主义刑罚理念的经典表述。

并合主义将报应和预防犯罪同时作为刑罚的正当化根据，使两者相互克服对方的缺陷，是长时间的实践经验总结和学术争论所形成的结论，是目前为止最为理想的刑罚理念。报应刑既可以限制刑罚的程度，以免为了追求预防犯罪的目的而滥施刑罚，也有利于刑罚目的的实现。预防刑使刑罚不再是无目的的报复，也使没有预防目的的报应刑丧失意义，从而使刑罚更为合理。

第三节 刑罚的功能

刑罚的功能，是指国家制定、适用和执行刑罚所产生的社会效果。刑罚功能可以分为对犯罪人的功能和对社会其他成员的功能。刑罚的目的正是通过这两方面的功能得以实现的。

一、对犯罪人的功能

（1）剥夺功能。通过剥夺犯罪分子的一定利益，剥夺其再犯罪的能力。如死刑是剥夺犯罪人的生命，无期徒刑、有期徒刑是永久或在一定时期内剥夺犯罪人的人身自由，罚金和没收财产是剥夺犯罪人的财产。

（2）个别威慑功能。通过剥夺犯罪分子的一定利益，使其感受到刑罚之苦，从而不敢再犯罪。

（3）教育感化功能。通过刑罚的适用和执行，使犯罪人从中受到教育，养成良好的规范意识，成为遵纪守法的公民。

二、对社会其他成员的功能

（1）教育功能。通过制定、适用和执行刑罚，使社会其他成员知法懂法，懂得什么样的行为是犯罪，从而避免实施犯罪。

（2）一般威慑功能。通过制定、适用和执行刑罚，使社会其他成员认识到犯罪就会受到惩罚，从而避免实施犯罪。

（3）安抚、补偿功能。通过对犯罪人适用和执行刑罚，安抚和补偿被害人，平息他们的报复情感，避免私人报复行为，预防犯罪发生。

▶ 思考题

1. 刑罚的基本特征是什么？

2. 刑罚的正当化根据是什么？

第十三章　刑罚的种类

学习重点：（1）主刑的种类及适用条件；（2）附加刑的种类及适用条件；(3）非刑罚处罚方法的种类及适用条件。

第一节　刑罚种类概述

一、刑罚的法定分类

根据《刑法》第32条的规定，刑罚分为主刑和附加刑。根据《刑法》第33条的规定，主刑包括管制、拘役、有期徒刑、无期徒刑和死刑。根据《刑法》第34条的规定，附加刑包括罚金、没收财产和剥夺政治权利。另外，《刑法》第35条规定的针对犯罪的外国人适用的驱逐出境也属于附加刑。

主刑和附加刑的区别在于，主刑只能独立适用，不能附加适用，对一个犯罪只能适用一个主刑，不能同时适用两个以上的主刑。附加刑既可以独立适用，也可以附加适用。所谓附加适用，是指在对一个犯罪适用主刑的同时适用附加刑。附加适用时，既可能只适用一个附加刑，也可能适用两个以上的附加刑。前者如对盗窃罪的犯罪人附加适用罚金，后者如对判处死刑的犯罪人同时附加适用剥夺政治权利和没收财产。

二、刑罚的理论分类

以刑罚所剥夺的犯罪分子的利益的性质为标准，可以将它们分为四类：

（1）生命刑，即死刑。（2）自由刑，包括管制、拘役、有期徒刑和无期徒刑。（3）财产刑，包括罚金和没收财产。（4）资格刑，包括剥夺政治权利和驱逐出境。

第二节　主　　刑

一、管　　制

（一）管制的概念和特征

管制，是对犯罪人不予关押，但限制其一定自由的刑罚方法。管制具有以下两个特征。

1. 对犯罪人不予关押

对犯罪人不予关押，即不剥夺犯罪人的人身自由。这就决定了管制的适用对象只能是罪行较轻的犯罪分子；也意味着管制具有执行的开放性，可以使罪犯留在原来的生活环境中，保持正常的工作与生活，有利于刑满后的再社会化。

2. 限制犯罪人一定自由

管制虽然不剥夺犯罪人的自由，但限制犯罪人一定的自由。所以，管制和拘役、有期徒刑、无期徒刑虽均属于自由刑，但管制属于限制自由刑，而其他三者属于剥夺自由刑。

（二）管制的期限

（1）《刑法》第38条第1款规定："管制的期限，为三个月以上二年以下。"

（2）根据《刑法》第69条第1款的规定，数罪并罚时，管制的期限最高不得超过三年。例如，行为人犯有两罪，分别被判处管制1年6个月和1年8个月。根据《刑法》第69条的规定，在决定对行为人最终应当判处的刑罚时，应当在两个犯罪中的最高刑即1年8个月以上，两个犯罪的总和刑期以下即 3 年 2 个月以下选择具体的刑期，但该条规定同时还规定，管制数罪并罚时的刑期不得超过 3 年，所以法官应当 1 年 8 个月以上 3 年以下选择最终的刑期。

（3）《刑法》第 41 条规定：“管制的刑期，从判决执行之日起计算；判决执行以前先行羁押的，羁押一日折抵刑期二日。”管制的刑期是从判决执行之日起计算，而不是判决生效之日起计算。判决生效之日和判决执行之日往往不是同一天，判决生效后将犯罪分子交付执行需要履行一定的手续，履行手续需要一定的时间，所以两者一般不是同一天。判决执行以前先行羁押的，羁押 1 日折抵刑期 2 日。所谓“羁押”，是指行为人在刑事诉讼过程中，包括在侦查、审查起诉和审判阶段，因被拘留或被逮捕而被剥夺人身自由。管制是限制自由刑，从公平的角度，刑法规定羁押 1 日折抵管制的刑期 2 日。

（三）管制的执行

（1）《刑法》第 38 条第 3 款规定：“对判处管制的犯罪分子，依法实行社区矫正。”所谓社区矫正，是指将罪犯置于社区内，专门机关与社会力量相结合，对罪犯进行个别化的矫正。根据《中华人民共和国社区矫正法》的规定，主管社区矫正的专门机关是县级以上地方人民政府的司法行政部门。此外，人民法院、人民检察院、公安机关和其他有关部门依照各自职责，依法做好社区矫正工作。居民委员会、村民委员会、社区矫正对象的监护人、家庭成员，所在单位或者就读学校、企业事业单位、社会组织、志愿者等，是协助或参与社区矫正的社会力量。对实行社区矫正的罪犯，不但要对其进行监督管理，还要进行教育帮扶。

（2）《刑法》第 39 条第 1 款规定：“被判处管制的犯罪分子，在执行期间，应当遵守下列规定：（一）遵守法律、行政法规，服从监督。（二）未经执行机关批准，不得行使言论、出版、集会、结社、游行、示威自由的权利。（三）按照执行机关规定报告自己的活动情况。（四）遵守执行机关关于会客的规定。（五）离开所居住的市、县或者迁居，应当报经执行机关批准。”此规定中，“遵守法律、行政法规”并没有实质意义，因为不仅是被判处管制的犯罪分子，普通公民也应该遵守法律、行政法规。“服从监督”，是指犯罪分子应当服从执行机关对其进行的各项监督。被判处管制的犯罪分子行使言论、出版、集会等权利要受到限制，必须经执行机关批准。言论、出版、集会等权利属于政治权利，被判处管制的犯罪分子并非被剥夺政治权利，只是在行使这些政治权利的时候要受到限制。如果要剥夺犯罪分子的政治权利，应另外附加判处剥夺政治权利。被判处管制的犯罪分子离开所居住的市、县或者迁居要受到限制，应当报经执行机关批准，但并非不能离开所居住的市、县或者迁居。

（3）《刑法》第39条第2款规定：“被判处管制的犯罪分子，在劳动中应当同工同酬。”

（4）《刑法》第40条规定：“被判处管制的犯罪分子，管制期满，执行机关应即向本人和其所在单位或者居住地的群众宣布解除管制。”由于被判处管制的犯罪没有被关押，而且是在社区中执行，所以和被判处剥夺自由刑的犯罪分子不同，在期满时没有明显的刑满释放的外在表现。因此，刑法要求执行机关在管制期满时履行向本人和其所在单位或者居住地的群众宣布解除管制的程序，以告知其本人和其他相关人员管制的刑期已经执行完毕，从此不再是犯罪人。

二、拘　　役

（一）拘役的概念

拘役，是指短期剥夺犯罪分子的人身自由的刑罚方法。

拘役不同于拘留。拘留分为行政拘留、刑事拘留、司法拘留。行政拘留是指公安机关依法对违反行政法律规范的人，在短期内剥夺人身自由的一种行政处罚方法，属于行政处罚措施。刑事拘留是指公安机关等在对刑事案件的侦查过程中，对于现行犯或者重大嫌疑分子所采取的临时剥夺其人身自由的强制方法，属于刑事诉讼强制措施。司法拘留是指人民法院对妨害民事诉讼、行政诉讼情节严重的人，在一定期间内剥夺其人身自由的强制措施。无论哪种拘留，适用的对象都不是犯罪人，都不属于刑罚。而拘役的适用对象是犯罪人，是短期剥夺犯罪分子的人身自由的刑罚方法，属于刑罚的一种。拘役与拘留在性质、适用对象、适用机关和法律依据等方面都明显不同。

（二）拘役的期限

（1）《刑法》第 42 条规定："拘役的期限，为一个月以上六个月以下。"

（2）根据《刑法》第 69 条第 1 款的规定，数罪并罚时，拘役的期限最高不能超过 1 年。

（3）《刑法》第 44 条规定："拘役的刑期，从判决执行之日起计算；判决执行以前先行羁押的，羁押一日折抵刑期一日。"和管制不同，拘役是剥夺自由刑，所以判决执行以前先行羁押的，羁押 1 日折抵刑期 1 日。

（三）拘役的执行

（1）《刑法》第 43 条第 1 款规定："被判处拘役的犯罪分子，由公安机关就近执行。"

（2）《刑法》第 43 条第 2 款前半段规定："在执行期间，被判处拘役的犯罪分子每月可以回家一天至两天。"刑法之所以如此规定，是因为这些犯罪分子的罪行毕竟相对较轻，允许其每月回家一天至两天不至于发生逃跑的现象，而且可以使犯罪分子和家庭保持正常的联系，不至于因被判刑而妻离子散，有利于刑满后回归正常的家庭和社会生活。回家的天数计算在刑期之内，即回家期间等同于在执行刑罚，不能将回家的天数从刑期中扣除。

（3）《刑法》第 43 条第 2 款后半段规定：被判处拘役的犯罪分子"参加劳动的，可以酌量发给报酬"。和被判处管制的罪犯在劳动中同工同酬不同，被判处拘役的罪犯参加劳动的，是酌量发给报酬。

三、有期徒刑

（一）有期徒刑的概念

有期徒刑，是指剥夺犯罪分子人身自由一定期限的刑罚方法。

（二）有期徒刑的期限

（1）《刑法》第45条规定："有期徒刑的期限，除本法第五十条、第六十九条规定外，为六个月以上十五年以下。"

根据《刑法》第50条和第69条的规定，有期徒刑的期限最高可能超过15年。其中，根据《刑法》第50条第1款的规定，被判处死刑缓期执行的犯罪分子，在死刑缓期执行期间，如果确有重大立功表现，2年期满以后，减为25年有期徒刑。根据《刑法》第69条第1款的规定，数罪并罚时，有期徒刑总和刑期不满35年的，最高不能超过20年，总和刑期在35年以上的，最高不能超过25年。

（2）《刑法》第47条规定："有期徒刑的刑期，从判决执行之日起计算；判决执行以前先行羁押的，羁押一日折抵刑期一日。"

（三）有期徒刑的执行

（1）根据《刑法》第46条前半段的规定，被判处有期徒刑的犯罪分子，在监狱或者其他执行场所执行。这里的其他场所，如关押少年犯的少管所。此外，有部分剩余刑期在2年以下的有期徒刑的罪犯，可能会在看守所执行。

（2）根据《刑法》第46条后半段的规定，被判处有期徒刑的犯罪分子，凡有劳动能力的，都应当参加劳动，接受教育和改造。罪犯参加劳动是我国刑罚执行的重要内容，所以有劳动能力的，都应当参加劳动。此外，罪犯还要接受思想政治、文化科学、劳动技能等方面的教育和改造。

四、无期徒刑

无期徒刑是剥夺犯罪分子终身自由，实行强制劳动改造的刑罚方法。

无期徒刑剥夺犯罪分子终身自由，是自由刑中最严厉的刑罚方法，因此仅适用于非常严重的犯罪。

根据《刑法》第46条的规定，被判处无期徒刑的犯罪分子，在监狱或者其他执行场所执行；凡有劳动能力的，都应当参加劳动，接受教育和改造。

五、死　　刑

（一）死刑的概念以及我国的死刑政策

死刑是剥夺生命的刑罚方法，包括死刑立即执行和死刑缓期执行。

死刑不但残忍，而且一旦执行，即使发现错误也无法挽回。所以，限制甚至废除死刑已成为一种世界潮流，世界上已经有不少国家废除了死刑。中国作为一个大国，欲谋求与其他国家的共同发展，也不得不对这种世界潮流作出回应。但死刑作为一种刑罚方法，在中国历史上源远流长，我国目前刑法中有大量罪名配备了死刑，马上废除死刑，并不具备足够的社会基础。所以，我国目前死刑政策的一个方面是保留死刑，同时，为了适应世界潮流，也要严格限制死刑。限制死刑表现在两个方面：一是在立法上，逐步缩小配置死刑的犯罪圈；二是在司法上，严格把握死刑的适用条件，尽量减少死刑的判决。

（二）死刑适用的限制

1. 适用条件的限制

《刑法》第48条第1款前半段规定：“死刑只适用于罪行极其严重的犯罪分子。”罪行极其严重，包括客观危害极其严重和主观恶性极其恶劣两个方面。

2. 适用对象的限制

（1）《刑法》第49条第1款规定：“犯罪的时候不满十八周岁的人和审判的时候怀孕的妇女，不适用死刑。”据此，对以下两种犯罪分子不适用死刑：一是犯罪的时候不满18周岁的人，即犯罪时还是未成年人。犯罪时不满18周岁的人，即使审判时已满18周岁，也不能判处死刑。二是审判的时候怀孕的妇女。对“审判的时候怀孕”应作扩大解释，既包括法院审判时妇女正在怀孕，也包括案件被起诉到法院之前，被告人怀孕但自然流产或被做了人工流产。就是说，只要被告妇女在进入刑事诉讼程序时正在怀孕，无论在刑事诉讼过程中是否流产，一律应视为“审判的时候怀孕的妇女”。如果审判的时候没有发现罪犯怀孕而作了死刑判决，在执行死刑前，发现罪犯正在怀孕，就应当停止执行，依法改判。“不适用死刑”既包括不能判处死刑立即执行，也包括不能判处死刑缓期执行。

（2）《刑法》第 49 条第 2 款规定：“审判的时候已满七十五周岁的人，不适用死刑，但以特别残忍手段致人死亡的除外。”审判的时候已满 75 周岁的人，原则上不适用死刑。判断年龄的时间点是审判的时候，而不是犯罪时。犯罪时未满 75 周岁，但审判时已满 75 周岁，不适用死刑。例外是，以特别残忍手段致人死亡的，仍然可以适用死刑。

3. 适用程序的限制

（1）根据刑事诉讼法的规定，死刑案件只能由中级以上人民法院进行一审。基层人民法院无权审理死刑案件。

（2）《刑法》第 48 条第 2 款前半段规定：“死刑除依法由最高人民法院判决的以外，都应当报请最高人民法院核准。”我国实行二审终审制，一个案件经过两级法院的审理即告终结。但死刑案件例外，还必须经过死刑复核程序，报请最高人民法院核准后死刑判决才能生效。当然，如果死刑判决是由最高人民法院作出的，就无须再经过这样一个程序。

4. 执行制度的限制

为了限制死刑的实际执行，我国刑法设置了死刑缓期执行制度。《刑法》第 48 条第 1 款后半段规定：“对于应当判处死刑的犯罪分子，如果不是必须立即执行的，可以判处死刑同时宣告缓期二年执行。”

死刑缓期执行的适用条件是：一是应当判处死刑，即根据刑法的规定和罪行的严重程度，应当判处死刑。二是不是必须立即执行。对此，刑法没有明文规定。根据审判经验，犯罪后自首、立功、坦白或者有其他法定从轻处罚情节的；在共同犯罪中罪行不是最严重的；被害人过错导致被告人激愤犯罪的；因婚姻家庭等民间纠纷激化引起的犯罪，被害人及其家属表示谅解的；对被害人积极进行赔偿，并认罪、悔罪的等，可以认定为“不是必须立即执行”。

《刑法》第48条第2款后半段规定："死刑缓期执行的，可以由高级人民法院判决或者核准。"

（三）死刑缓期执行制度

1. 死刑缓期执行的适用结局

根据《刑法》第50条第1款的规定，死刑缓期执行的适用结局包括以下几种情形：

（1）在死刑缓期执行期间，如果没有故意犯罪，2年期满以后，减为无期徒刑。只要在死刑缓期执行期间没有故意犯罪，2年期满以后就可以减为无期徒刑，即使在死缓期间过失犯罪的，2年期满以后也应当减为无期徒刑。

（2）在死刑缓期执行期间，如果确有重大立功表现，2年期满以后，减为25年有期徒刑。在死刑缓期执行期间任何时候有重大立功表现，都必须等2年期满以后才能减为25年有期徒刑。

（3）如果故意犯罪，情节恶劣的，报请最高人民法院核准后执行死刑。故意犯罪必须情节恶劣，才能报请最高人民法院核准后执行死刑。

问题是，故意犯罪且情节恶劣的，是否需要等到2年期满之后，才能执行死刑？对此，法条本身没有规定，理论上有两种不同观点。一种观点认为，在死缓期间故意犯罪经查证属实的，应及时核准执行死刑，不必等到2年以后。因为根据法条的规定，死缓犯不被执行死刑的最低条件是没有故意犯罪，既然行为人已经故意犯罪，就不存在不被执行死刑的可能，即使行为人之后有重大立功表现，也不能免除死刑的执行。另一种观点认为，死缓制度的宗旨是给犯罪人以自新之路，减少死刑的执行，犯罪人故意犯罪后不应立即执行死刑，在之后有重大立功表现的情况下，可以免除死刑的执行，减为无期徒刑。

（4）对于故意犯罪未执行死刑的，死刑缓期执行的期间重新计算，并报最高人民法院备案。这种情形是指故意犯罪但情节不恶劣，不需要执行死刑的，重新计算死刑缓期执行2年的期间。

2. 死刑缓期执行期间的计算

（1）《刑法》第 51 条前半段规定："死刑缓期执行的期间，从判决确定之日起计算。"2002 年《最高人民法院关于死刑缓期执行的期间如何确定问题的批复》规定：所谓从判决确定之日起计算，是指"从判决或者裁定核准死刑缓期二年执行的法律文书宣告或送达之日起计算"。死缓判决确定之前的羁押时间，不计算在 2 年的期限之内。

（2）《刑法》第 51 条后半段规定："死刑缓期执行减为有期徒刑的刑期，从死刑缓期执行期满之日起计算。"在死刑缓期执行期间有重大立功表现而被减为 25 年有期徒刑的，25 年有期徒刑的期间从死刑缓期执行的 2 年期满之日起计算。根据司法实践，先行羁押日期不予折抵减刑后的刑期。

3. 限制减刑

《刑法》第 50 条第 2 款规定："对判处死刑缓期执行的累犯以及因故意杀人、强奸、抢劫、绑架、放火、爆炸、投放危险物质或者有组织的暴力性犯罪被判处死刑缓期执行的犯罪分子，人民法院根据犯罪情节等情况可以同时决定对其限制减刑。"

据此，可以对两种死缓犯限制减刑：（1）对判处死刑缓期执行的累犯。这是从量刑情节进行限定。（2）因故意杀人、强奸、抢劫、绑架、放火、爆炸、投放危险物质或者有组织的暴力性犯罪被判处死刑缓期执行的犯罪分子。这是从犯罪性质进行限定。

限制减刑并不意味着不得减刑，而是指减刑的起始时间比其他罪犯长、每次减刑的幅度比其他罪犯要短、减刑的限度更加严格。例如，根据 2016 年最高人民法院《关于办理减刑、假释案件具体应用法律的规定》，被判处死刑缓期执行的罪犯减为无期徒刑后，符合减刑条件的，执行 3 年以上方可减刑；而被限制减刑的死刑缓期执行罪犯，减为无期徒刑后，符合减刑条件的，执行五年以上方可减刑。死刑缓期执行罪犯经过一次或几次减刑后，其实际执行的刑期不能少于 15 年；而人民法院依照《刑法》第 50 条第 2 款规定限制减刑的死刑缓期执行的犯罪分子，缓期执行期满后依法减为无期徒刑的，不能少于 25 年，缓期执行期满后依法减为 25 年有期徒刑的，不能少于 20 年。

第三节　附加刑

一、罚　　金

（一）罚金的概念

罚金，是指判处犯罪人向国家缴纳一定数额金钱的刑罚方法。

罚金不同于罚款。罚金是一种刑罚方法，而罚款是一种行政处罚措施。

（二）罚金的适用方式

根据刑法分则的规定，罚金的适用方式包括以下几种：

（1）单处罚金，即罚金只能单独适用，而不能附加适用。单处罚金只对单位犯罪适用。如根据《刑法》第 206 条第 3 款的规定，单位犯伪造、出售伪造的增值税专用发票罪的，对单位判处罚金。

（2）选处罚金，即罚金作为一种选择的法定刑，可以适用也可以不适用。如果适用，只能独立适用，而不能附加适用。如根据《刑法》第 275 条的规定，犯故意毁坏财物罪，数额较大或者有其他严重情节的，处 3 年以下有期徒刑、拘役或者罚金。

（3）并处罚金，即罚金只能附加适用，并必须适用，而不能单独适用。如根据《刑法》第 328 条的规定，犯盗掘古文化遗址、古墓葬罪，情节较轻的，处 3 年以下有期徒刑、拘役或者管制，并处罚金。

（4）并处或者单处罚金，即罚金既可以附加适用，也可以单独适用。如根据《刑法》第 191 条的规定，犯洗钱罪的，处 5 年以下有期徒刑或者拘役，并处或者单处洗钱数额 5% 以上 20% 以下罚金。

（三）罚金数额的确定

《刑法》在分则中将罚金规定为具体犯罪的法定刑时，绝大部分没有规定具体应判处的罚金数额，只在总则第 52 条规定：“判处罚金，应当根据犯罪情节决定罚金数额。”但是，如果仅仅根据犯罪情节决定罚金数额，由于不同犯罪人的财产状况不同，相同罚金对不同犯罪人可能产生的剥夺性痛苦程度会存在明显区别，从而就可能造成处罚的不公平。所以，确定罚金数额时，除了应根据犯罪情节之外，还应适当考虑犯罪人的经济负担能力。2000 年最高人民法院《关于适用财产刑若干问题的规定》：“人民法院应当根据犯罪情节，如违法所得数额、造成损失的大小等，并综合考虑犯罪分子缴纳罚金的能力，依法判处罚金。”

（四）罚金的执行方式

根据《刑法》第 53 条的规定，罚金的执行方式包括以下几种：

（1）一次或者分期缴纳，即法院可以决定犯罪人一次性缴纳或分期缴纳。

（2）强制缴纳，即期满有缴纳能力而不缴纳的，法院可以强制缴纳。

（3）随时追缴，即对于不能全部缴纳罚金的，法院在任何时候发现被执行人有可以执行的财产，随时都可以追缴。

（4）延期缴纳，即由于遭遇不能抗拒的灾祸等原因缴纳确实有困难的，经人民法院裁定，可以延期缴纳。

（5）减少或者免除缴纳，即由于遭遇不能抗拒的灾祸等原因缴纳确实有困难的，经人民法院裁定，可以酌情减少或者免除。

二、没收财产

（一）没收财产的概念

没收财产，是指将犯罪分子个人所有财产的一部或者全部强制无偿地收归国有的刑罚方法。

没收财产不仅可以没收犯罪分子的所有财产，还可以没收其部分财产。

没收财产不同于没收犯罪物品。《刑法》第 64 条规定：“犯罪分子违法所得的一切财物，应当予以追缴或者责令退赔；……违禁品和供犯罪所用的本人财物，应当予以没收。”追缴犯罪所得的财物、没收违禁品和供犯罪所用的本人财物，属于没收犯罪物品，不属于没收财产。没收财产是没收犯罪人合法所有并没有用于犯罪的财产，如果其财产因被用于犯罪而被没收的，就属于没收犯罪物品。

（二）没收财产的适用方式

（1）并处没收财产，即可以附加适用没收财产，也可以不附加适用没收财产，并不是非附加适用不可。如根据《刑法》第271条的规定，犯职务侵占罪，数额巨大的，处5年以上有期徒刑，可以并处没收财产。

（2）并处罚金或者没收财产，即罚金和没收财产可以择一而处，而无论选择罚金还是没收财产，都只能附加适用，并且必须适用，而不能单独适用。如根据《刑法》第171条的规定，犯出售、购买、运输假币罪，数额特别巨大的，处10年以上有期徒刑或者无期徒刑，并处5万元以上50万元以下罚金或者没收财产。

（三）没收财产的执行

（1）《刑法》第59条第1款规定：“没收全部财产的，应当对犯罪分子个人及其扶养的家属保留必需的生活费用。”基于人道主义，没收全部财产时，应当对犯罪分子个人及其扶养的家属保留必需的生活费用。

（2）《刑法》第59条第2款规定：“在判处没收财产的时候，不得没收属于犯罪分子家属所有或者应有的财产。”没收财产是没收犯罪分子个人的财产，所以要分清犯罪分子个人所有的财产和其家属所有的财产，不得没收其家属所有或者应有的财产，否则便违背了罪责自负原则。

（3）《刑法》第60条规定：“没收财产以前犯罪分子所负的正当债务，需要以没收的财产偿还的，经债权人请求，应当偿还。”首先，可以以没收的财产偿还的债务必须是犯罪分子所负的正当债务，非法债务不能以没收的财产偿还。其次，偿还合法债务以经债权人请求为前提。

（4）《刑法》第36条第2款规定：“承担民事赔偿责任的犯罪分子，同时被判处罚金，其财产不足以全部支付的，或者被判处没收财产的，应当先承担对被害人的民事赔偿责任。”就是说，在被害人实现赔偿的民事权利和国家对犯罪人执行罚金或没收财产相冲突时，优先保障被害人的民事权利。

三、剥夺政治权利

（一）剥夺政治权利的概念

剥夺政治权利，是指剥夺犯罪人参加管理国家和政治活动的权利的刑罚方法。

《刑法》第 54 条规定：“剥夺政治权利是剥夺下列权利：（一）选举权与被选举权；（二）言论、出版、集会、结社、游行、示威自由的权利；（三）担任国家机关职务的权利；（四）担任国有公司、企业、事业单位和人民团体领导职务的权利。”剥夺政治权利是同时剥夺上述四项权利，不能只剥夺上述权利的一部分。

（二）剥夺政治权利的适用方式

1. 附加适用

附加适用剥夺政治权利，包括两种情形；

（1）应当附加适用。应当附加适用包括两种情形：第一，《刑法》第 56 条第 1 款前半段规定：“对于危害国家安全的犯罪分子应当附加剥夺政治权利。”这是从犯罪性质进行的限定，只要犯了危害国家安全的犯罪，无论具体罪名是什么，无论被判处的主刑是什么，一律应当附加剥夺政治权利。第二，《刑法》第 57 条第 1 款规定：“被判处死刑、无期徒刑的犯罪分子，应当剥夺政治权利终身。”这是从判处的刑罚进行的限定，只要被判处死刑、无期徒刑的犯罪分子，无论其犯了哪种犯罪，一律应当附加剥夺政治权利。

（2）可以附加适用。《刑法》第 56 条第 1 款后半段规定：“对于故意杀人、强奸、放火、爆炸、投毒、抢劫等严重破坏社会秩序的犯罪分子，可以附加剥夺政治权利。”其中，故意杀人、强奸、放火、爆炸、投毒、抢劫是列举性规定，严重破坏社会秩序是概括性规定。就是说，只要犯了严重破坏社会秩序的犯罪的犯罪分子，均可以被附加剥夺政治权利。而所谓严重破坏社会秩序，本身是较为抽象的，这就意味着可以被附加剥夺政治权利的犯罪分子的范围是不确定的，同时也是非常广泛的。

2. 独立适用

《刑法》第56条第2款规定："独立适用剥夺政治权利的，依照本法分则的规定。"例如，《刑法》第249条规定："煽动民族仇恨、民族歧视，情节严重的，处三年以下有期徒刑、拘役、管制或者剥夺政治权利。"当法官选择只对犯罪人判处剥夺政治权利时，就属于独立适用。

（三）剥夺政治权利的期限

（1）《刑法》第55条第1款规定："剥夺政治权利的期限，除本法第五十七条规定外，为一年以上五年以下。"这是指，独立适用剥夺政治权利，或者判处有期徒刑、拘役附加适用剥夺政治权利，期限为1年以上5年以下。

（2）《刑法》第55条第2款规定："判处管制附加剥夺政治权利的，剥夺政治权利的期限与管制的期限相等，同时执行。"即判处管制附加剥夺政治权利的，剥夺政治权利的期限与管制的期限相等。

（3）《刑法》第57条第1款规定："对于被判处死刑、无期徒刑的犯罪分子，应当剥夺政治权利终身。"即主刑被判处死刑或无期徒刑时，附加的剥夺政治权利的期限是终身。

（4）《刑法》第57条第2款规定："在死刑缓期执行减为有期徒刑或者无期徒刑减为有期徒刑的时候，应当把附加剥夺政治权利的期限改为三年以上十年以下。"主刑是死刑缓期执行或无期徒刑时，剥夺政治权利的期限是终身，当减为有期徒刑时，剥夺政治权利的期限也应当适当缩短，应改为3年以上10年以下。

（四）剥夺政治权利期限的计算

1. 独立适用时的期限计算

刑法对独立适用剥夺政治权利时的期限计算没有明文规定，但根据对管制、拘役、有期徒刑执行期限的规定，独立适用剥夺政治权利时其期限应从判决执行之日起计算。

2. 判处有期徒刑、拘役附加剥夺政治权利时的期限计算

《刑法》第58条第1款规定：判处有期徒刑、拘役附加剥夺政治权利的刑期，“从徒刑、拘役执行完毕之日或者从假释之日起计算；剥夺政治权利的效力当然施用于主刑执行期间”。第一，主刑是有期徒刑、拘役时，附加剥夺政治权利的刑期，从徒刑、拘役执行完毕之日起或者从假释之日起开始计算，而不是从有期徒刑、拘役执行之日起计算。第二，剥夺政治权利的效力当然施用于主刑执行期间。这是指，虽然附加剥夺政治权利的刑期是从徒刑、拘役执行完毕之日起或者从假释之日起开始计算，但在徒刑、拘役执行期间也没有政治权利。例如，犯罪人被判处5年有期徒刑附加剥夺政治权利3年，3年的期限是从5年有期徒刑执行完毕之日起计算，如果犯罪人没有被减刑也没有被假释，那么在5年有期徒刑执行期间也没有政治权利，即实际上被剥夺了8年政治权利。

3. 判处管制附加剥夺政治权利时的期限计算

《刑法》第55条第2款规定：被判处管制附加剥夺政治权利的刑期，与管制的刑期同时起算、同时执行。即当主刑是管制时，附加剥夺政治权利的刑期与管制的刑期同时起算。

4. 判处死刑、无期徒刑附加剥夺政治权利的期限计算

《刑法》第57条第1款的规定，被判处死刑、无期徒刑的犯罪分子，应当剥夺政治权利终身。从死刑或无期徒刑执行之日起开始执行剥夺政治权利。

四、驱逐出境

驱逐出境，是指强迫犯罪的外国人离开中国国（边）境的处罚方法。

《刑法》第35条规定：“对于犯罪的外国人，可以独立适用或者附加适用驱逐出境。”其中，外国人包括具有外国国籍的人和无国籍的人，适用方式包括独立适用或者附加适用。

《中华人民共和国出境入境管理法》第81条规定：“外国人违反本法规

定，情节严重，尚不构成犯罪的，公安部可以处驱逐出境。”该条规定的驱逐出境不同于刑法规定的驱逐出境：(1) 处罚的性质不同。前者是一种行政处罚，适用于违反《中华人民共和国出境入境管理法》的有关规定并且情节严重的外国人；后者是一种刑事处罚，适用于在我国境内犯罪的外国人。(2) 适用的机关和程序不同。前者由地方公安机关依照有关规定的程序报告公安部，由公安部作出决定；后者由法院依照刑事诉讼法规定的程序进行判决。(3) 执行的时间不同。前者在公安机关作出决定后立即执行；后者在独立适用时，从判决发生法律效力之日起执行，在附加适用时，从主刑执行完毕之日起执行。

第四节　非刑罚处罚方法

我国刑法对犯罪除了将刑罚作为主要的处罚方法之外，还规定了一些非刑罚处罚方法。非刑罚处罚方法主要包括以下几种。

一、赔偿经济损失

《刑法》第 36 条规定：“由于犯罪行为而使被害人遭受经济损失的，对犯罪分子除依法给予刑事处罚外，并应根据情况判处赔偿经济损失。”

适用赔偿经济损失的前提条件是，被害人的经济损失必须由犯罪分子的犯罪行为所造成，如故意毁坏财物罪中毁坏了被害人财物，交通肇事罪中造成他人车辆损毁等。

二、训诫、责令具结悔过、赔礼道歉、赔偿损失、由主管部门予以行政处罚或者行政处分

《刑法》第 37 条规定：“对于犯罪情节轻微不需要判处刑罚的，可以免予刑事处罚，但是可以根据案件的不同情况，予以训诫或者责令具结悔过、赔礼道歉、赔偿损失，或者由主管部门予以行政处罚或者行政处分。”所谓

训诫，是指人民法院对犯罪人当庭予以批判、谴责，责令其改正，不再犯罪。所谓责令具结悔过，是指人民法院责令犯罪人用书面方式保证悔改，不再犯罪。所谓赔偿损失，是指对被害人进行经济赔偿。进行行政处罚或者行政处分的是相应的主管部门，人民法院作为司法机关，不能直接行使行政处罚权和对单位人员的行政处分权，所以应当向相关主管部门提出对犯罪人予以一定行政处罚或行政处分的司法建议，由相关主管部门对犯罪人进行行政处罚或行政处分。

适用以上非刑罚处罚方法的前提是犯罪分子的犯罪情节轻微而对其免予刑事处罚，也就是没有判处刑罚。

三、职业禁止

《刑法》第 37 条之一第 1 款规定："因利用职业便利实施犯罪，或者实施违背职业要求的特定义务的犯罪被判处刑罚的，人民法院可以根据犯罪情况和预防再犯罪的需要，禁止其自刑罚执行完毕之日或者假释之日起从事相关职业，期限为三年至五年。"据此，职业禁止的适用对象是利用职业便利实施犯罪，或者实施违背职业要求的特定义务的犯罪的犯罪分子，如职务侵占罪、违法发放贷款罪等；适用前提是犯罪分子被判处了刑罚，即职业禁止并不能独立适用；适用依据是犯罪情况和预防再犯罪的需要；禁止的内容是禁止从事相关职业；禁止的期限是自刑罚执行完毕之日或者假释之日起三年至五年。这里的"刑罚"是指主刑，不包括附加刑。例如，判处有期徒刑并附加剥夺政治权利，同时决定职业禁止的，在有期徒刑执行完毕后，就可以开始执行职业禁止。

《刑法》第 37 条之一第 2 款规定："被禁止从事相关职业的人违反人民法院依照前款规定作出的决定的，由公安机关依法给予处罚；情节严重的，依照本法第三百一十三条的规定定罪处罚。其他法律、行政法规对其从事相关职业另有禁止或者限制性规定的，从其规定。"据此，犯罪分子违反职业禁止令的，由公安机关给予行政处罚；情节严重，构成犯罪的，以拒不执行判决、裁定罪定罪处罚。如果其他法律、行政法规对职业禁止有不同规定的，从其规定。比如，根据律师法的规定，除过失犯罪外，受过刑事处罚的，不予颁发律师执业证书。这就意味着律师一旦因故意犯罪而受到刑事处罚，就不能再从事律师职业。此时，职业禁止的期限是终身，禁止其终身执业的原因也并非他实施了和律师职业有关的犯罪，而只要求是故意犯罪。法官法、检察官法和医师法均有类似的规定。

四、禁止令

《刑法》第38条第2款规定："判处管制，可以根据犯罪情况，同时禁止犯罪分子在执行期间从事特定活动，进入特定区域、场所，接触特定的人。"第72条第2款规定："宣告缓刑，可以根据犯罪情况，同时禁止犯罪分子在缓刑考验期限内从事特定活动，进入特定区域、场所，接触特定的人。"这两款规定的内容被称为禁止令。对于禁止令的理解，注意以下几点：

（1）禁止令只适用于管制犯和缓刑犯，不适用于假释犯。

（2）禁止令不是管制或缓刑本身的内容或执行方式。被判处管制或被宣告缓刑，并不一定被宣告禁止令。法条的表述是"可以"而不是"应当"，意味着并不是对任何管制犯或缓刑犯都必须宣告禁止令，只有根据其犯罪情况，从特殊预防的需要出发，认为确有必要宣告禁止令时，才宜宣告禁止令。

（3）判处禁止令时，可以禁止犯罪人"从事特定活动，进入特定区域、场所，接触特定的人"的一项或者几项内容。根据2011年最高人民法院、最高人民检察院、公安部、司法部印发《关于对判处管制、宣告缓刑的犯罪分子适用禁止令有关问题的规定（试行）》的规定，人民法院宣告禁止令，应当根据犯罪原因、犯罪性质、犯罪手段、犯罪后的悔罪表现、个人一贯表现等情况，充分考虑与犯罪分子和犯罪罪行的关联程度，有针对性地决定禁止其在管制期间"从事特定活动，进入特定区域、场所，接触特定的人"的一项或者几项内容。

（4）禁止令不能剥夺犯罪人的基本民事权利。例如，对于在公共厕所多次猥亵儿童的罪犯，可以禁止其接触儿童，但不应禁止其进入公共厕所；对于在医院寻衅滋事的罪犯，不应禁止其进入医院。

（5）禁止令的期限，既可以与管制执行、缓刑考验的期限相同，也可以短于管制执行、缓刑考验的期限，但判处管制的，不得少于3个月，宣告缓刑的，不得少于2个月。禁止令的执行期限，从管制、缓刑执行之日起计算。

（6）《刑法》第38条第4款规定：违反禁止令的，“由公安机关依照《中华人民共和国治安管理处罚法》的规定处罚”。与违反职业禁止情节严重构成犯罪不同，违反禁止令只构成行政违法，由公安机关进行行政处罚。

▶ 思考题

1. 我国自由刑体系的特点是什么？
2. 我国对死刑适用的限制体现在哪些方面？
3. 剥夺政治权利的适用对象是什么？

第十四章　刑罚的裁量

学习重点：（1）量刑的概念和原则；（2）量刑情节的概念、分类和运用规则；（3）数罪并罚和缓刑制度。

第一节　量刑概述

一、量刑的概念

刑罚裁量即量刑，是指法院在查明犯罪事实，认定犯罪性质的基础上，依法对犯罪人裁量刑罚的刑事审判活动。

首先，量刑是一种刑事审判活动。量刑和定罪是刑事审判活动的两个基本环节。

其次，量刑的基础是查明犯罪事实，认定犯罪性质。法院只有在查明犯罪事实，认定犯罪性质之后，才能量刑，即只能先定罪后量刑，而不能先量刑后定罪。

最后，量刑的内容是依法对犯罪人裁量刑罚。具体包括以下四个方面：（1）决定是否对犯罪人判处刑罚。如果犯罪人有可以免除处罚的情节，首先要决定是否对其判处刑罚。（2）决定对犯罪人判处何种和多重的刑罚。如果决定对被告人判处刑罚，需要进一步决定对犯罪人判处何种刑罚（选择刑种）和多重的刑罚（确定刑度）。（3）决定对犯罪人所判处的刑罚是否立即执行。如果犯罪人符合缓刑条件，还需决定是否立即执行所判处的刑罚。

(4) 在一人犯有数个犯罪的情况下，还要决定如何对数个犯罪的刑罚进行并罚。

二、量刑的原则

关于量刑的原则，刑法两个条文作了规定，分别是《刑法》第5条和第61条。其中，《刑法》第5条不仅是量刑的原则，更是刑法的基本原则，在刑法的基本原则一章已作过分析，不再赘述。本章仅对第61条的规定作简要分析。

《刑法》第61条规定："对于犯罪分子决定刑罚的时候，应当根据犯罪的事实、犯罪的性质、情节和对于社会的危害程度，依照本法的有关规定判处。"据此，量刑应遵循以下原则：

（1）以犯罪事实为根据。即要在查清犯罪事实、正确认定犯罪性质、全面掌握犯罪情节和综合评价犯罪的社会危害程度的基础上对犯罪分子裁量刑罚。

（2）以刑法规定为准绳。即在量刑时必须严格遵守刑法关于刑罚适用的各种规定，既要遵守刑法总则对各种刑罚方法的适用条件、各种量刑情节的运用规则的规定，也要遵守刑法分则对各个具体犯罪的法定刑的规定。

第二节　量刑情节

一、量刑情节的概念

量刑情节，是指法院对犯罪人依法裁量刑罚时所需考虑的、据以决定刑罚轻重或者免予刑罚处罚的各种事实情况。

首先，量刑情节是对犯罪人依法裁量刑罚时所需考虑的各种事实情况，是犯罪构成事实之外的事实情况。如果某一情节本身属于犯罪构成的内容，具有区分罪与非罪、此罪与彼罪的作用，则它不是量刑情节，而是定罪情节。

如根据《刑法》第246条的规定，以暴力或者其他方法公然侮辱他人或者捏造事实诽谤他人，情节严重的，构成侮辱罪或诽谤罪。这里的“情节严重”是决定侮辱或诽谤行为是否构成犯罪的因素，属于侮辱罪或诽谤罪的犯罪构成要素，属于定罪情节而不是量刑情节。

其次，量刑情节既包括反映罪行轻重的各种情况，也包括反映行为人人身危险性大小的各种情况。根据罪责刑相适应原则，刑罚的轻重应当与犯罪的轻重和犯罪人的人身危险性大小相适应，所以反映罪行轻重和犯罪人人身危险性大小的所有事实情况都属于量刑情节。法官在量刑时，对这两方面的因素均要予以充分考虑。

最后，量刑情节是选择法定刑和决定宣告刑的依据。例如，《刑法》第264条规定：盗窃财物“数额巨大或者有其他严重情节的，处三年以上十年以下有期徒刑”。“数额巨大或者有其他严重情节”就是决定选择“三年以上十年以下有期徒刑”这个法定刑幅度的因素，属于量刑情节。法官在确定该适用的法定刑之后，还要进一步决定对被告人具体判处的刑罚，形成宣告刑，比如在3年以上10年以下幅度内决定具体的刑期。这个时候，法官同样是以量刑情节为依据，如通过考虑具体数额大小、犯罪人是否自首、是否累犯、是否具有其他法定减轻或免除情节等来决定最终的刑罚。

二、量刑情节的分类

以刑法有无明文规定为标准，可以将量刑情节分为法定情节与酌定情节。

（一）法定量刑情节

法定量刑情节，是刑法明文规定在量刑时应当予以考虑的情节。法定量刑情节既有刑法总则规定的，也有刑法分则规定的。根据各种情节在量刑中所起的作用，可以分为以下四类。

（1）从重处罚情节：教唆不满18周岁的人犯罪（第29条第1款）；累犯（第65条第1款）；国家机关工作人员利用职权犯非法拘禁罪（第238条第4款）。在具有从重处罚情节的情况下，都是“应当”而不是“可以”从重处罚。

（2）从轻处罚情节。仅具有从轻处罚功能的情节在刑法中只有一个：犯罪嫌疑人虽不具有自首情节，但是如实供述自己罪行的，可以从轻处罚（第67条第3款）。大多数从轻处罚情节同时具有减轻功能，如不满18周岁的人犯罪的，应当从轻或者减轻处罚（第17条第4款）；犯罪未遂的，可以从轻或者减轻处罚（第23条第2款）。

（3）减轻处罚情节。仅具有减轻处罚功能的情节在刑法中只有两个：中止犯造成损害的，应当减轻处罚（第24条第2款）；犯罪嫌疑人虽不具有自首情节，但如实供述自己罪行，避免特别严重后果发生的，可以减轻处罚（第67条第3款）。大部分减轻处罚情节同时具有从轻或免除处罚功能，如从犯，应当从轻、减轻或者免除处罚（第27条第2款）；又聋又哑的人或者盲人犯罪可以从轻、减轻或者免除处罚（第19条）；预备犯，可以从轻、减轻或者免除处罚（第22条第2款）。

（4）免除处罚情节。仅具有免除处罚功能的情节在刑法中只有两个：中止犯没有造成损害结果的，应当免除处罚（第24条第2款）；犯罪后自首且犯罪较轻的，可以免除处罚（第67条第1款）。大部分免除处罚情节同时具有减轻处罚或者从轻处罚功能。

（二）酌定量刑情节

酌定量刑情节，是指刑法未作明文规定，法院根据刑法精神与刑事政策从审判经验中总结出来的，在量刑时需要酌情考虑的情节。一般认为，以下情节是在量刑时应当予以酌情考虑的：

（1）犯罪的手段。比如同样是故意杀人，手段的残忍程度，在量刑时应当予以考虑。

（2）犯罪的时空条件。比如在发生自然灾害时犯罪，其罪行就重于在平时的犯罪，量刑时应当考虑。

（3）犯罪的对象。比如同样是盗窃，盗窃救灾、抢险款物的罪行就重于盗窃一般公私财物，量刑时应区别对待。

（4）犯罪造成的结果。比如同样是故意伤害，造成哪种伤害程度，量刑时应当予以考虑。

（5）犯罪的动机。比如同样是抢劫，为了劫富济贫抢劫和为了个人挥霍抢劫，量刑时应有所不同。

（6）犯罪后的态度。比如犯罪后是逃跑还是积极抢救被害人，量刑时应有所不同。

（7）犯罪人的一贯表现。犯罪人平时一贯表现良好，这次犯罪只是一时兴起或因受刺激而犯罪和犯罪人向来为非作恶，屡教不改，量刑时应有所不同。

（8）前科。是否具有前科，在量刑时也应该有所考虑。

三、量刑情节的运用

（一）从重、从轻处罚情节的运用

《刑法》第 62 条规定："犯罪分子具有本法规定的从重处罚、从轻处罚情节的，应当在法定刑的限度以内判处刑罚。"

首先，从重或从轻处罚都应当在法定刑的限度以内判处刑罚。例如，假设犯罪所对应的法定刑是 3 年以上 10 年以下有期徒刑，那么无论是具有从重还是从轻处罚情节，均只能在这个限度内判处刑罚。

其次，从重和从轻处罚可以分别判处法定最高刑和法定最低刑。《刑法》第 99 条规定："本法所称的以上、以下、以内，包括本数。"据此，如果法定刑是 3 年以上 10 年以下有期徒刑，具有从重处罚情节时最重可以判处 10 年有期徒刑，具有从轻处罚情节时最轻可以判处 3 年有期徒刑。

再次，所谓"法定刑的限度"是指与罪行轻重相适应的法定刑幅度。如果刑法对某一犯罪规定了几个不同的法定刑幅度，应以与其罪行轻重相适应的法定刑幅度作为"法定刑的限度"。例如，《刑法》第 234 条对故意伤害罪规定了 3 个法定刑幅度，故意伤害致人轻伤的，处 3 年以下有期徒刑；致人重伤的，处 3 年以上 10 年以下有期徒刑；致人死亡或者以特别残忍手段致人重伤造成严重残疾的，处10年以上有期徒刑、无期徒刑或者死刑。当犯罪人具有从重处罚、从轻处罚情节时，首先要根据伤害程度确定基本的法定刑幅度，如果是致人重伤，那么应该适用的法定幅度就是3年以上10年以下有期徒刑，然后再在这个法定刑幅度内从重或从轻处罚。

最后，从重从轻处罚并不以法定刑的“中间线”为准。从重处罚不意味着一定要在法定刑的中间线以上判处刑罚，从轻处罚也不意味着一定要在法定刑的中间线以下判处刑罚。从重处罚只是意味着相对于没有从重处罚情节时的处罚要重一些，从轻处罚也只是意味着相对于没有从轻处罚情节时的处罚要轻一些，但最终的刑罚均既可能在法定刑中间线以上，也可能在法定刑中间线以下。例如，假设犯罪对应的法定刑幅度是3年以上10年以下有期徒刑，如果没有从重情节，犯罪人应当被判处的刑罚是4年有期徒刑，考虑其具有从重处罚情节，最终判处其5年有期徒刑。此时，被告人虽然具有从重处罚情节，但最终被判处的刑罚仍然在3年到10年有期徒刑的中间线以下。

（二）减轻处罚情节的运用

《刑法》第63条第1款规定：“犯罪分子具有本法规定的减轻处罚情节的，应当在法定刑以下判处刑罚；本法规定有数个量刑幅度的，应当在法定量刑幅度的下一个量刑幅度内判处刑罚。”第2款规定：“犯罪分子虽然不具有本法规定的减轻处罚情节，但是根据案件的特殊情况，经最高人民法院核准，也可以在法定刑以下判处刑罚。”据此，减轻处罚包括法定减轻处罚和酌定减轻处罚。

1. 减轻处罚的种类

（1）法定减轻处罚。法定减轻处罚时，犯罪人具有法定的减轻处罚情节，既可能是具有“应当”减轻处罚情节，也可能是具有“可以”减轻处罚情节。

（2）酌定减轻处罚。酌定减轻处罚时，犯罪人没有法定的减轻处罚情节。刑法规定的适用条件是“根据案件的特殊情况”。案件具有特殊情况，一般是指具有国家政治、外交、国防、民族等方面的特殊需要。此外，刑法还对酌定减轻处罚设置了程序上的限制，即须经最高人民法院核准。

2. 如何减轻处罚

（1）根据《刑法》第 63 条第 1 款前半段的规定，减轻处罚时“应当在法定刑以下判处刑罚”。和从轻处罚是在法定刑幅度内判处刑罚不同，减轻处罚是跨越法定刑幅度的最低限判处刑罚。例如，故意伤害致人死亡的，对应的法定刑幅度是 10 年以上有期徒刑、无期徒刑和死刑，当具有减轻处罚情节时，应在下一个法定刑幅度即在 3 年以上 10 年以下判处有期徒刑。而且，为了和从轻处罚相区分，不能判处 10 年有期徒刑。

由于刑法分则对不同犯罪法定刑的规定方式不同，在法定刑以下判处刑罚可能会产生不同的结果：如果刑法分则对某个犯罪规定的法定最低刑并非该刑种的最低刑，那么减轻处罚时，就应在该条文规定的最低限度以下、该刑种的最低限以上判处刑罚。如《刑法》第 236 条规定强奸罪的基本法定刑是“3 年以上 10 年以下”，最低刑是 3 年有期徒刑，但 3 年并不是有期徒刑的最低刑，有期徒刑的最低刑是 6 个月，那么减轻处罚时，应当在“6 个月以上 3 年以下”判处刑罚。此时只是刑期的减轻，而没有改变刑种。如果刑法分则条文规定的法定最低刑是该刑种的最低刑，那么减轻处罚时，就只能减轻为另一种更轻的刑罚。如《刑法》第 252 条规定的侵犯通信自由罪只有一个法定刑幅度，即“1 年以下有期徒刑或者拘役”。该罪的最低刑是拘役 1 个月，即已经是拘役的最低刑。那么减轻处罚时，就只能判处管制。此时是刑种的减轻。

（2）根据《刑法》第 63 条第 1 款后半段的规定，犯罪有数个量刑幅度的，减轻处罚时应当在法定量刑幅度的下一个量刑幅度内判处刑罚。例如，故意伤害致人死亡的，对应的法定刑幅度是 10 年以上有期徒刑、无期徒刑和死刑，当具有减轻处罚情节时，应在下一个法定刑幅度即在 3 年以上 10 年以下判处有期徒刑，原则上不能在再下一个法定刑幅度即 3 年以下有期徒刑、拘役、管制这个法定刑幅度内判处刑罚。

（三）免除处罚情节的运用

所谓免除处罚，是指当具有免除处罚情节时，对犯罪人作有罪宣告，但不判处刑罚。

对于免除处罚情节的运用，有争议的是《刑法》第37条的规定："对于犯罪情节轻微不需要判处刑罚的，可以免予刑事处罚，但是可以根据案件的不同情况，予以训诫或者责令具结悔过、赔礼道歉、赔偿损失，或者由主管部门予以行政处罚或者行政处分。"对于该规定的性质，理论上有两种不同观点：一种观点认为，该条规定的是独立的免除处罚事由，即在没有法定免除处罚情节的情况下，也可以以"犯罪情节轻微不需要判处刑罚"为由对犯罪人免除处罚。另一种观点认为，该条规定的不是独立的免除处罚事由，而只是对其他法定免除处罚情节的概括性规定，它只是告诉司法者在具有法定免除处罚情节而不判处刑罚时，可以适用非刑罚处罚方法，而不是仅根据此条规定就可以对犯罪人免除处罚。如果将其作为一种独立的免除处罚事由，仅以"犯罪情节轻微不需要判处刑罚"为由就可以对犯罪人免除处罚，那么法官的自由裁量权过大，会导致司法的恣意。另外，根据《刑法》第63条第2款的规定，酌定减轻处罚时，必须经过最高人民法院核准，而第37条并没有类似的规定。如果认为可以直接根据《刑法》第37条免除处罚，就意味着酌定减轻处罚时需要经过最高人民法院核准，酌定免除处罚时反而不需要经过最高人民法院核准，显然不合理。

（四）多功能情节的运用

所谓多功能情节，是指一个情节同时具有多项功能，如犯罪预备，同时具有从轻、减轻、免除处罚三项功能。相反，累犯只有从重处罚一项功能，因而属于单功能情节。对于多功能情节的运用，应遵循以下规则：

（1）根据罪行轻重决定功能的取舍，罪行轻的，应选择较大的从宽功能；反之，则选择较小的从宽功能。例如，同样是犯罪未遂，罪行轻的，就应考虑选择减轻处罚；罪行较重的，则应考虑选择从轻处罚。

（2）根据量刑情节本身的情况选择具体的功能。例如，同样是自首，甲是犯罪后立即自动投案，并如实供述了全部罪行，应考虑减轻处罚；乙是犯罪后过了较长时间才自动投案，并如实供述了自己的主要罪行，应考虑从轻处罚。

（3）考虑刑法对不同功能的排列顺序。如有的规定可以“免除或者减轻处罚”，有的则规定可以“减轻或者免除处罚”。这种顺序的排列，反映了刑事立法的倾向性意图，启示审判人员首先考虑排列在前面的功能。

（五）不同情节竞合时的运用

所谓不同情节竞合，是指犯罪人同时具有不同功能的量刑情节。具体分为以下两种情形：

（1）具有数个同向功能情节，即同时具有数个从宽处罚情节或数个从严处罚情节，如既是犯罪未遂又是自首。此时，对犯罪人可以予以较大幅度的从宽或从严处理，但不能改变量刑情节所具有的功能，两个以上的从轻情节不能升格为减轻情节。

（2）具有数个异向功能情节，即同时具有从宽处罚情节和从严处罚情节，比如既是自首又是累犯。对此该如何处理，存在不同观点：一种观点主张，先不考虑量刑情节，确定应当判处的刑罚，再以这个刑罚为基准，考虑从严情节估量出应当判处的刑罚，然后再考虑从宽情节确定最终的刑罚。还有观点主张，对这些情节对刑罚轻重的影响力大小进行分析和评估，分别确定各自的比例权重，然后将轻重比例等量抵消，剩下的就只是或轻或重的情节比例，再据此确定最终的刑罚。另有观点主张，对不同功能的情节影响刑罚轻重的分量和作用进行分析和评估，优先适用明显优势情节，再适用其他情节；如果情节之间并无优势差别而大致相当，先考虑从严情节估量出应当判处的刑罚，再考虑从宽情节，确定最终的刑罚。

四、累　犯

累犯，是指被判处一定刑罚，在刑罚执行完毕或者赦免以后，在法定期限内又犯一定之罪的犯罪人。累犯不同于再犯。凡是犯罪之后再犯罪的，都是再犯。但累犯的成立条件比再犯更加严格，再犯不一定是累犯。根据《刑法》第65条和第66条的规定，累犯分为一般累犯和特别累犯，各自的成立条件不同，但法律后果相同。

（一）一般累犯的成立条件

《刑法》第65条第1款规定："被判处有期徒刑以上刑罚的犯罪分子，刑罚执行完毕或者赦免以后，在五年以内再犯应当判处有期徒刑以上刑罚之罪的，是累犯，应当从重处罚，但是过失犯罪和不满十八周岁的人犯罪的除外。"据此，一般累犯的成立应同时符合以下四个条件：

（1）罪质条件。前罪与后罪都必须是故意犯罪。前罪或后罪有一个过失犯罪的，不成立累犯。

（2）刑度条件。前罪被判处的刑罚与后罪应当被判处的刑罚都是有期徒刑以上刑罚。前罪被判处的刑罚与后罪应当被判处的刑罚有一个不是有期徒刑以上刑罚的，不成立累犯。

（3）时间条件。后罪发生在前罪的刑罚执行完毕或者赦免以后5年以内。后罪发生在前罪的刑罚执行期间，或发生在前罪的刑罚执行完毕或者赦免以后5年之后的，均不成立累犯。如果前罪是免于刑罚处罚的，不成立累犯。"刑罚执行完毕"是指主刑执行完毕，附加刑是否执行完毕不影响累犯的成立。

（4）主体条件。犯罪人在实施前罪与后罪时均已满18周岁。实施前罪时不满18周岁，实施后罪时已满18周岁的，不成立累犯。

（二）特别累犯的成立条件

《刑法》第66条规定："危害国家安全犯罪、恐怖活动犯罪、黑社会性质的组织犯罪的犯罪分子，在刑罚执行完毕或者赦免以后，在任何时候再犯上述任一类罪的，都以累犯论处。"据此，特别累犯的成立应符合以下两个条件：

（1）前罪和后罪都必须是危害国家安全犯罪、恐怖活动犯罪或黑社会性质组织犯罪。只要前罪与后罪是这三类犯罪之一，就可以成立特别累犯。如前罪是危害国家安全犯罪，后罪是恐怖活动犯罪，后罪发生在前罪的刑罚执行完毕或赦免以后，成立特别累犯。若前后罪有一罪不属于这三类犯罪之一，就不能成立特别累犯。但如果符合一般累犯成立条件的，可以成立一般累犯。前罪和后罪被判处的刑罚种类和轻重没有任何限制。

（2）后罪发生在前罪的刑罚执行完毕或者赦免以后的任何时候。后罪可以发生在前罪的刑罚执行完毕或者赦免以后的任何时候，不像一般累犯那样对后罪的发生有时间限制。如果后罪发生在前罪的刑罚执行期间，不成立特别累犯。

（三）累犯的法律后果

根据《刑法》第65条第1款的规定，对于累犯，应当从重处罚。累犯无视刑罚的体验而再次犯罪，体现出较大的再犯可能性，对其从重处罚是基于特殊预防的考虑。

此外，根据《刑法》第74条的规定，对于累犯，不适用缓刑；根据《刑法》第81条第2款的规定，对于累犯，不得假释；根据《刑法》第50条第2款的规定，对于被判处死刑缓期执行的累犯，可以限制减刑。

五、自　　首

根据《刑法》第67条的规定，自首分为一般自首和准自首，各自的成立条件不同，但法律后果相同。

（一）一般自首的成立条件

《刑法》第67条第1款规定："犯罪以后自动投案，如实供述自己的罪行的，是自首。"根据刑法的规定及相关司法解释，[1] 一般自首的成立条件如下。

---

[1] 1998年最高人民法院《关于处理自首和立功具体应用法律若干问题的解释》；2010年最高人民法院《关于处理自首和立功若干具体问题的意见》；2009年"两高"《关于办理职务犯罪案件认定自首、立功等量刑情节若干问题的意见》。

1. 犯罪以后自动投案

犯罪以后，是指犯罪开始之后，而不是指犯罪结束之后。在犯罪过程中自动投案的，属于自动投案。

自动投案，是指犯罪事实或者犯罪嫌疑人未被司法机关发觉，或者虽被发觉，但犯罪嫌疑人尚未受到讯问、未被采取强制措施时，主动、直接向公安机关、人民检察院或者人民法院投案。根据司法解释，罪行尚未被司法机关发觉，仅因形迹可疑，被有关组织或者司法机关盘问、教育后，主动交代自己的罪行的（但有关部门、司法机关在其身上、随身携带的物品、驾乘的交通工具等处发现与犯罪有关的物品的除外）；犯罪后逃跑，在被通缉、追捕过程中，主动投案的；经查实确已准备去投案，或者正在投案途中，被公安机关捕获的，应当视为自动投案。

自动投案，一般是直接向司法机关投案，但犯罪嫌疑人向其所在单位、城乡基层组织或者其他有关负责人员投案的，犯罪嫌疑人因病、伤或者为了减轻犯罪后果，委托他人先代为投案，或者先以信电投案的，也应视为自动投案。根据司法解释，犯罪嫌疑人具有以下情形之一的，应当视为自动投案：（1）犯罪后主动投案，虽未表明自己是作案人，但没有逃离现场，在司法机关询问时交代自己罪行的；（2）明知他人报案而在现场等候，抓捕时无拒捕行为，供认犯罪事实的；（3）在司法机关未确定犯罪嫌疑人，尚在一般性排查询问时主动交代自己罪行的；（4）因特定违法行为被采取劳动教养、行政拘留、司法拘留、强制隔离戒毒等行政、司法强制措施期间，主动向执行机关交代尚未被掌握的犯罪行为的；（5）其他符合自首的立法宗旨，应当视为自动投案的情形。此外，交通肇事后保护现场、抢救伤者，并向公安机关报告的，应认定为自动投案；交通肇事逃逸后自动投案，如实供述自己罪行的，应认定为自首。

自动投案的实质是自愿将自己置于司法机关的控制之下，接受司法机关的审查和裁判。自动投案后又逃跑的，不能认定为自首。

自动投案不要求出于特定动机或目的。出于真心悔悟，为了争取宽大处理而投案的；并非出于犯罪嫌疑人主动，经亲友规劝、陪同投案的；公安机关通知犯罪嫌疑人的亲友，或者亲友主动报案后，将犯罪嫌疑人送去投案的；潜逃后为生活所迫而投案的；参与共同犯罪后，因分赃太少、得知举报有奖而投案的，均属于自动投案。

犯罪嫌疑人被亲友采用捆绑等手段送到司法机关，或者在亲友带领侦查人员前来抓捕时无拒捕行为，并如实供认犯罪事实的，虽然不能认定为自动投案，但可以参照法律对自首的有关规定酌情从轻处罚。

2. 如实供述自己的罪行

如实供述自己的罪行，是指犯罪嫌疑人自动投案后，如实交代自己的主要犯罪事实。只要如实交代自己的主要犯罪事实就属于自动供述，至于所供述的犯罪事实是否已被司法机关掌握，不影响自首的成立。如实交代自己的主要犯罪事实，意味着不需要交代犯罪的全部事实细节，对犯罪证据、凶器等拒不交代的，不影响“如实供述自己的罪行”的认定。如甲自动投案后，如实交代自己的杀人行为，但拒绝说明凶器藏匿地点，成立自首。

根据司法解释的规定，如实供述自己的罪行，除供述自己的主要犯罪事实外，还应包括姓名、年龄、职业、住址、前科等情况。犯罪嫌疑人供述的身份等情况与真实情况虽有差别，但不影响定罪量刑的，应认定为如实供述自己的罪行。犯罪嫌疑人自动投案后隐瞒自己的真实身份等情况，影响对其定罪量刑的，不能认定为如实供述自己的罪行。但理论上多数观点认为，如实供述的罪行，应侧重客观犯罪事实。单纯隐瞒年龄、与犯罪无关的职业、住址或前科等，不应影响自首的成立。例如，犯罪后自动投案并如实供述了犯罪的客观事实，但谎称自己犯罪时不满 18 周岁的，仍然应当认定为如实供述自己的罪行。

自动投案后如实供述自己的罪行，并为自己辩护的，不影响自首的认定。如故意杀人后如实交代了自己的罪行，司法机关根据其交代认定其主观罪过为故意，行为人辩称其为过失的，成立自首。

犯有数罪的犯罪嫌疑人仅如实供述所犯数罪中部分犯罪的，只对如实供述部分犯罪的行为，认定为自首。

共同犯罪案件中的犯罪嫌疑人，除如实供述自己的罪行，还应当供述所知的同案犯，主犯则应当供述所知其他同案犯的共同犯罪事实，才能认定为自首。揭发同案犯共同犯罪事实以外的其他犯罪事实并符合立功条件的，成立立功。

犯罪嫌疑人自动投案并如实供述自己的罪行后又翻供的，不能认定为自首；但在一审判决前又能如实供述的，应当认定为自首。

（二）准自首的成立条件

《刑法》第67条第2款规定："被采取强制措施的犯罪嫌疑人、被告人和正在服刑的罪犯，如实供述司法机关还未掌握的本人其他罪行的，以自首论。"据此，准自首的成立包括以下两个条件。

1. 主体必须是被采取强制措施的犯罪嫌疑人、被告人和正在服刑的罪犯

准自首的主体包括两类：（1）被采取强制措施的犯罪嫌疑人、被告人，即被采取拘传、取保候审、监视居住、拘留、逮捕等刑事强制措施的犯罪嫌疑人或被告人。（2）正在服刑的罪犯，即已经人民法院判决、正在被执行所判刑罚的罪犯。

2. 必须如实供述司法机关还未掌握的本人其他罪行

（1）如实供述的必须是司法机关还未掌握的罪行。根据司法解释的规定，罪行是否已被司法机关掌握，应根据不同情形区别对待：如果该罪行已被通缉，一般应以该司法机关是否在通缉令发布范围内作出判断，不在通缉令发布范围内的，应认定为还未掌握，在通缉令发布范围内的，应视为已掌握；如果该罪行已录入全国公安信息网络在逃人员信息数据库，应视为已掌握。如果该罪行未被通缉、也未录入全国公安信息网络在逃人员信息数据库，应以该司法机关是否已实际掌握该罪行为标准。

（2）如实供述的必须是本人的其他罪行。根据司法解释的规定，被采取强制措施的犯罪嫌疑人、被告人和已宣判的罪犯，如实供述司法机关尚未掌握的罪行，与司法机关已掌握的或者判决确定的罪行属不同种罪行的，以自

首论。犯罪嫌疑人、被告人在被采取强制措施期间如实供述本人其他罪行，该罪行与司法机关已掌握的罪行属同种罪行还是不同种罪行，一般应以罪名区分。虽然如实供述的其他罪行的罪名与司法机关已掌握犯罪的罪名不同，但如实供述的其他犯罪与司法机关已掌握的犯罪属选择性罪名或者在法律、事实上密切关联，如因受贿被采取强制措施后，又交代因受贿为他人谋取利益行为，构成滥用职权罪的，应认定为同种罪行。

根据上述规定，“本人其他罪行”必须与司法机关已掌握的或者判决确定的罪行属不同种罪行。如果供述的是与司法机关已掌握的或者判决确定的罪行属同种罪行的，不能以自首论。例如，因故意伤害罪而被判刑，在服刑期间如实供述了自己所实施的另外一起故意伤害案件，对供述的这起案件不能认定为自首。理论上多数观点认为这样的规定与刑法规定自首制度的宗旨不符，不利于鼓励犯罪嫌疑人交代余罪。

2009 年“两高”《关于办理职务犯罪案件认定自首、立功等量刑情节若干问题的意见》规定，没有自动投案，但具有以下情形之一的，以自首论：（1）犯罪分子如实交代办案机关未掌握的罪行，与办案机关已掌握的罪行属不同种罪行的；（2）办案机关所掌握线索针对的犯罪事实不成立，在此范围外犯罪分子交代同种罪行的。根据该规定，在职务犯罪中，办案机关所掌握线索针对的犯罪事实不成立，在此范围外犯罪分子交代同种罪行的，可以成立自首。如犯罪嫌疑人因受贿而受到调查，但司法机关最终没有查实，在此过程中犯罪嫌疑人主动交代了其他受贿事实并被查证属实的，对该其他受贿事实的交代可以认定为自首。相较而言，该规定在准自首的认定条件上有所放宽。

（三）自首的法律后果

《刑法》第 67 条第 1 款规定：“对于自首的犯罪分子，可以从轻或者减轻处罚；其中，犯罪较轻的，可以免除处罚。”据此，对于自首的犯罪分子，分两种情形分别处理：（1）犯罪后自首的，无论罪行轻重，均可以从轻或者减轻处罚。（2）犯罪后自首，且犯罪较轻的，可以免除处罚。

刑法之所以规定对自首的犯罪分从宽处罚，是因为自首反映了犯罪人的人身危险性有所降低，从预防其再犯罪的角度来看，可以从宽处罚。当然，法条规定的是“可以”从宽处罚，而不是“应当”从宽处罚。是否对犯罪人从宽处罚，需要根据犯罪情节和犯罪人的悔罪情况等作出决定。

六、坦　　白

坦白，是指犯罪人被动归案后，如实供述自己罪行的行为。坦白与自首存在相同之处：都以实施了犯罪行为为前提；都是在归案后如实供述自己的罪行；都是从宽处罚的情节。坦白与一般自首的区别在于是否自动投案：坦白是被动归案后如实供述自己的罪行；一般自首是自动投案后如实供述自己的罪行。坦白与准自首的区别在于是否如实供述司法机关还未掌握的本人其他罪行：如实供述司法机关已经掌握的本人其他罪行的，是坦白；如实供述司法机关还未掌握的本人其他罪行的，是自首。

根据《刑法》第 67 条第 3 款的规定，对于有坦白情节的犯罪人，可以从轻处罚；因其如实供述自己罪行，避免特别严重后果发生的，可以减轻处罚。

七、立　　功

（一）立功的概念与种类

根据《刑法》第 68 条的规定，立功是指犯罪分子有揭发他人犯罪行为，查证属实的，或者提供重要线索，从而得以侦破其他案件等的行为。立功可以分为一般立功和重大立功。

1. 一般立功

根据《刑法》第 68 条和相关司法解释的规定，犯罪分子到案后有检举、揭发他人犯罪行为，包括共同犯罪案件中的犯罪分子揭发同案犯共同犯罪以外的其他犯罪，经查证属实；提供侦破其他案件的重要线索，经查证属实；阻止他人犯罪活动；协助司法机关抓捕其他犯罪嫌疑人（包括同案犯）；具有其他有利于国家和社会的突出表现的，应当认定为有立功表现。

立功的表现之一是协助司法机关抓捕其他犯罪嫌疑人。根据相关司法解释的规定，协助司法机关抓捕其他犯罪嫌疑人包括以下情形：（1）按照司法机关的安排，以打电话、发信息等方式将其他犯罪嫌疑人（包括同案犯）约至指定地点；（2）按照司法机关的安排，当场指认、辨认其他犯罪嫌疑人（包括同案犯）；（3）带领侦查人员抓获其他犯罪嫌疑人（包括同案犯）；（4）提供司法机关尚未掌握的其他犯罪嫌疑人的联络方式、藏匿地点等。值得注意的是，前三种情形中包括同案犯，第四种中不包括同案犯。犯罪分子提供同案犯姓名、住址、体貌特征等基本情况，或者提供犯罪前、犯罪中掌握、使用的同案犯联络方式、藏匿地址，司法机关据此抓捕同案犯的，不能认定为协助司法机关抓捕同案犯。例如，甲是唯一知晓同案犯乙手机号的人，主动供述乙手机号，侦查机关据此采用技术侦查手段将乙抓获，甲不成立立功。

立功都是有利于查获犯罪或与抑制犯罪有关的行为，不能将犯罪人的任何“好表现”都认定为立功。如犯罪后向地震灾区捐款100万元，该行为和抑制犯罪无关，不能认定为立功，在量刑时只能作为酌定量刑情节予以考虑。

2. 重大立功

根据相关司法解释的规定，犯罪分子有检举、揭发他人重大犯罪行为，经查证属实；提供侦破其他重大案件的重要线索，经查证属实；阻止他人重大犯罪活动；协助司法机关抓捕其他重大犯罪嫌疑人（包括同案犯）；对国家和社会有其他重大贡献等表现的，应当认定为有重大立功表现。所谓“重大犯罪”“重大案件”“重大犯罪嫌疑人”的标准，一般是指犯罪嫌疑人、被告人可能被判处无期徒刑以上刑罚或者案件在本省、自治区、直辖市或者全国范围内有较大影响等情形。

（二）立功与自首、坦白的竞合

（1）自首与坦白中的如实供述，只要求对自己所犯罪行的如实供述。如果如实供述的内容超出了自首或者坦白的要求，另构成立功，应同时认定为自首或坦白与立功。例如，甲持有数量较大的毒品，自动投案后如实供述自己持有毒品的事实，并说明毒品是从乙处购买，因而揭发了乙贩卖毒品的事实。对于非法持有毒品犯罪而言，甲属于自首；对于揭发乙贩卖毒品的事实而言，甲属于立功，应同时认定为自首和立功。

（2）如果如实供述的内容，既是自首或坦白的表现，又是立功表现，则只能择一认定（选择有利于行为人的情节予以认定）。例如，甲向国家工作人员乙行贿后，主动投案，向司法机关交代了自己向乙行贿和乙收受甲提供的贿赂的事实。此时，一个如实供述行为同时符合自首与立功的条件，只能认定其中一个最有利于行为人的情节。

（三）立功的法律后果

根据《刑法》第68条的规定，有一般立功表现的，可以从轻或者减轻处罚；有重大立功表现的，可以减轻或者免除处罚。

第三节 量刑制度

一、数罪并罚

（一）数罪并罚的概念与特征

数罪并罚，是指法院对一人所犯的数罪分别定罪量刑，并根据法定原则与方法，决定应当执行的刑罚。据此，数罪并罚具有以下特征：

（1）一人犯数罪。这是实行数罪并罚的前提。对于同种数罪，通说认为无须并罚，只需在该种犯罪的法定刑幅度内作为一罪从重处罚。对于异种数罪，原则上并罚，但如果是牵连犯、吸收犯等或者是刑法分则有特别规定的，不并罚。

（2）数罪发生在法定期间以内。只有当刑罚执行完毕以前发现犯罪人犯有数罪的，才适用数罪并罚。具体包括以下情形：①判决宣告以前一人犯数罪；②判决宣告以后刑罚执行完毕以前，发现犯罪人在判决宣告以前还有其他罪没有被判决（漏罪）；③判决宣告以后刑罚执行完毕以前，犯罪人又犯罪（新罪）。

被宣告缓刑或假释的犯罪分子在缓刑或假释考验期内又犯新罪或者发现漏罪，也需要数罪并罚。对于这两种情形的并罚，由缓刑和假释制度规定。

（3）对数罪分别定罪量刑，根据法定原则与方法，决定执行的刑罚。针对以上三种情形，《刑法》第69—71条分别规定了相应的并罚原则和方法。

（二）判决宣告以前一人犯数罪的并罚

《刑法》第69条规定："判决宣告以前一人犯数罪的，除判处死刑和无期徒刑的以外，应当在总和刑期以下、数刑中最高刑期以上，酌情决定执行的刑期，但是管制最高不能超过三年，拘役最高不能超过一年，有期徒刑总和刑期不满三十五年的，最高不能超过二十年，总和刑期在三十五年以上的，最高不能超过二十五年。""数罪中有判处有期徒刑和拘役的，执行有期徒刑。数罪中有判处有期徒刑和管制，或者拘役和管制的，有期徒刑、拘役执行完毕后，管制仍须执行。""数罪中有判处附加刑的，附加刑仍须执行，其中附加刑种类相同的，合并执行，种类不同的，分别执行。"据此，判决宣告以前一人犯数罪的，应分不同情形按照不同原则并罚：

（1）数罪均判处有期徒刑，或均判处拘役，或均判处管制的，应在总和刑期以下、数刑中最高刑期以上，酌情决定执行的刑期。例如，两个犯罪分别被判处有期徒刑3年和有期徒刑8年，应在8年以上11年以下决定执行的刑期。但是，管制最高不能超过3年，拘役最高不能超过1年，有期徒刑总和刑期不满35年，最高不能超过20年，总和刑期在35年以上的，最高不能超过25年。例如，两个犯罪分别被判处有期徒刑13年和有期徒刑14年，两个有期徒刑的总和刑期是27年，不满35年，所以最终刑期不能超过20年，应当14年以上20年以下决定执行的刑期。

理论上将这种并罚原则称为限制加重原则。"限制"表现为两个方面：一是受总和刑期的限制，即要在总和刑期以下判处刑罚；二是受该条规定的数罪并罚的最高刑的限制，即管制最高不能超过3年，拘役最高不能超过1

年，有期徒刑总和刑期不满35年，最高不能超过20年，总和刑期在35年以上的，最高不能超过25年。“加重”表现为在数刑中的最高刑以上判处刑罚，而且，所判处的刑罚可以超过有期徒刑、拘役和管制的一般法定最高刑，即有期徒刑可以超过15年、拘役可以超过6个月、管制可以超过2年。

（2）数罪中有判处死刑或无期徒刑的，执行死刑或无期徒刑。就是说，在数个犯罪中，如果有犯罪被判处死刑或无期徒刑的，执行死刑或无期徒刑，不再执行有期徒刑、拘役或管制。理论上将这种并罚原则称为吸收原则，即死刑或无期徒刑吸收其他自由刑。

（3）数罪中有判处有期徒刑和拘役的，执行有期徒刑，不执行拘役。这种情形采取的也是吸收原则，即有期徒刑吸收拘役。

（4）数罪中有判处有期徒刑和管制，或者拘役和管制的，有期徒刑、拘役执行完毕后再执行管制。这种情形采取的是并科原则，即有期徒刑或拘役和管制依次执行。

（5）数罪中有判处附加刑的，附加刑仍须执行。即在执行主刑的同时，执行附加刑，采取的是并科原则。

（6）数罪中有判处数个附加刑，种类相同的，合并执行，种类不同的，分别执行。采取的也是并科原则。例如，一个罪判处罚金5万元，另一个罪判处罚金10万元，合并执行15万元。又如，一个罪判处罚金，一个罪判处剥夺政治权利的，分别执行。

（三）刑罚执行完毕以前发现漏罪的并罚

《刑法》第70条规定：“判决宣告以后，刑罚执行完毕以前，发现被判刑的犯罪分子在判决宣告以前还有其他罪没有判决的，应当对新发现的罪作出判决，把前后两个判决所判处的刑罚，依照本法第六十九条的规定，决定执行的刑罚。已经执行的刑期，应当计算在新判决决定的刑期以内。”

据此，刑罚执行完毕以前发现漏罪的并罚具有以下特点：（1）一人所犯数罪均发生在原判决宣告以前。（2）原判决只对其中部分犯罪作了判决，而对其他犯罪没有判决。（3）将新发现的漏罪定罪量刑，然后依照《刑法》第

69 条的规定与之前的犯罪实行并罚。(4) 已经执行的刑期，应当计算在新判决决定的刑期以内，即新判决决定的刑期减去已经执行的刑期才是犯罪人最后实际应当服刑的刑期。例如，甲因犯抢劫罪被判处有期徒刑 8 年，执行 5 年后，发现他在判决宣告以前还犯有一个故意伤害罪。法院应先对故意伤害罪定罪量刑，假设判处有期徒刑 2 年。应将故意伤害罪的 2 年有期徒刑和抢劫罪的 8 年有期徒刑按照《刑法》第 69 条规定的并罚，即在 8 年以上 10 年以下判处刑罚，假设判处的是 9 年有期徒刑。最后，要将之前已经执行的 5 年从 9 年中扣除，即甲实际还应被执行有期徒刑 4 年。

这种并罚方法是先将漏罪的刑罚和之前犯罪的刑罚并罚，再减去之前犯罪已经执行的刑期，理论上称为“先并后减”。对其的理解，应注意以下几点：

(1) 发现的漏罪与之前已被判刑的犯罪之间无论是同种数罪还是异种数罪，都应根据《刑法》第 70 条的规定并罚。

(2) 如果原判决本来就是对数罪的并罚，应将对漏罪所判处的刑罚与原判决决定执行的刑罚，依照《刑法》第 70 条的规定进行并罚。例如，甲在判决宣告前犯有 A、B、C 三个罪，但法院只判决 A 罪 11 年有期徒刑、B 罪 12 年有期徒刑，决定合并执行刑罚 18 年有期徒刑。执行 5 年后，发现了 C 罪，法院判决 C 罪 6 年有期徒刑。此次并罚的最低刑期应当是 18 年，而不是 12 年；此次并罚的总和刑期应是 24 (18 + 6) 年，而不是 29 (11 + 12 + 6) 年。由于此时的总和刑期不满 35 年，所以最终刑期不得超过 20 年，故法院应在 18 年以上 20 年以下决定执行的刑期。决定刑期后，再减去之前已经执行的 5 年，就是甲实际应被执行的刑期。

(3) 无期徒刑减为有期徒刑后，发现判决以前还有漏罪的，应当维持减刑裁定，将漏罪的刑罚与减刑后的有期徒刑进行并罚，而不应当将漏罪的刑罚与先前的无期徒刑进行并罚。

(4) 刑满释放后再犯罪并发现漏罪的，如果漏罪没有超过追诉期限，应将漏罪和新犯的罪按照《刑法》第 69 条的规定进行并罚，已经刑满的犯罪不再变动。

（四）刑罚执行完毕以前又犯新罪的并罚

《刑法》第71条规定："判决宣告以后，刑罚执行完毕以前，被判刑的犯罪分子又犯罪的，应当对新犯的罪作出判决，把前罪没有执行的刑罚和后罪所判处的刑罚，依照本法第69条的规定，决定执行的刑罚。"

据此，刑罚执行完毕以前又犯新罪的并罚具有以下特点：（1）犯罪人在判决宣告以后刑罚执行完毕以前又犯新罪。（2）对新罪定罪量刑。（3）将前罪的刑期减去已经执行的刑期，得出前罪没有执行的刑罚。（4）将前罪没有执行的刑罚和后罪所判处的刑罚，依照《刑法》第69条的规定，决定执行的刑罚。例如，甲因犯抢劫罪被判处有期徒刑8年，执行5年后，在监狱里伤害狱友构成故意伤害罪。此时，法院应先对故意伤害罪定罪量刑，假设判处有期徒刑2年。然后将前罪抢劫罪的8年刑期减去已经执行的5年，得出3年有期徒刑。最后，将3年有期徒刑和故意伤害罪的2年有期徒刑按照《刑法》第69条规定的并罚，即在3年以上5年以下判处刑罚。

这种并罚方法是先将前罪的刑期减去已经执行的刑期，然后再和新罪的刑罚并罚，理论上称为"先减后并"。对其的理解，应注意以下几点：

（1）新犯的罪与之前已被判刑的犯罪之间无论是同种数罪还是异种数罪，都应根据《刑法》第71条的规定并罚。

（2）判决宣告以后刑罚执行完毕以前，不但犯了新罪，而且被发现漏罪时，应先将漏罪的刑罚与已被判决的犯罪的刑罚根据《刑法》第70条的规定进行并罚；再将新罪的刑罚与前一并罚后的刑罚还没有实际执行的刑期，根据《刑法》第71条规定进行并罚。例如，犯罪人所犯甲罪被判处8年有期徒刑，执行5年后，犯罪人又犯乙罪，同时还被发现漏罪丙罪。法院判处乙罪7年有期徒刑，判处丙罪6年有期徒刑。此时，应先将漏罪的6年有期徒刑与甲罪的8年有期徒刑实行并罚，在8年以上14年以下决定应当执行的刑罚，假设决定执行12年有期徒刑，然后将这12年有期徒刑减去已经执行的5年有期徒刑，得出7年有期徒刑。最后，将7年有期徒刑和新罪即乙罪的7年有期徒刑实行并罚，在7年以上14年以下决定应当执行的刑罚。

（3）判处有期徒刑并处剥夺政治权利，主刑已执行完毕，在执行剥夺政治权利期间又犯新罪时的并罚。对此，2009年最高人民法院《关于在执行附加刑剥夺政治权利期间犯新罪应如何处理的批复》规定，对判处有期徒刑并处剥夺政治权利的罪犯，主刑已执行完毕，在执行附加刑剥夺政治权利期间又犯新罪，如果所犯新罪无须附加剥夺政治权利的，依照《刑法》第71条的规定数罪并罚。前罪尚未执行完毕的附加刑剥夺政治权利的刑期从新罪的主刑有期徒刑执行之日起停止计算，并依照《刑法》第58条规定从新罪的主刑有期徒刑执行完毕之日或者假释之日起继续计算；附加刑剥夺政治权利的效力施用于新罪的主刑执行期间。对判处有期徒刑的罪犯，主刑已执行完毕，在执行附加刑剥夺政治权利期间又犯新罪，如果所犯新罪也剥夺政治权利的，依照《刑法》第55条、第57条、第71条的规定并罚。

刑法之所以对发现漏罪时采取“先并后减”的并罚方法，而对犯新罪时采取“先减后并”的并罚方法，是因为在刑罚执行期间犯新罪的犯罪人的人身危险性比被发现漏罪的犯罪人的人身危险更大，对前者的处罚应该更加严厉。在符合特定条件的情况下，“先减后并”的结果要比“先并后减”的结果要重。具体表现在两个方面：一是实际执行的起点刑期更高，二是实际执行的刑期可能超过刑法规定的数罪并罚最高刑的限制。例如，被告人因犯某罪被判处有期徒刑15年，执行10年后又犯新罪，对新罪判处有期徒刑8年。如果采取先并后减的方法，实际执行的起点刑为15年，因为如果先并后减，是要在15年以上23年以下判处刑罚；最高刑期不超过20年，因为总和刑期不满35年。而采取先减后并的方法，实际执行的起点刑为18年（15年减10年等于5年，5年和8年并罚是在8年以上13年以下判处刑罚，即使判处最低的8年，加上已经实际执行的10年就是18年）；最高刑期可以是23年（15年减10年等于5年，5年和8年并罚是在8年以上13年以下判处刑罚，如果判处最高的13年，加上之前实际执行的10年，就是23年），突破了《刑法》第69条规定的数罪并罚最高刑的限制。《刑法》第69条规定，总和刑期不满 35 年的，不能超过 20 年，而这里的总和刑期是 23 年。

二、缓　　刑

（一）缓刑的概念

缓刑，是指对符合一定条件的犯罪人，暂缓刑罚的执行，并规定一定考验期限，如果犯罪人在考验期限内遵守相应规定，原判刑罚就不再执行的刑罚制度。简言之，缓刑就是附条件地不执行原判刑罚的刑罚制度。

缓刑不是独立的刑种，从裁量是否执行所判刑罚的意义上说，它是量刑制度；从刑罚执行的意义上说，它是刑罚执行制度。

缓刑不同于死缓，死缓属于死刑制度，而缓刑适用的对象是被判处拘役、三年以下有期徒刑的犯罪分子。

（二）缓刑的适用条件

《刑法》第 72 条规定："对于被判处拘役、三年以下有期徒刑的犯罪分子，同时符合下列条件的，可以宣告缓刑，对其中不满十八周岁的人、怀孕的妇女和已满七十五周岁的人，应当宣告缓刑：（一）犯罪情节较轻；（二）有悔罪表现；（三）没有再犯罪的危险；（四）宣告缓刑对所居住社区没有重大不良影响。"《刑法》第 74 条规定："对于累犯和犯罪集团的首要分子，不适用缓刑。"据此，适用缓刑应符合以下条件。

1. 对象条件

缓刑的适用对象是被判处拘役或者 3 年以下有期徒刑的犯罪分子。所谓"三年以下有期徒刑"是指判决确定的宣告刑而不是指法定刑。缓刑的附条件不执行原判刑罚的特点，决定了缓刑的适用对象只能是罪行较轻的犯罪分子。其中，不满 18 周岁的人、怀孕的妇女和已满 75 周岁的人符合缓刑其他条件的，应当缓刑。其他犯罪分子符合缓刑其他条件的，可以缓刑。

对被判处管制或者单处附加刑的，不能适用缓刑。因为管制与附加刑都没有剥夺犯罪人的人身自由，适用缓刑没有实际意义。一人判决前犯数罪，数罪并罚之后决定的刑期是 3 年以下有期徒刑或者拘役的，也可以适用缓刑。

缓刑是暂缓主刑的执行，不暂缓附加刑的执行。《刑法》第 72 条第 3 款规定："被宣告缓刑的犯罪分子，如果被判处附加刑，附加刑仍须执行。"

2. 实质条件

同时具备以下四个条件，才能适用缓刑：(1) 犯罪情节较轻；(2) 有悔罪表现；(3) 没有再犯罪的危险；(4) 宣告缓刑对所居住社区没有重大不良影响。

3. 消极条件

被判处拘役或者 3 年以下有期徒刑的犯罪分子不能是累犯或犯罪集团的首要分子。

（三）缓刑的考验

对犯罪分子宣告缓刑，是暂缓刑罚的执行，需要通过对其考验来决定最终的法律后果。

1. 考验期限

根据《刑法》第 73 条的规定，缓刑的考验期限如下：(1) 拘役的缓刑考验期限为原判刑期以上 1 年以下，但是不能少于 2 个月。(2) 有期徒刑的缓刑考验期限为原判刑期以上 5 年以下，但是不能少于 1 年。(3) 缓刑考验期限，从判决确定之日起计算。判决确定以前先行羁押的日期，不能折抵缓刑考验期。

2. 考验的内容

根据《刑法》第 75 条的规定，被宣告缓刑的犯罪分子，应当遵守下列规定：(1) 遵守法律、行政法规，服从监督；(2) 按照考察机关的规定报告自己的活动情况；(3) 遵守考察机关关于会客的规定；(4) 离开所居住的市、县或者迁居，应当报经考察机关批准。

《刑法》第 72 条第 2 款规定："宣告缓刑，可以根据犯罪情况，同时禁止犯罪分子在缓刑考验期限内从事特定活动，进入特定区域、场所，接触特定的人。"

3. 考验的方式

《刑法》第 76 条规定："对宣告缓刑的犯罪分子，在缓刑考验期限内，依法实行社区矫正。"

（四）缓刑的法律后果

缓刑是在一定期限内暂缓刑罚的执行，犯罪分子在这个期限内应该遵守一系列规定。那么，如果犯罪分子在这个期限严格遵守规定或者没有遵守规定，会导致怎样的后果？对此，刑法区分三种情形分别作了规定。

（1）《刑法》第 76 条规定：被宣告缓刑的犯罪分子，在缓刑考验期限内，如果没有《刑法》第 77 条规定的情形，缓刑考验期满，原判的刑罚就不再执行，并公开予以宣告。对此种情形的理解，应注意以下两点：

①所谓没有《刑法》第 77 条规定的情形，是指没有被发现漏罪、没有犯新罪、没有违反法律、行政法规或者国务院有关部门关于缓刑的监督管理规定且情节严重、没有违反禁止令且情节严重。

②此种情形的法律后果是"原判的刑罚不再执行"，即原判刑罚归于消灭，行为人从此不再是犯罪人。既然原判刑罚不再执行，也就不存在刑罚执行完毕。因此，在缓刑考验期满后 5 年内再犯被判处有期徒刑以上刑罚的故意犯罪的，不会成立累犯。

（2）《刑法》第 77 条第 1 款规定："被宣告缓刑的犯罪分子，在缓刑考验期限内犯新罪或者发现判决宣告以前还有其他罪没有判决的，应当撤销缓刑，对新犯的罪或者新发现的罪作出判决，把前罪和后罪所判处的刑罚，依照本法第六十九条的规定，决定执行的刑罚。"对此种情形的理解，应注意以下几点：

①凡是犯新罪或被发现漏罪的，一律应当撤销缓刑，将对新罪或漏罪判处的刑罚与前罪的刑罚依照《刑法》第 69 条的规定并罚。至于新罪或漏罪的性质、轻重和应当被判处的刑种、刑期，没有任何限制。

②将原判决与新罪或漏罪进行并罚后，如果前罪的判决宣告以前先行羁押的，羁押日期应当折抵并罚的刑期，但所经过的缓刑考验期不能折抵。

③在考验期限内犯新罪，即使考验期满后才被发现，也应当撤销缓刑，数罪并罚。因为法条只规定了在考验期限内犯新罪，而没有对新罪何时被发现作出限定，所以只要是在考验期限内犯新罪，无论何时被发现，均应当撤销缓刑，数罪并罚。即使新罪被发现时已经超过追诉期限，也应当撤销缓刑，执行原判刑罚。

④在考验期满后才发现缓刑的犯罪人在判决宣告以前还有其他罪没有被判决的，不得撤销缓刑。因为根据法条的表述，必须是在缓刑考验期限内发现漏罪，才能撤销缓刑。在考验期满后才发现漏罪的，如果该漏罪没有超过追诉期限，只能对该漏罪单独追诉。例如，甲因犯诈骗罪，被判处有期徒刑3年，缓刑4年。缓刑考验期满后的第2年，甲因抢劫被捕，交代了自己在实施诈骗罪之前的一次强奸行为。对甲不应撤销缓刑，因为漏罪强奸罪是在缓刑考验期满后才发现的，新罪抢劫罪也是在缓刑考验期满后才实施的。在这种情况下，只能对抢劫罪和强奸罪数罪并罚。

(3)《刑法》第77条第2款规定："被宣告缓刑的犯罪分子，在缓刑考验期限内，违反法律、行政法规或者国务院有关部门关于缓刑的监督管理规定，或者违反人民法院判决中的禁止令，情节严重的，应当撤销缓刑，执行原判刑罚。"对此种情形的理解，应注意以下两点：

①违反法律、法规、监督管理规定或者禁止令，情节严重的，才应当撤销缓刑，执行原判刑罚，情节不严重的，不能撤销缓刑。

②违反法律、法规、监督管理规定或者禁止令，情节严重的，即使是在缓刑考验期满后才发现，也应撤销缓刑，执行原判刑罚。因为法条只规定在缓刑考验期限内有这样的情形就应当撤销缓刑，而并未限制被发现的时间。

(五) 战时缓刑

除了一般缓行之外，《刑法》第449条还规定了一种特殊的缓刑，即战时缓刑。该条规定："在战时，对被判处三年以下有期徒刑没有现实危险宣告缓刑的犯罪军人，允许其戴罪立功，确有立功表现时，可以撤销原判刑罚，不以犯罪论处。"

战时缓刑的适用条件是：(1) 时间条件，即战时。(2) 对象条件，被判处3年以下有期徒刑没有现实危险的犯罪军人。(3) 实质条件，即戴罪立功，确有立功表现。

战时缓刑的法律后果是撤销原判刑罚，不以犯罪论处。所谓“撤销原判刑罚，不以犯罪论处”，是指其行为不再是犯罪，也不会留下犯罪前科。这和一般缓刑明显不同。在一般缓刑中，如果犯罪分子在缓刑考验期限内没有违反规定，缓刑考验期满后的法律后果是“原判刑罚不再执行”，但其行为仍然是构成犯罪的，仍然会有犯罪前科。

▶ 思考题

1. 量刑的基本原则是什么？
2. 自首和坦白的区别是什么？
3. “先并后减”和“先减后并”有什么区别？
4. 缓刑之后的法律后果是什么？

第十五章　刑罚的执行

学习重点：（1）减刑制度；（2）假释制度。

刑罚执行的具体制度，主要由监狱法、刑事诉讼法等规定。刑法作为实体法，仅规定了刑罚执行过程中和犯罪人的实体权利有关的两个制度，即减刑和假释。

第一节　减　　刑

一、减刑的概念

减刑，是指对被判处一定刑罚的犯罪分子，根据其在刑罚执行期间的表现，适当减轻其原判刑罚的制度。

减刑包括刑期的减轻和刑种的减轻。前者如将 10 年有期徒刑减为 9 年，后者如将无期徒刑减为有期徒刑。

减刑不同于改判。减刑并不是否定之前的判决，而是根据犯罪人在刑罚执行期间的表现适当减轻其刑罚；改判则是因为之前的判决存在错误，因而进行重新判决。

减刑也不同于减轻处罚。减刑是在刑罚执行过程中适当减轻犯罪人的刑罚；减轻处罚则是在量刑阶段因犯罪人具有减轻处罚情节而对其在法定刑限度以下判处刑罚。前者属于刑罚执行制度，后者属于刑罚裁量制度。

二、减刑的条件

《刑法》第78条规定："被判处管制、拘役、有期徒刑、无期徒刑的犯罪分子，在执行期间，如果认真遵守监规，接受教育改造，确有悔改表现的，或者有立功表现的，可以减刑；有下列重大立功表现之一的，应当减刑：（一）阻止他人实施重大犯罪活动的；（二）检举监狱内外重大犯罪活动，经查证属实的；（三）有发明创造或者重大技术革新的；（四）在日常生产、生活中舍己救人的；（五）在抗御自然灾害或者排除重大事故中，有突出表现的；（六）对国家和社会有其他重大贡献的。"根据刑法规定和相关司法解释，[1]减刑应符合以下条件。

（一）对象条件

减刑的对象是被判处管制、拘役、有期徒刑、无期徒刑的犯罪分子。不同于缓刑的对象只限于犯罪较轻的犯罪分子，减刑的对象范围广泛，可以适用于除了被判处死刑之外的所有犯罪分子。

被判处拘役或者三年以下有期徒刑，并宣告缓刑的罪犯，一般不适用减刑。在缓刑考验期内有重大立功表现的，可以参照《刑法》第78条的规定予以减刑，同时应当依法缩减其缓刑考验期。缩减后，拘役的缓刑考验期限不得少于二个月，有期徒刑的缓刑考验期限不得少于一年。

（二）实质条件

减刑分为可以减刑和应当减刑，两者的实质条件不同。

1. 可以减刑

可以减刑的实质条件是认真遵守监规，接受教育改造，确有悔改表现，或者有立功表现。

根据司法解释，"确有悔改表现"是指同时具备以下四个方面的情形：

---

[1] 2016年最高人民法院《关于办理减刑、假释案件具体应用法律的规定》；2019年最高人民法院《关于办理减刑、假释案件具体应用法律的补充规定》。

（1）认罪悔罪；（2）认真遵守法律法规及监规，接受教育改造；（3）积极参加思想、文化、职业技术教育；（4）积极参加劳动，努力完成劳动任务。

根据司法解释，具有下列情形之一的，可以认定为有“立功表现”：（1）阻止他人实施犯罪活动的；（2）检举、揭发监狱内外犯罪活动，或者提供重要的破案线索，经查证属实的；（3）协助司法机关抓捕其他犯罪嫌疑人的；（4）在生产、科研中进行技术革新，成绩突出的；（5）在抗御自然灾害或者排除重大事故中，表现积极的；（6）对国家和社会有其他较大贡献的。

2. 应当减刑

应当减刑的实质条件是具有重大立功表现。

根据司法解释，具有下列情形之一的，应当认定为有“重大立功表现”：（1）阻止他人实施重大犯罪活动的；（2）检举监狱内外重大犯罪活动，经查证属实的；（3）协助司法机关抓捕其他重大犯罪嫌疑人的；（4）有发明创造或者重大技术革新的；（5）在日常生产、生活中舍己救人的；（6）在抗御自然灾害或者排除重大事故中，有突出表现的；（7）对国家和社会有其他重大贡献的。

三、减刑的限度

减刑，是因为犯罪人在刑罚执行期间有悔罪表现或立功表现，表明其人身危险性降低，不需要完全执行原判决确定的刑罚而适当减轻其刑罚。但为了保证法律的公正价值，减刑必须受到一定的限制，不能无限制地减刑。

根据《刑法》第78条第2款的规定，减刑以后实际执行的刑期不能少于下列期限：（1）判处管制、拘役、有期徒刑的，不能少于原判刑期的二分之一。（2）判处无期徒刑的，不能少于13年。（3）人民法院依照《刑法》第50条第2款规定限制减刑的死刑缓期执行的犯罪分子，缓期执行期满后依法减为无期徒刑的，不能少于25年，缓期执行期满后依法减为25年有期徒刑的，不能少于20年。

根据司法解释的规定，死刑缓期执行罪犯经过一次或几次减刑后，其实际执行的刑期不能少于15年，死刑缓期执行期间不包括在内。被判处有期徒刑罪犯减刑时，对附加剥夺政治权利的期限可以酌减。酌减后剥夺政治权利的期限，不得少于1年。被判处死刑缓期执行、无期徒刑的罪犯减为有期徒刑时，应当将附加剥夺政治权利的期限减为7年以上10年以下，经过一次或者几次减刑后，最终剥夺政治权利的期限不得少于3年。

除了限度之外，减刑还应受到起始时间、幅度、间隔时间等的限制。对此，相关司法解释均作了详细规定。

四、减刑的程序

《刑法》第79条规定："对于犯罪分子的减刑，由执行机关向中级以上人民法院提出减刑建议书。人民法院应当组成合议庭进行审理，对确有悔改或者立功事实的，裁定予以减刑。非经法定程序不得减刑。"据此，减刑的程序包括执行机关向中级以上人民法院提出减刑建议书和中级以上人民法院组成合议庭进行审理两个步骤。中级以上人民法院审理时，必须组成合议庭，不能由一名法官独任审判。

五、减刑后的刑期计算

减刑后的刑期计算方法，因原判刑罚的种类不同而有所区别：

（1）对于原判刑罚为管制、拘役、有期徒刑的，减刑后的刑期应从原判决执行之日起计算；原判刑期已经执行的部分时间，应计算到减刑后的刑期以内。

（2）对于无期徒刑减为有期徒刑的，有期徒刑的刑期从裁定减刑之日起计算（《刑法》第80条）；已经执行的刑期以及判决宣告以前先行羁押的日期，不得计算在裁定减刑后的有期徒刑的刑期以内。

（3）对于无期徒刑减为有期徒刑以后再次减刑的，再次减刑刑期从有期徒刑执行之日即无期徒刑减为有期徒刑之日起计算。已经执行的有期徒刑刑期计算在再次减刑的刑期之内。

第二节 假 释

一、假释的概念

假释，是指对被判处一定刑罚的犯罪分子，在执行一定的刑期以后，根据其在刑罚执行期间的表现，将其附条件提前释放的刑罚执行制度。

假释不同于刑满释放。假释是附条件地提前释放，如果犯罪人在考验期限内不遵守规定的，要撤销假释，收监执行未执行完毕的刑罚。而刑满释放是在刑罚执行完毕后犯罪人回归社会，没有考验期限，也不存在因之前的犯罪而被收监的可能性。

假释不同于暂予监外执行。暂予监外执行是指对被处无期徒刑、有期徒刑或者拘役的罪犯，由于其有严重疾病需要保外就医，或者妇女正在怀孕或者正在哺乳自己婴儿，或者生活不能自理，决定暂不收监或者收监以后又决定改为暂时监外服刑的刑罚执行制度。暂予监外执行也是在执行刑罚，经过的期间要计入刑期之内。而假释则是因罪犯在刑罚执行期间有悔罪表现而将其附条件地提前释放，考验期间不算是在执行刑罚，如果在考验期间因有违法或违规行为而被撤销假释收监执行未执行完毕的刑罚的，经过的假释考验期间不能计入刑期之内。

假释也不同于减刑、缓刑。减刑可以适用于从被判处管制到无期徒刑的所有罪犯，缓刑只能适用于被判处拘役、3 年以下有期徒刑的罪犯，假释只能适合于被判处有期徒刑、无期徒刑的罪犯。总体来看，减刑是为了解决各种剥夺自由刑在执行过程中不需要被完全执行的问题，缓刑是为了克服短期自由刑的弊端，而假释是为了克服长期自由刑的弊端。

二、假释的条件

《刑法》第 81 条规定：“被判处有期徒刑的犯罪分子，执行原判刑期二分之一以上，被判处无期徒刑的犯罪分子，实际执行十三年以上，如果认真遵守监规，接受教育改造，确有悔改表现，没有再犯罪的危险的，可以假释。如果有特殊情况，经最高人民法院核准，可以不受上述执行刑期的限制。”“对累犯以及因故意杀人、强奸、抢劫、绑架、放火、爆炸、投放危险物质或者有组织的暴力性犯罪被判处十年以上有期徒刑、无期徒刑的犯罪分子，不得假释。”根据刑法规定和相关司法解释，假释的适用必须符合以下条件。

（一）对象条件

假释的适用对象是被判处有期徒刑、无期徒刑的犯罪分子。与缓刑的对象是被判处拘役或者 3 年以下有期徒刑的罪犯，主要是为了克服短期自由刑的弊端不同，假释的对象则是被判处有期徒刑、无期徒刑的罪犯，主要是为了克服长期自由刑的弊端。

被判处管制的，因为没有被剥夺人身自由，不存在假释的问题；被判处拘役的，由于刑期很短，适用假释没有实际意义。

被判处死缓的，不能直接适用假释，只有死缓减为无期徒刑或有期徒刑后，具备适用假释条件的，才可以假释。

（二）刑期条件

被判处有期徒刑的犯罪人，执行原判刑期 1/2 以上，被判处无期徒刑的犯罪人，实际执行 13 年以上。如果有特殊情况，经最高人民法院核准，可以不受上述执行刑期的限制。所谓“特殊情况”，是指与国家、社会利益有重要关系的情况。

被判处有期徒刑的罪犯假释时，执行原判刑期 1/2 的时间，应当从判决执行之日起计算，判决执行以前先行羁押的，羁押 1 日折抵刑期 1 日。被判处无期徒刑的罪犯假释时，刑法中关于实际执行刑期不得少于 13 年的时间，应当从判决生效之日起计算。判决生效以前先行羁押的时间不予折抵。

被判处死刑缓期执行的罪犯减为无期徒刑或者有期徒刑后，实际执行 15 年以上，方可假释，该实际执行时间应当从死刑缓期执行期满之日起计算。死刑缓期执行期间不包括在内，判决确定以前先行羁押的时间不予折抵。

（三）实质条件

假释的实质条件是认真遵守监规，接受教育改造，确有悔改表现，没有再犯罪的危险。

根据司法解释，“确有悔改表现”是指同时具备以下条件：（1）认罪悔罪；（2）遵守法律法规及监规，接受教育改造；（3）积极参加思想、文化、职业技术教育；（4）积极参加劳动，努力完成劳动任务。

根据司法解释，办理假释案件，认定“没有再犯罪的危险”，除符合《刑法》第 81 条规定的情形外，还应当根据犯罪的具体情节、原判刑罚情况，在刑罚执行中的一贯表现，罪犯的年龄、身体状况、性格特征，假释后生活来源以及监管条件等因素综合考虑。

根据《刑法》第 81 条第 3 款的规定，对犯罪分子决定假释时，还应当考虑其假释后对所居住社区的影响。

（四）消极条件

《刑法》第 81 条第 2 款规定：“对累犯以及因故意杀人、强奸、抢劫、绑架、放火、爆炸、投放危险物质或者有组织的暴力性犯罪被判处十年以上有期徒刑、无期徒刑的犯罪分子不得假释。”因故意杀人、强奸、抢劫、绑架、放火、爆炸、投放危险物质或者有组织的暴力性犯罪被判处十年以上有期徒刑或者无期徒刑的，无论是因单罪被判处十年以上有期徒刑或者无期徒刑，还是数罪并罚被判处十年以上有期徒刑或者无期徒刑，都不得假释。例如，甲因犯强奸罪和绑架罪，分别被判处有期徒刑 7 年和 8 年，数罪并罚决定执行有期徒刑 12 年，对甲不得适用假释。具有上述情形的犯罪被判处死刑缓期执行的罪犯，被减为无期徒刑、有期徒刑后，也不得假释。

《刑法》第 82 条规定：“对于犯罪分子的假释，依照本法第七十九条规定的程序进行。非经法定程序不得假释。”

三、假释的考验

假释是将犯罪分子附条件地提前释放，所谓附条件，是指犯罪分子必须在一定期限内遵守相应的规定，最后才不需要执行未执行的刑期。所以就需要对犯罪分子进行相应的考验。

（一）考验期限

根据《刑法》第83条的规定，假释的考验期限如下：（1）有期徒刑的假释考验期限，为没有执行完毕的刑期。（2）无期徒刑的假释考验期限为10年。（3）假释考验期限，从假释之日起计算。

（二）应当遵守的规定

根据《刑法》第84条的规定，被宣告假释的犯罪分子，应当遵守以下规定：（1）遵守法律、行政法规，服从监督；（2）按照监督机关的规定报告自己的活动情况；（3）遵守监督机关关于会客的规定；（4）离开所居住的市、县或者迁居，应当报经监督机关批准。

（三）考验方式

《刑法》第85条规定："对假释的犯罪分子，在假释考验期内，依法实行社区矫正。"

四、假释的法律后果

假释是将犯罪分子附条件地提前释放，犯罪分子在考验期限内应该遵守一系列规定。那么，如果犯罪分子在这个期限遵守规定或者没有遵守规定，会导致怎样的后果？对此，刑法区分四种情形分别作了规定。

（1）《刑法》第85条规定：在考验期限内没有《刑法》第86条规定的情形，假释考验期满，就认为原判刑罚已经执行完毕，并公开予以宣告。对此情形的理解，应注意以下两点：

①所谓没有《刑法》第86条规定的情形，是指没有犯新罪、没有被发现漏罪，也没有违反法律、行政法规或者国务院有关部门关于假释的监督管理规定的行为。

②这种情形的法律后果是"认为原判刑罚已经执行完毕"，即原判刑罚

被视为已经执行完毕。既然假释考验期满的法律后果是认为原判刑罚已经执行完毕，之后再犯罪的，就有可能成立累犯。《刑法》第 65 条第 2 款规定：对于被假释的犯罪人，构成累犯的 5 年期限从假释期满之日起计算。据此，从假释期满之日起 5 年内再犯罪，符合累犯其他成立条件的，可以构成累犯。

（2）《刑法》第 86 条第 1 款规定："在假释考验期限内犯新罪，应当撤销假释，依照本法第七十一条的规定实行数罪并罚。"对此情形的理解，应注意以下两点：

①在假释考验期限内犯新罪的，采用"先减后并"的方法进行并罚，即先将原犯罪的刑期减去已经执行的刑期，然后和新罪的刑期进行并罚。假释后所经过的考验期，不得计算到并罚后的刑期之内。

②只要是在考验期限内犯新罪，即使过了假释考验期限后才发现新罪，也应当撤销假释，按照"先减后并"的方法并罚。例如，甲因犯贪污罪，被判处有期徒刑 14 年，服刑 8 年后被假释。在假释考验期的第 5 年，甲盗窃汽车一辆，未被发现。假释考验期满后的第 4 年，甲又因抢劫被捕，交代了自己在假释考验期内盗窃汽车的行为。对甲应撤销假释，将原贪污罪未被执行的 6 年有期徒刑和抢劫罪、盗窃罪的刑期并罚，6 年的假释考验期不能计算到并罚后的刑期之内。

（3）《刑法》第 86 条第 2 款规定：在假释考验期限内，发现在判决宣告以前还有其他罪没有判决的，应当撤销假释，依照《刑法》第 70 条的规定实行数罪并罚。对此情形的理解，应注意以下两点：

①在假释考验期限内发现漏罪的，采用"先并后减"的方法并罚，即先将原犯罪的刑期和漏罪的刑期并罚，然后再减去原犯罪已经执行的刑期。假释后所经过的考验期，不得计算到并罚后的刑期之内。

②如果是在考验期满后，才发现被假释的犯罪人在判决宣告以前还有其他罪没有被判决的，不得撤销假释，只能对新发现的犯罪另行追诉，不得并罚。例如，甲因犯贪污罪，被判处有期徒刑 14 年，服刑 8 年后被假释。假释考验期满后的第 4 年，甲又因抢劫被捕，交代了自己在实施贪污罪之前的一

次盗窃行为。对甲不得撤销假释，只能将抢劫罪和盗窃罪分别定罪量刑后并罚。

（4）《刑法》第 86 条第 3 款规定：在假释考验期限内，有违反法律、行政法规或者国务院有关部门有关假释的监督管理规定的行为，尚未构成新的犯罪的，应当依照法定程序撤销假释，收监执行未执行完毕的刑罚。对此情形的理解，应注意以下两点：

①在假释考验期限内，有违反法律、行政法规或者国务院有关部门有关假释的监督管理规定的行为，尚未构成新的犯罪的，应当依照法定程序撤销假释，收监执行未执行完毕的刑罚。和撤销缓刑要求相关违法违规行为情节严重不同，撤销假释不要求情节严重。如果违法违规行为构成新的犯罪的，则属于《刑法》第 86 条第 1 款规定的情形，应当撤销假释，依照《刑法》第 71 条的规定实行数罪并罚。

②即使相关违法违规行为在假释考验期满后才被发现，也应撤销假释，收监执行未执行完毕的刑罚。

▶ 思考题

1. 减刑的条件是什么？
2. 假释的条件和法律后果是什么？

第十六章 刑罚的消灭

学习重点：追诉时效。

第一节 刑罚消灭概述

所谓刑罚消灭，是指由于法定或事实上的原因，致使国家对犯罪人的刑罚权归于消灭。

导致刑罚消灭的事由包括：超过追诉时效；赦免；告诉才处理的犯罪，没有告诉或者撤回告诉；犯罪嫌疑人、被告人死亡；其他法定事由。在以上导致刑罚消灭的事由中，告诉才处理的犯罪，被害人没有告诉或者撤回告诉和犯罪嫌疑人、被告人死亡属于因程序或事实而导致刑罚消灭，相对比较清楚。刑法有规定的是追诉时效和赦免。

第二节 追诉时效

一、追诉时效的概念

所谓追诉时效，是指刑法规定的，对犯罪人进行刑事追诉的有效期限。在此期限内，司法机关有权追诉，超过了此期限，司法机关便不能再追诉。

时效除了追诉时效之外，还有行刑时效。所谓行刑时效，是指刑法规定的，对被判处刑罚的人执行刑罚的有效期限。在此期限内，执行机关有权执行法院所判处的刑罚，超过了此期限，执行机关就不能执行法院判处的刑罚。我国刑法仅规定了追诉时效，没有规定行刑时效。

二、追诉时效的期限

根据《刑法》第87条的规定，犯罪经过下列期限不再追诉：（1）法定最高刑为不满5年有期徒刑的，经过5年；（2）法定最高刑为5年以上不满10年有期徒刑的，经过10年；（3）法定最高刑为10年以上有期徒刑的，经过15年；（4）法定最高刑为无期徒刑、死刑的，经过20年。如果20年以后认为必须追诉的，须报请最高人民检察院核准。对于该规定的理解，应注意以下几点：

（1）追诉时效以犯罪的法定最高刑为标准，不是以实际应当判处的刑罚为标准。如果同一个犯罪有几个法定刑幅度的，法定最高刑是指与其罪行轻重相适应的法定刑幅度的最高刑。

（2）法条中的“不满”不包括本数，“以上”则包括本数。比如，如果犯罪的法定最高刑是5年有期徒刑，其追诉时效的期限应该是10年。

（3）对于法定最高刑为无期徒刑、死刑的严重犯罪的追诉时效，刑法作了例外规定，留下了20年后仍然可以追诉的可能性。但在程序上作了限制，即要报请最高人民检察院核准。

三、追诉期限的计算

根据《刑法》第89条第1款的规定，追诉时效期限的计算，分以下两种不同情形：

（1）一般犯罪的追诉期限从犯罪之日起计算。所谓犯罪之日，是指犯罪成立之日。

（2）犯罪行为有连续或者继续状态的，从犯罪行为终了之日起计算。这是针对连续犯或继续犯所作的规定。根据该规定，连续犯或继续犯的追诉时效期限不是从犯罪行为开始实施之日，而是从犯罪行为终了之日起计算。

四、追诉时效的延长

追诉时效的延长，是指在追诉时效的进行期间，因为发生法定的事由，而使追诉时效停止计算。根据《刑法》第 88 条第 1 款的规定，追诉期限的延长包括两种情形：

（1）在人民检察院、公安机关、国家安全机关立案侦查或者在人民法院受理案件以后，逃避侦查或者审判的，不受追诉期限的限制。这种追诉期限的延长必须具备两个条件：①人民检察院、公安机关、国家安全机关已经立案侦查或者人民法院已经受理案件；②行为人逃避侦查或者审判。符合这两个条件，无论经过多长时间，任何时候都可以追诉。

（2）被害人在追诉期限内提出控告，人民法院、人民检察院、公安机关应当立案而不予立案的，不受追诉期限的限制。只要被害人在追诉期限内提出控告，符合立案条件而应当立案的，不管司法机关出于何种原因而没有立案，不论行为人是否逃避侦查或审判，不论经过多长时间，任何时候都可以追诉。

五、追诉时效的中断

追诉时效的中断，也称追诉时效的更新，是指在追诉时效进行期间，因发生法律规定的事由，而使以前所经过的时效期间归于无效，重新计算。

《刑法》第 89 条第 2 款规定："在追诉期限以内又犯罪的，前罪追诉的期限从犯后罪之日起计算。"据此，在前罪的追诉以内又犯新罪的，前罪的追诉时效中断，从犯后罪之日起重新计算。

第三节　赦　　免

在我国，赦免是由宪法规定的，有权行使赦免决定权的是全国人大及其常委会。刑法虽然不明文规定赦免，但也有条文涉及。比如《刑法》第 65

条和第66条对一般累犯和特别累犯成立条件的规定中，均使用了“刑罚执行完毕或者赦免以后”的表述。

赦免包括大赦和特赦。大赦是既赦刑也赦罪；特赦是只赦刑不赦罪。我国1954年《宪法》规定了大赦和特赦两种制度，但后来的宪法包括现行《宪法》仅规定了特赦制度，这表明我国已经取消大赦，而只有特赦。

从1949年至今，我国共实行过九次特赦，最近的一次是2019年6月。每一次特赦均有特定的对象，比如2015年特赦的对象是参加过抗日战争、解放战争等四类罪犯。

▶ 思考题

我国刑法关于追诉时效的期限是如何规定的?